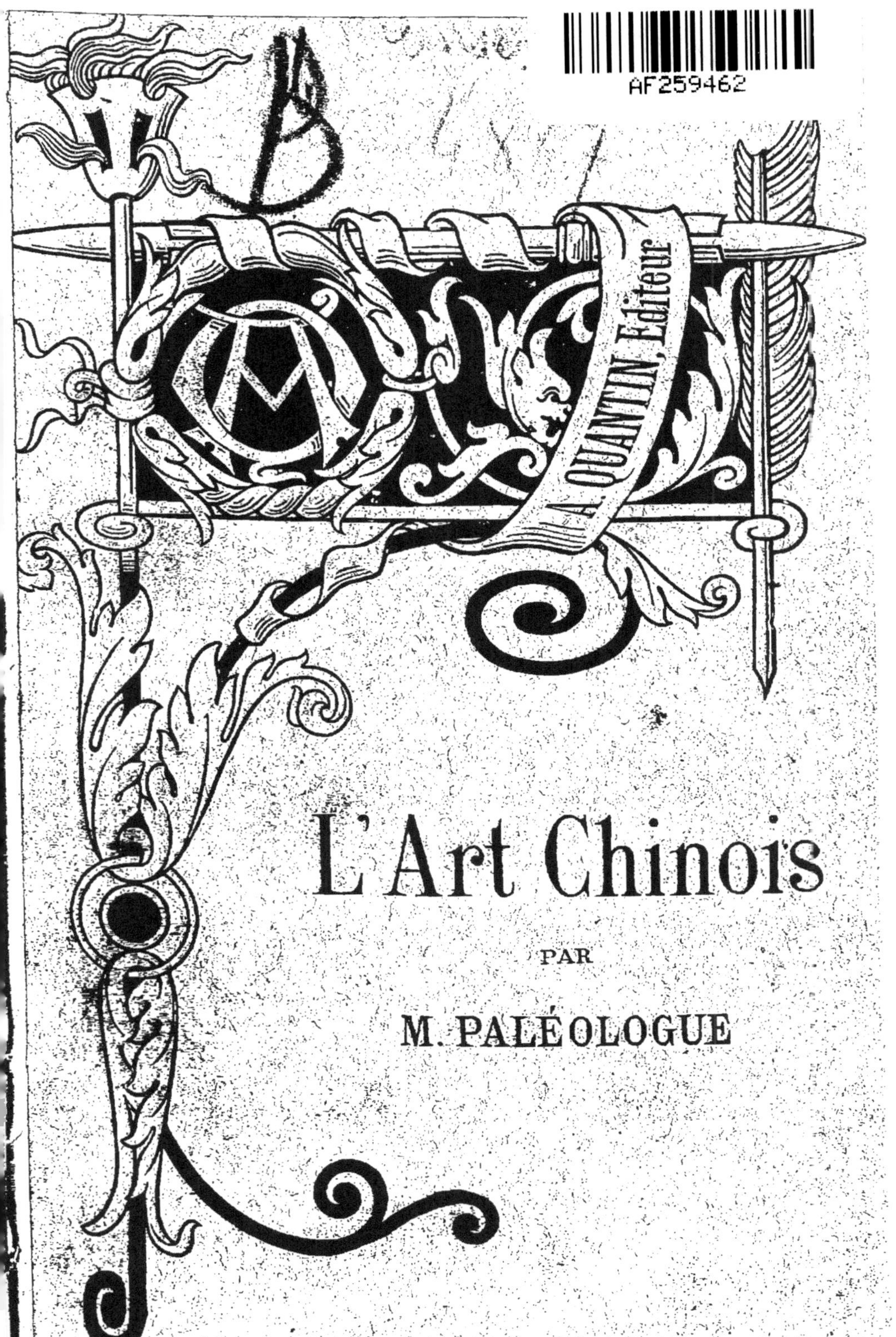

L'Art Chinois

PAR

M. PALÉOLOGUE

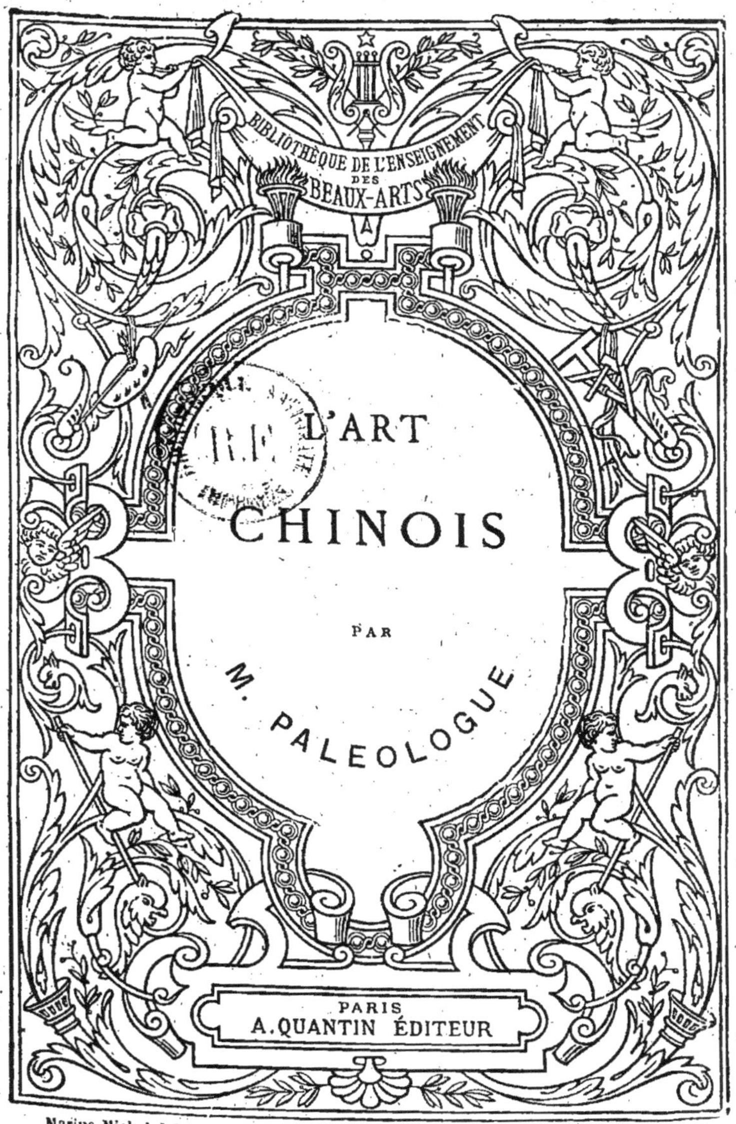

Marius Michel del.

BIBLIOTHÈQUE DE L'ENSEIGNEMENT DES BEAUX-ARTS
PUBLIÉE SOUS LA DIRECTION DE M. JULES COMTE

L'ART
CHINOIS

PAR

M. PALÉOLOGUE

SECRÉTAIRE D'AMBASSADE

PARIS

MAISON QUANTIN

COMPAGNIE GÉNÉRALE D'IMPRESSION ET D'ÉDITION

7, RUE SAINT-BENOIT

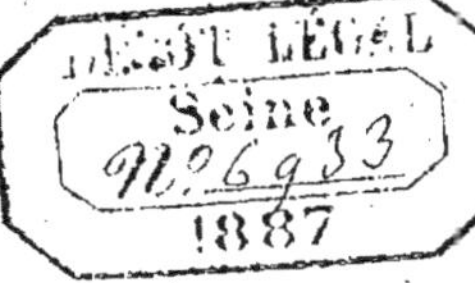

A

MONSIEUR G. COGORDAN

MINISTRE PLÉNIPOTENTIAIRE

————

Je vous offre ce volume, mon cher ami, en témoignage de mon affectueux dévouement, — en souvenir de nos longues causeries à travers les rues de Pékin, sur les bords du Peï-ho, sur les routes de Corée.

Novembre 1887.

PRÉFACE

Dans un temps où la critique a porté ses efforts sur des sujets si variés et par des voies si diverses qu'elle semble n'avoir rien laissé d'inexploré dans le domaine des connaissances accessibles, l'art chinois a eu la singulière fortune d'échapper à toute recherche. Parmi tant d'excellents travaux où l'on s'est proposé d'assigner à la civilisation de l'Empire du Milieu sa place dans l'histoire du monde et de déterminer sa signification dans le développement de l'humanité, il n'en est pas un qui présente sur les manifestations esthétiques du génie chinois des idées générales ni des vues particulières. Une longue suite d'œuvres, d'une inspiration puissante ou délicate, ont été créées ; — des générations d'artistes doués d'une manière originale de penser et de sentir, émus d'une façon particulière aux spectacles de la nature et de la vie, se sont succédé ; — tout un monde de formes gracieuses ou grandioses a été évoqué, pendant près de quarante siècles, et l'histoire n'en est même pas encore ébauchée. Ni l'architecture, ni la sculpture, ni la peinture, ni ces arts qu'on est convenu d'appeler secondaires, n'ont été l'objet d'une étude d'ensemble ou de recherches spéciales. Seule, la céramique, dont les produits ont depuis longtemps accaparé la curiosité européenne, a donné lieu à des monographies complètes.

Entrepris dans de pareilles conditions, le présent ouvrage est nécessairement condamné à plus d'une erreur, à plus d'une lacune. Il me faut donc faire appel dès maintenant à l'indulgence du lecteur. Je ne me suis proposé d'ailleurs que de réunir le plus grand nombre de faits possible, de les contrôler, de les classer et de tirer de leur groupement les premières conséquences : je voudrais avoir tracé de l'art chinois et de son histoire une esquisse que quelque personne plus autorisée reprendrait plus tard. C'est la seule ambition qui m'ait tenté.

Ce livre pourra paraître fort incomplet à un certain point de vue. Ce n'est pas, en effet, un manuel du collectionneur. Il m'a semblé plus intéressant d'étudier l'art chinois dans ses grandes lignes, d'en montrer les caractères généraux, d'en marquer les progrès et les transformations, et d'en définir les styles. Je n'ai donc indiqué que sommairement les procédés qui permettent de contrôler l'authenticité d'un objet et d'en déchiffrer les marques. De parti pris aussi, j'ai laissé hors de mon étude tous les objets qui — pour précieux qu'ils pussent être aux yeux des collectionneurs — présentaient un intérêt de curiosité et non une valeur d'art.

Je me suis servi, à la fois, des notes que j'avais prises à Pékin et des documents bibliographiques dont on trouvera la mention dans le cours de l'ouvrage. Les collections particulières qui m'ont été ouvertes à Paris m'ont fourni aussi de très précieux éléments d'étude et ont complété ou rectifié, sur bien des points, mes souvenirs de voyage. MM. L. Gonse, S. Bing, H. Cernuschi, R. de Semallé et M. Gentien voudront bien trouver ici l'expression de ma gratitude pour l'empressement avec lequel ils ont mis à ma disposition les spécimens d'art chinois réunis par leurs soins.

Je priverais cet ouvrage de sa plus sérieuse recommandation si je ne témoignais du concours obligeant que m'ont prêté MM. G. Deveria, secrétaire-interprète du Ministère des affaires étrangères, et A. Vissière, premier interprète de la Légation de France à Pékin. Leur expérience m'a été d'un grand profit, particulièrement pour l'indication

et la critique des sources, pour la traduction des
textes et le déchiffrement des inscriptions. Je dois,
en outre, à M. G. Deveria la communication d'études
historiques encore inédites où j'ai puisé d'intéressants renseignements, et d'un important dossier de
notes qui m'a fourni la trame même du chapitre
consacré à l'histoire de la peinture.

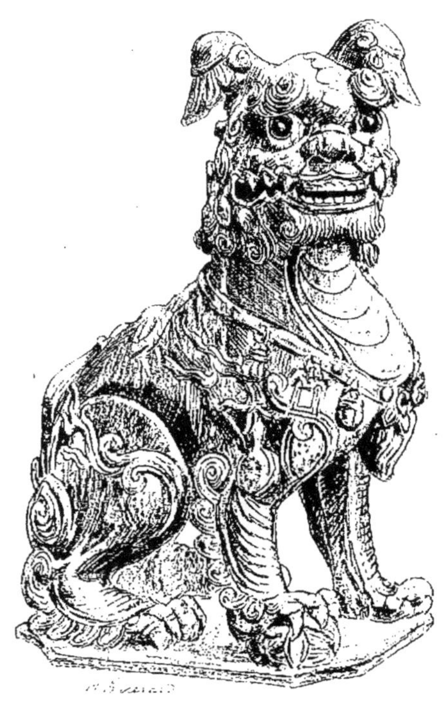

L'ART CHINOIS

LE BRONZE

I

LES BRONZES RITUELS

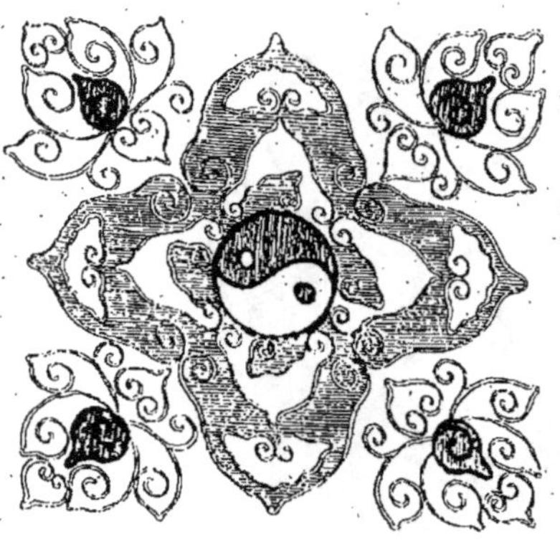

Dès la plus haute antiquité dont les annales ou les traditions nous aient transmis le souvenir, les Chinois connaissaient l'art de fabriquer et de décorer le bronze, et l'on peut dire que cet art a été le langage spontané des époques archaïques de leur histoire, le moule naturel de leur pensée primitive.

Dans les temps les plus reculés, à la limite même de l'ère mythique et de la période positive, c'est-à-dire vingt-sept siècles avant notre ère, on savait fondre et ciseler l'airain, et, en l'an 2220, la technique du bronze était assez perfectionnée pour que l'empereur Yu pût faire graver sur des vases la description figurée des neuf provinces de son empire[1].

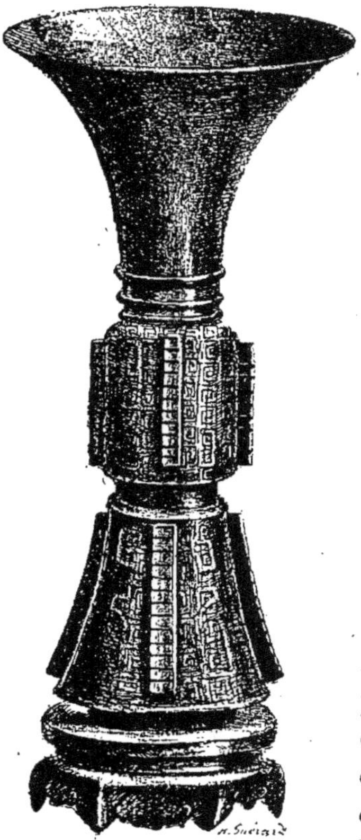

Quelque réserve que l'on doive apporter dans l'admission de faits aussi anciens et dans l'adoption d'une chronologie qu'aucune critique sérieuse n'a encore rectifiée, on peut affirmer qu'à la fin de la deuxième dynastie, — celle des Chang, qui gouverna la Chine de 1783 à 1134 av. J.-C., — le travail des métaux avait tous les caractères d'un art avancé. Ainsi que nous le verrons par la suite, il est établi, en effet, que sous le règne des premiers souverains de la dynastie suivante[2], les artisans chinois créèrent des formes et une décoration très savantes. Or, à moins d'admettre que ceux-ci parvinrent, d'un seul

VASE KOU, POUR CONTENIR LE VIN DU SACRIFICE.
(D'après le *Ta-Thsing-houci-tien.*)

1. Cf. Ed. Biot, *Considérations sur les anciens temps de l'histoire chinoise. Journ. asiat.*, VIII, 4ᵉ série.
2. Dynastie des Tcheou. (1134-255 av. J.-C.)

effort de leur imagination, à une science aussi consom-

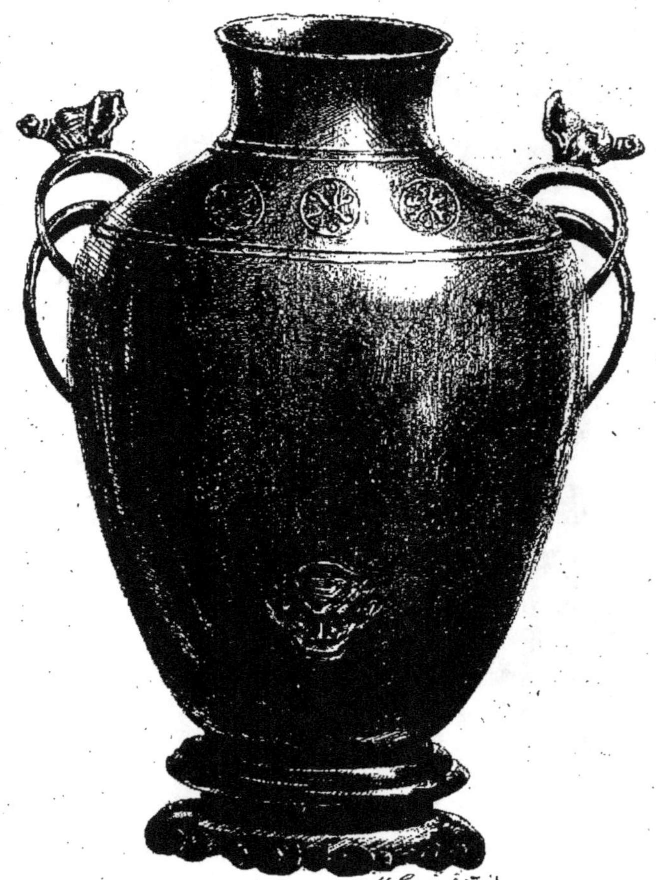

VASE HI-CHEOU-LEÏ, POUR CONTENIR L'EAU DU SACRIFICE.
(D'après le *Ta-Thsing-houeï-tien.*)

mée, sans jamais connaître ni timidité dans l'inspiration ni tâtonnements dans les procédés, on est amené

à penser que, longtemps avant eux, l'art chinois avait commencé de naître, et que, pendant plusieurs siècles sans doute, il avait cherché sa voie et ébauché ses premières conceptions.

Par ses formules comme par son objet, l'art du bronze était intimement lié aux anciennes croyances de la Chine.

Le Ciel et la Terre étaient adorés comme les formes matérielles d'un « Souverain suprême », *Chang-ti*, dont les attributs restaient vagues et indéfinis. L'Empereur seul avait le droit de sacrifier à cet Être suprême, et ce privilège lui est encore réservé.

A côté de ce culte supérieur, on adorait les Esprits des Montagnes, des Vents, des Astres, des Fleuves. Il semble que, comme les Aryens de l'époque védique, les Chinois des temps primitifs concevaient, au delà de ces phénomènes, les forces dont ils émanent, et que, sans croire à leur réalité personnelle, ils leur prêtaient la vie et la puissance.

Enfin, le Culte des Ancêtres, qui consistait, comme aujourd'hui encore, non pas en pratiques d'idolâtrie, mais en actes d'hommage et de respect envers la mémoire des défunts, complétait la religion officielle, la seule qui existât alors par toute la Chine, si l'on ne tient compte des superstitions accréditées çà et là dans le peuple[1].

---

1. L'histoire de la religion des Chinois dans les temps anciens n'a jamais été traitée avec une méthode vraiment scientifique ni avec une critique suffisamment éclairée. L'étude de leur métaphysique religieuse et des origines de leurs rites, dont la connaissance exacte éclairerait bien des points de leur art primitif, n'est même pas ébauchée. On ne possède encore à cet égard que

Le philosophe Confucius (Koung-fou-tse), qui vivait au vi⁰ siè-
cle avant notre ère et dont les idées morales ont, pour ainsi dire, façonné l'esprit chinois tel qu'il est en-core aujour-d'hui, a enve-loppé dans sa doctrine les tra-ditions religieu-ses primitives, et le Culte d'État n'a plus fait qu'un seul corps de prescriptions et de pratiques avec le Confu-cianisme.

La fabrica-tion des objets sacrés destinés aux cérémonies de cette religion a été la première manifestation de

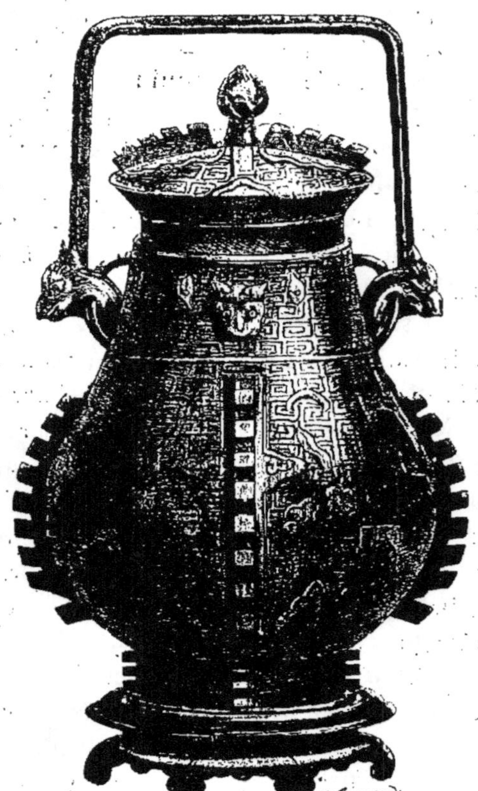

VASE NEÏ-YEN-YOU.
(D'après le *Ta-Thsing-houei-tien.*)

des notions incertaines et des interprétations mal justifiées.
Nous nous sommes borné à résumer dans ce chapitre les données fournies par l'ouvrage d'Edkins, *Religion in China,* ch. ii et
viii.

l'art chinois et elle lui a inspiré ou plutôt dicté, dès l'origine, des *formes* et un *décor* particuliers.

Les formes. — Par une particularité de l'esprit chinois, toutes les formes qui furent créées alors nous ont été religieusement transmises et conservées.

On sait, en effet, que dès la plus haute antiquité toutes les manifestations de la vie individuelle, religieuse, sociale ou politique ont été soumises en Chine à un formalisme rigoureux, à la loi sévère des Rites.

Or les mêmes Rites, qui ont réglé, en tous ses détails, le culte primitif, ont déterminé en même temps les formes des vases réservés à l'accomplissement de ces cérémonies, et ils y ont pourvu avec une précision si minutieuse et si impérative, que les bronzes fabriqués aujourd'hui pour les sacrifices officiels sont encore composés du même alliage, ont le même galbe, les mêmes dimensions en tous sens et le même poids que ceux qui furent fondus dans le même but il y a plus de 2,500 ans.

Des Rituels étaient rédigés, où toutes ces formes, toutes ces mesures se trouvaient consignées. Tels étaient le *Y-li*, le *Tcheou-li*[1] et le *Li-ki*, qui faisaient partie des livres canoniques, ou *Kings*. D'autres Rituels ont été composés postérieurement par les dynasties qui se sont succédé au trône de Chine, et ont assuré à travers les siècles la suite des traditions. Parmi les catalogues officiels reproduisant les objets de l'art primitif

---

1. Cf. Biot, le *Tcheou-li* ou les « Rites des Tcheou » (1134 à 255 av. J.-C.). Le marquis d'Hervey Saint-Denis a achevé la traduction des dernières sections de cet ouvrage.

destinés au culte et à l'accomplissement des Rites, il faut citer :

1° Le *Po-kou-tou*, ou « Figures d'un grand nombre d'antiquités » composé vers l'an 1200, sous la dynastie des Soung;

2° Le *Si-thsing-kou-kien*, ou « Mémoire des antiquités de la pureté occidentale [1] », ouvrage en quarante-deux volumes, composé par ordre de l'empereur Kien-long en 1749, et contenant la description et la gravure de tous les objets anciens déposés au Palais impérial;

3° Le *Ta-Thsing-houeï-tien*, ou Recueil des statuts de la dynastie actuelle des Thsing.

Ainsi, à son origine même, à cette heure — importante entre toutes dans les civilisations primitives — où les formes se créent et les types se formulent, à ce moment où les arts, prenant leur essor, ont le plus besoin de liberté et de franchise, quand tout doit être invention spontanée et imagination active, — l'esthétique chinoise se trouva étroitement enserrée entre les prescriptions obligatoires et routinières des Rites.

Par là, la convention et la routine qui n'apparaissent généralement dans l'art que chez les peuples vieillis, épuisés par une trop féconde production ou las d'une trop longue activité, s'imposèrent dès le premier jour aux artistes de l'Empire du Milieu, les dispensèrent de toute interprétation personnelle, de toute recherche expressive, et les astreignirent à répéter fidèlement, ser-

---

1. Ainsi qualifié, parce que ces antiquités ont été trouvées principalement dans les provinces occidentales de la Chine où les trois premières dynasties avaient leur cour.

vilement, avec une exactitude machinale, des types immuablement arrêtés.

Ce fut en outre, pendant près de quinze siècles, la singulière fortune de la Chine de demeurer presque étrangère au reste du monde et d'échapper à ces grands mouvements philosophiques ou religieux qui, en renouvelant les idées et la conscience d'un peuple, modifient par contre-coup ses conceptions esthétiques et l'affranchissent plus ou moins de ses traditions.

Jusqu'à l'introduction du bouddhisme, en effet, c'est-à-dire jusqu'à la fin du Ier siècle de notre ère, l'Empire chinois offrit le spectacle d'une civilisation sans contact continu et sans mélange avec les civilisations étrangères, et d'un art immobile, se répétant indéfiniment, sans progrès, sans luttes d'écoles.

Ce qu'ont pu être les œuvres produites sous une pareille inspiration, on le pressent aisément. Si quelques vases ont de l'élégance, de la pureté de contours, la plupart des formes sont lourdes, barbares, mal équilibrées dans leurs proportions. On y devine la préoccupation de l'artiste ou, pour mieux dire, de l'ouvrier, de respecter le canon qui lui est imposé, de mesurer avec précision la courbe d'une panse, l'évasement d'un col, le profil d'une gorge, l'écartement des pieds, de reproduire fidèlement le dessin du décor et le symbolisme des figures.

Même dans les galbes les plus heureux, on sent je ne sais quelle gaucherie, quelle raideur hiératique. Les vases dits cornets, les lagènes, quelques spécimens de coupes, des cratères révèlent en effet un sentiment plastique assez élevé : il faudrait peu de chose pour en faire

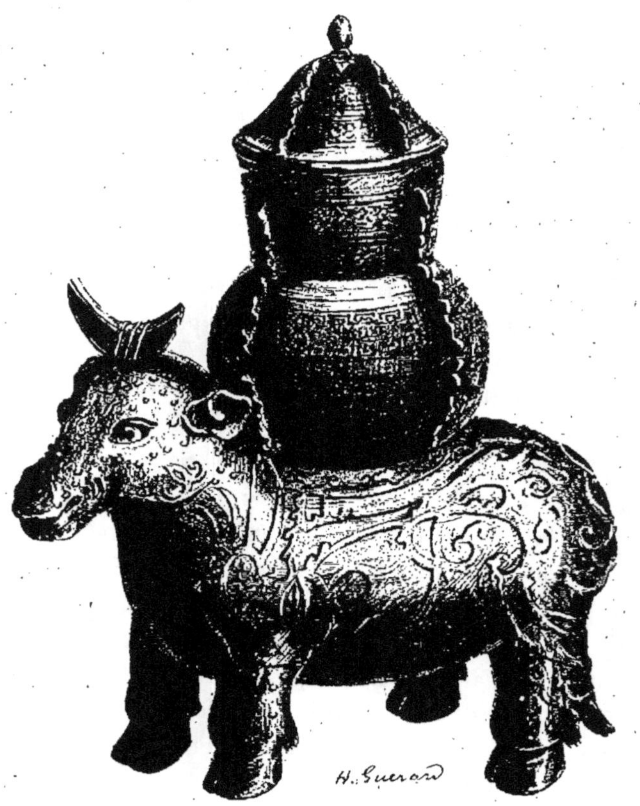

VASE HI-TS'OUEN, POUR RECEVOIR LE SANG
DE LA VICTIME.

(D'après le *Ta-Thsing-houeï-tien*.)

des œuvres irréprochables et de grand style ; mais ce
qui manque, c'est précisément cette liberté d'inspiration,

et cet amour des lignes pures qui guidaient la main des bronziers et des céramistes d'Athènes ou de Corinthe.

Nous les retrouverons plus tard, toutes ces formes archaïques, quand une influence étrangère, renouvelant l'art chinois, les empruntera pour les assouplir, les alléger et en mieux pondérer les éléments, et nous sentirons mieux alors de quel poids a pesé sur les artistes primitifs le ritualisme du culte officiel.

Le décor. — Les motifs ornementaux que l'on retrouve sur les bronzes primitifs sont de deux sortes :

1° Des motifs géométriques, simples ou compliqués, symétriques ou dissymétriques;

2° Des formes naturelles, que l'artiste a tantôt reproduites conformément au modèle placé devant ses yeux (animaux, profils de montagnes, nuages, etc.), tantôt transfigurées par un effort de son imagination (dragons, chimères, phénix, etc.).

1° Parmi les motifs de la première catégorie, le plus usité est la *grecque,* appelée par les Chinois *leï-ouen,*

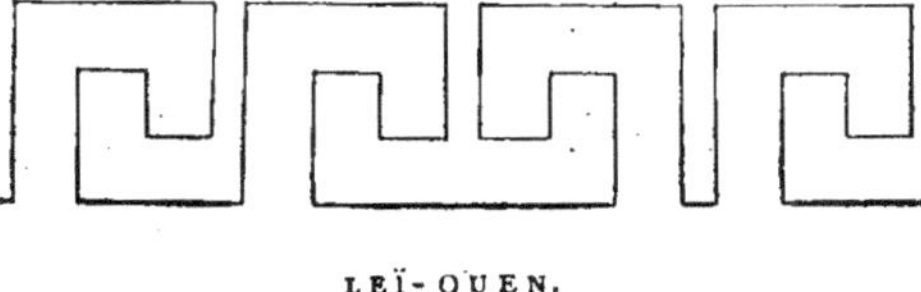

LEÏ-OUEN.

« festons ayant la forme du tonnerre », que l'on retrouve sur les produits de la poterie hellénique et étrusque. Il est à remarquer que, tandis que ce dessin décoratif ne figure qu'à titre accessoire sur les terres cuites de la

céramique occidentale, elle est le plus souvent, sur les
bronzes chinois, le principal et quelquefois même le
seul ornement.

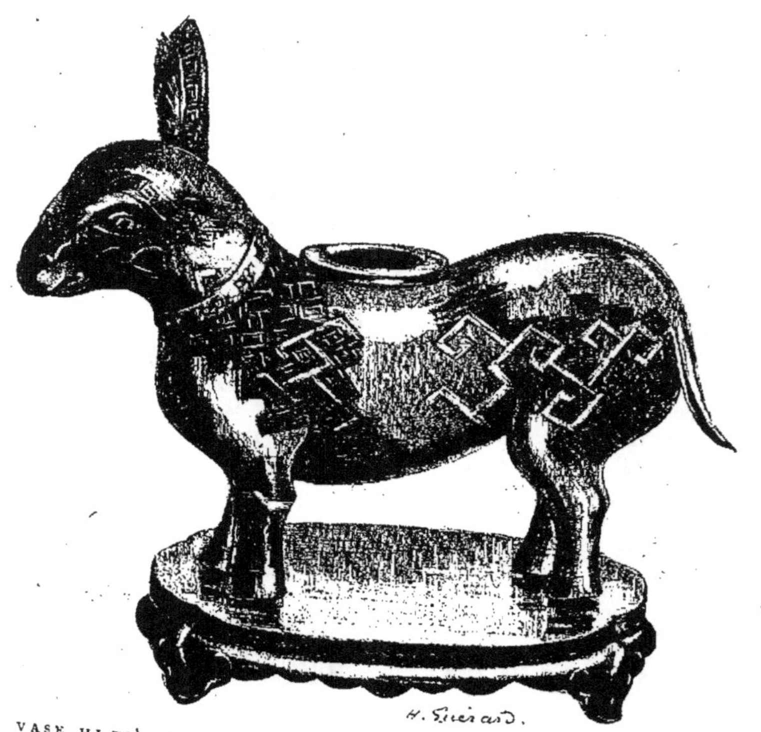

VASE HI-TS'OUEN, POUR RECEVOIR LE SANG DE LA VICTIME
(D'après le *Ta-Thsing-houci-tien.*)

On a pensé pouvoir conclure de cette ressemblance
entre deux motifs décoratifs, adoptés par deux arts différents, à une influence de l'un de ces arts sur l'autre.
C'est une opinion que rien ne justifie. Suivant toute pro-

babilité, en effet, il n'existait pas de rapports, aux époques reculées dont nous nous occupons, entre les civilisations établies aux deux extrémités de l'Asie, — et il est plus rationnel de reconnaître que le dessin en forme de méandre a dû se présenter naturellement à l'esprit des premiers artistes chinois, puisqu'on le trouve dans presque tous les arts primitifs[1].

S'il fallait absolument indiquer une origine à la *grecque* qui figure sur les bronzes chinois, nous inclinerions plutôt à croire qu'elle n'est qu'un dérivé d'une figuration symbolique qui date des plus anciennes traditions de la Chine, les *koua*. C'est un motif formé de deux lignes, l'une continue, représentant le principe *vang*, c'est-à-dire le principe mâle, — l'autre coupée en deux traits, représentant le principe *yin*, c'est-à-dire le principe féminin. Ce symbole a donné naissance à quatre diagrammes figurant les forces et les puissances de la nature. Enfin, ces quatre diagrammes développés ont produit huit trigrammes ou *Pa-Koua* qui symbolisent le ciel, les cours d'eau, le feu, le tonnerre, le vent, l'eau, les montagnes et la terre.

Ces figures, de provenance surnaturelle, furent vues, disent les traditions, par l'empereur Fou-hi, fondateur de l'empire chinois (2800 av. J.-C.), sur le dos d'un cheval dragon.

2° Les formes de la seconde catégorie sont plus va-

---

1. Les Chinois semblent même avoir ignoré, jusqu'au 1er siècle avant notre ère, l'existence des pays de l'Asie antérieure situés sur le versant méditerranéen. Leurs notions ne sont devenues un peu précises sur ces régions que vers le milieu du IIe siècle ap. J.-C. Cf. Hirth, *China and the Roman Orient*, p. 138.

riées; elles offrent, en outre, au point de vue de l'art, un plus sérieux intérêt, parce qu'elles sont la première interprétation que les Chinois aient donnée de la nature. Cette interprétation ne s'est exercée toutefois que sur des types peu nombreux, car il est à noter qu'il n'existe sur les œuvres des époques primitives aucune représentation de la figure humaine ni des productions du monde végétal.

C'est le monde animal qui a d'abord fourni ses modèles, et l'artiste chinois s'en est inspiré soit directement, cherchant à reproduire telles qu'il les voyait les formes qu'il avait devant lui, — soit indirectement, en s'élevant par la pensée à la conception d'une animalité surnaturelle, terrifiante et grimaçante. Cette imagination du *monstre*, d'êtres fantastiques et gigantesques, plus puissants que l'homme et semblables à ses plus affreuses visions de rêve, a été une création originale du génie chinois.

Si haut que l'on remonte dans ses légendes, on la retrouve toujours, et les trois Hoang qui, à la fin des temps préhistoriques, se partageaient la souveraineté du ciel et de la terre, sont encore représentés comme ayant des corps de serpent, des pieds de cheval et des visages humains.

Quatre animaux surnaturels ont été ainsi créés au début de l'art chinois et figurent sur ses premières productions. Ce sont :

1º Le *dragon*, — *long;*
2º La *licorne*, — *lin;*
3º Le *phénix*, — *fong;*
4º La *tortue*, — *koueï.*

1° Le *dragon* est le symbole de l'orient et du printemps. Il a la faculté de se rendre invisible ou d'embrasser l'immensité du ciel en se développant. C'est lui qui soutient la voûte du ciel, qui distribue la pluie et régit les cours d'eau. Depuis le règne de l'empereur Kao-tsou, des Han (206 av. J.-C.), le dragon est l'emblème de la puissance impériale : ses pattes sont alors armées de cinq griffes.

Lorsqu'il figure comme attribut des Princes du sang, il n'a que quatre griffes.

2° La *licorne* a le corps d'un cerf, la queue d'un bœuf et une seule corne au front ; elle est l'incarnation des cinq éléments primordiaux, l'eau, le feu, le bois, le métal et la terre. Elle est l'emblème de la perfection, et la durée de sa vie est de mille ans.

3° Le *phénix* a la tête du faisan, le col de la tortue, le bec de l'hirondelle et le corps du dragon.

On le représente aussi avec la tête du faisan et le corps d'un paon aux ailes éployées. L'apparition du phénix annonce des hommes d'État vertueux. C'est l'emblème des Impératrices.

4° La *tortue* est considérée comme l'incarnation divine de l'étoile Yao-Kouang (dans la Grande-Ourse). Elle est l'emblème de la force.

D'autres animaux ou figures d'animaux sont encore représentés sur les vases anciens : le plus commun est le *t'ao-t'ié*, littéralement « le glouton ».

Le *t'ao-t'ié* a des mandibules puissantes, des crocs aigus et des yeux énormes. Dans les époques postérieures, on a reproduit aussi cette tête grimaçante, mais en la traitant avec plus de liberté, en dénaturant pour ainsi dire les traits, en faisant de chaque

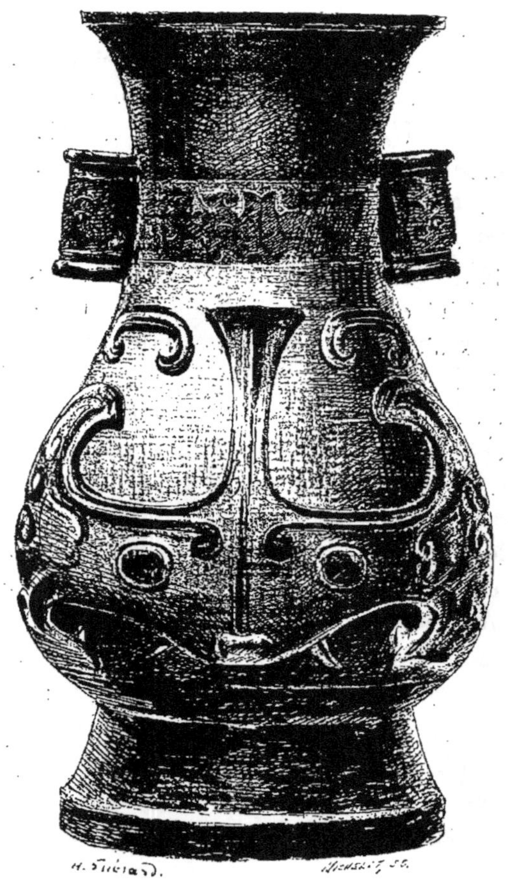

VASE RITUEL PORTANT L'EFFIGIE DU T'AO-T'IÉ.
H., 0ᵐ,60.
(Collection de M. H. Cernuschi.)

détail un motif ornemental, de sorte que parfois on

ne retrouve plus du type originel que les yeux et la mâchoire. (Voy. p. 25.)

Une des conséquences de la réglementation qui, en se perpétuant à travers l'histoire chinoise, a déterminé les formes et le décor des objets rituels, est de rendre presque impossible toute attribution de date aux bronzes de cette sorte qui ne portent point d'inscriptions. Souvent même ces inscriptions sont insuffisantes à déterminer exactement l'époque où elles furent gravées, soit par la concision symbolique de leur style, soit par l'impossibilité où sont les sinologues et les Chinois eux-mêmes d'en fixer le sens.

Les éléments principaux des bronzes primitifs étant ainsi déterminés, il nous est permis d'aborder maintenant l'étude des spécimens qui nous ont été transmis à travers les générations ou dont des dessins authentiques nous donnent la copie.

Ces spécimens, dont les types ont été arrêtés sous la dynastie des Tcheou qui gouverna la Chine pendant 879 années, de 1134 à 255 av. J.-C., et quelques-uns même sous la dynastie des Chang qui régna de 1783 à 1134, peuvent se classer en deux catégories :

1° Les bronzes rituels ;

2° Les bronzes honorifiques.

Les premiers étaient destinés exclusivement et servent encore aux cérémonies du culte officiel ; les autres participaient au culte des ancêtres ou étaient offerts par l'Empereur aux dignitaires de l'État et aux personnages ayant rendu d'importants services.

1° Les *bronzes rituels* étaient de formes différentes suivant qu'ils devaient contenir le vin, les fruits, le grain bouilli, les animaux sacrifiés, offerts au Sou-

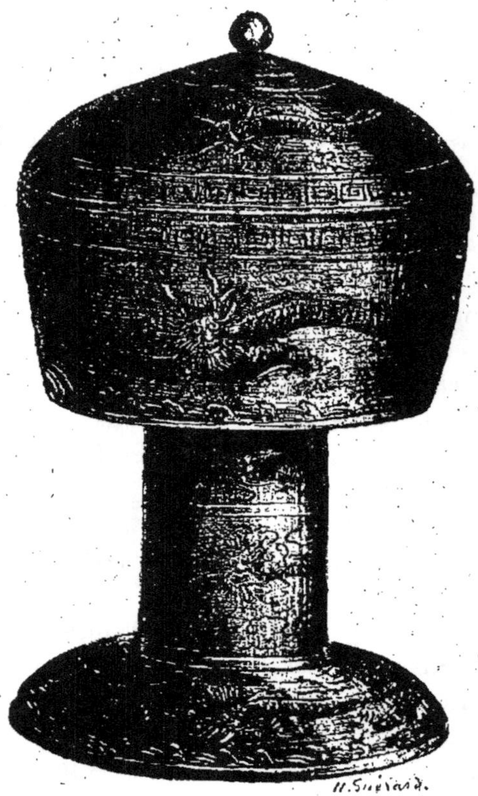

VASE TEOU.
(D'après le *Ta-Thsing-houeï-tien*.)

verain Suprême, aux Dieux des Vents, des Montagnes, etc.

Voici les principaux types de ce genre :

Les vases *ts'ouen*. Il y en a de six espèces.

a. — Le *tchou-ts'ouen* est un vase sans pieds, avec deux têtes d'animaux en guise d'anses. Il est destiné à contenir le vin.

b. — Le *hou-ts'ouen*, destiné au même usage, est décoré de nuages gravés à la pointe et · de licornes sculptées en relief.

c. — Le *siang-ts'ouen*, ou « vase de l'éléphant », est ainsi nommé parce qu'il est supporté par l'animal de ce nom. Il n'est pas étonnant que l'éléphant ait été connu en Chine du temps des Tcheou, puisque des rapports existaient déjà, à cette époque, avec les pays de l'Indo-Chine.

d. — Le *chan-ts'ouen*, ou « vase de la montagne ».

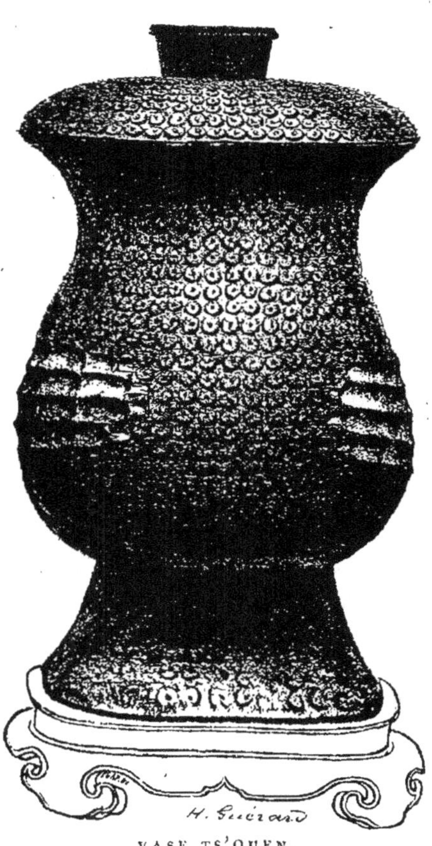

VASE TS'OUEN.

H., 0^m,58.

(Collection de M. H. Cernuschi.)

porte comme décor des profils de montagnes gravés à la pointe, et des grecques.

e. — Le *hi-ts'ouen*, ou « vase de la victime », recevait la forme de l'animal au sacrifice duquel il figurait. (Voy. p. 19 et 21.)

Quatorze sortes d'animaux pouvaient ainsi être sacrifiées sur les autels: le cheval, le bœuf, le mouton, le porc, le chien, le coq, le cerf, l'ours, le sanglier, l'antilope, le lièvre, la caille, le faisan et le pigeon.

Le corps du vase servant à recevoir le sang de la victime était fixé sur le dos de l'animal.

f. — Le *taï-ts'ouen*, ou « grand vase », avait la forme d'une jarre, sans ornement, et contenait de l'eau.

Il faut encore classer parmi les *ts'ouen* un vase de la collection Cernuschi, qui est d'un aspect très archaïque. C'est un vase à panse large, surmonté d'un couvercle ; le décor se compose d'un semis d'*umbos* recouvrant toute la surface, et d'une grecque se déroulant à la base. Mais ce qui fait l'intérêt particulier de cette pièce, ce sont les empreintes de deux mains creusées dans les flancs du vase pour aider à le saisir et, sans doute aussi, à le porter dans les cérémonies religieuses. Ces empreintes sont admirablement prises ; il s'y voit encore des taches d'or. Dans l'intérieur du couvercle est gravée une inscription en caractères antiques[1].

---

1. Cette inscription, comme d'ailleurs presque toutes celles qui datent des premiers temps des Tcheou, est intraduisible. Les archéologues chinois eux-mêmes ne craignent pas de reconnaître que le sens des caractères *kou-ouen* est le plus souvent impossible à restituer et que, pour fixer l'époque des objets qui les portent,

Les vases *tsio*, de forme assez élégante, ressem-
blaient à un casque renversé monté sur trois pieds. Ils
servaient aux libations.

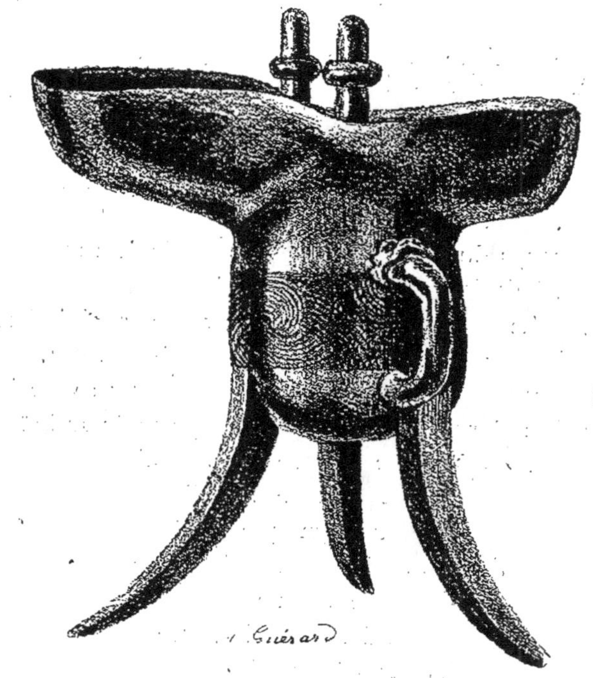

COUPE TSIO, POUR LES LIBÁTIONS SACRIFICATOIRES.
H., 0^m,25.
(Collection de M. H. Cernuschi.)

Les vases *pao-tsio* figuraient dans les sacrifices aux
céréales et dans les cérémonies du Temple du ciel. La

on ne doit consulter que l'aspect extérieur des inscriptions. A nous
placer à ce point de vue, c'est au xe siècle environ avant notre
ère que nous attribuerons le vase aux mains.

forme de ce genre de vases est celle d'une calebasse
montée sur trois pieds. Le couvercle est muni d'un
bouton d'onyx.

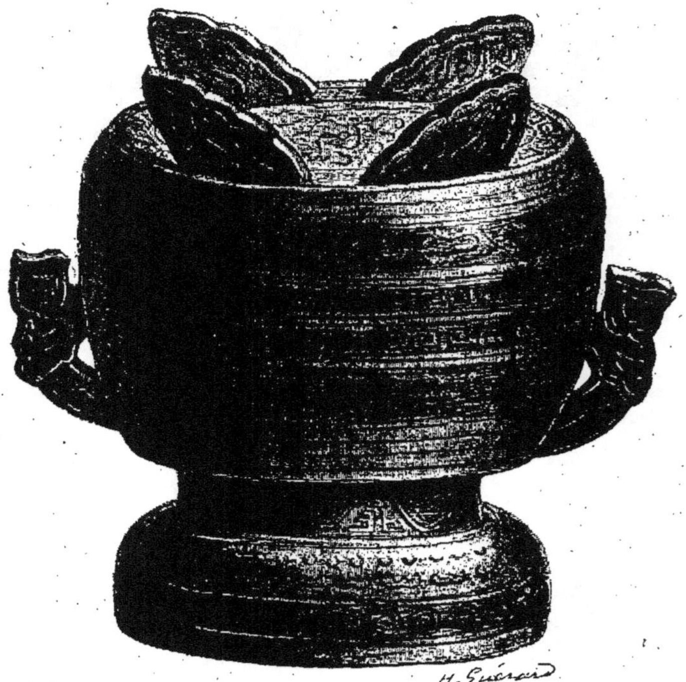

KOUËÏ, BOITE POUR RENFERMER LE GRAIN BOUILLI
DU SACRIFICE.
(D'après le *Ta-Thsing-houei-tien*.)

Le grain bouilli était présenté dans des sortes de
boîtes appelées *fou* ou *kouëi*, suivant qu'elles étaient
de forme carrée ou de forme ovale. On plaçait les
fruits dans des coupes dites *pien* ayant la forme d'une

sphère écrasée et montées sur un pied ciselé à jour.

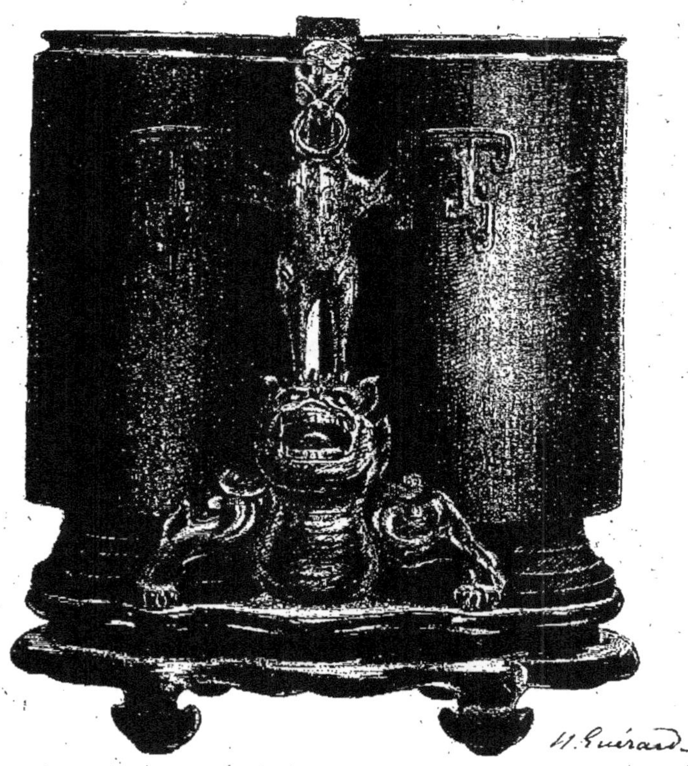

VASE HONORIFIQUE.
H., 0ᵐ,61.
(Collection de M. H. Cernuschi[1].)

Une des formes les plus heureuses des bronzes pri-

1. Ce vase porte une inscription en caractères *ta-tchouan*. —
S. Exc. Tcheou, directeur de la mission chinoise à Paris, a

mitifs est celle des vases *neï-yen-you* qui sont richement ornés, surmontés d'un couvercle et munis d'une anse mobile qu'une chaînette, terminée généralement par une boucle de jade, rattache à une potence de bois dur. Les Rituels ont reconnu de nombreuses variantes de ce type, soit dans le galbe du vase qui est plus ou moins élancé, soit dans le décor qui admet tous les animaux symboliques et tous les motifs géométriques dont nous avons parlé plus haut. (Voy. p. 15.)

Signalons encore, puisque nous ne pouvons que faire un choix parmi tant de formes variées, les vases appelés *hi-cheou-leï* et *leï-ouen-hou*, qui servaient également aux sacrifices rituels et qui sont intéressants par leur galbe ou leur ornementation. (Voy. p. 13.)

2° Les *bronzes honorifiques*, destinés à perpétuer le souvenir d'un personnage célèbre par ses vertus ou ses exploits. Les vases de cette catégorie se distinguent généralement des premiers par des formes plus heureuses, par un style moins sobre et moins sévère.

Le galbe le plus usuel est celui d'un cornet à trois compartiments, avec des anses dont le développement atteint parfois toute la hauteur de la pièce qu'elles sont destinées à porter. Des inscriptions placées sous la base rappellent les conditions dans lesquelles le vase a été décerné par l'empereur ou les princes du sang.

bien voulu nous déchiffrer cette marque, dont le sens est : « Que mes fils, mes petits-fils à jamais conservent (ce vase comme un objet) précieux. »

II

LES BRONZES BOUDDHIQUES

Vers la fin du 1er siècle de notre ère, un fait se produisit qui modifia profondément l'art chinois en renouvelant les conceptions dont il s'était inspiré jusqu'alors : le bouddhisme s'introduisit en Chine.

Ce fut en l'année 61 ap. J.-C. que l'empereur Ming-ti, ayant vu en rêve, disait-il, un Dieu étranger, expédia des messagers vers l'Inde pour y chercher la doctrine et les livres du bouddhisme. Ces envoyés revinrent en l'an 67, rapportant les images peintes, les effigies sculptées et les livres sacrés de la religion que Çakya-Mouni avait prêchée dans l'Inde 600 ans auparavant[1].

1. Dès l'année 200 av. J.-C., les Chinois avaient entendu parler de la grande révolution religieuse dont Çakya-Mouni avait été le promoteur à la fin du viie siècle. Des missionnaires bouddhiques étaient même venus prêcher leur doctrine jusque dans la capitale de la Chine, qui était alors située au Chen-si; mais leur tentative était demeurée infructueuse. Cf. Edkins, *Chinese Buddhism*; Eitel, *Lectures on Buddhism (Chinese Recorder, 1870)* et Schott, *Über den Buddhaismus in Hoch Asien und in China.* Ce dernier ouvrage, qui est antérieur aux grands travaux de Burnouf, Foucaux, Vassiliew et Senart sur le Bouddhisme, ne doit être consulté qu'avec réserve sur les points d'histoire et de doctrine où ces érudits ont appliqué leur critique; mais il contient de précieux renseignements sur le culte et la liturgie bouddhiques en Chine. Voyez également, sur l'introduction du bouddhisme dans l'Empire du Milieu et les conditions dans lesquelles il s'y est développé, E. Renan, *Nouvelles études d'histoire religieuse.* p. 102 et suiv.

Le nom de « Bouddha », transcrit en chinois, devint

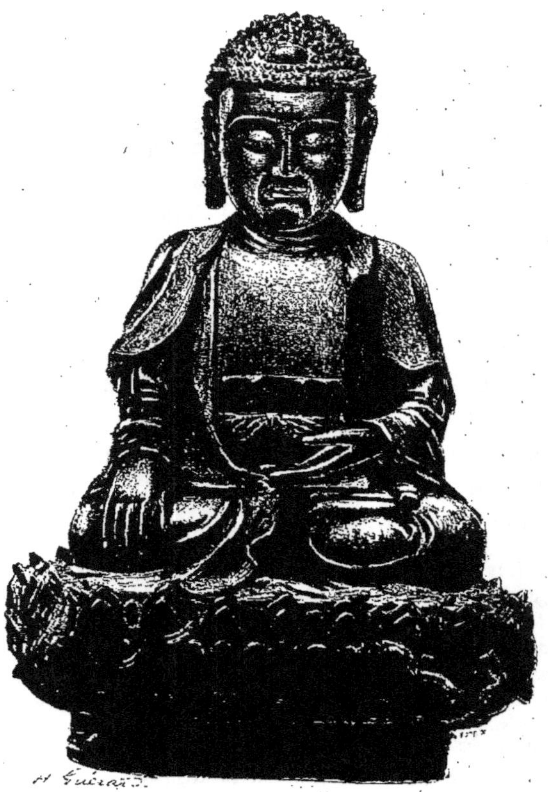

BOUDDHA. — (FO.)

H., 0ᵐ,50.

(Collection de M. H. Cernuschi)

Fo-tho et se réduisit bientôt au seul radical de *Fo*[1].

1. Le son *Fo*, dans les provinces de l'ouest, où était alors la capitale de l'Empire chinois, se confond encore avec les sons *Bo*, *Po* et *Ho*.

La doctrine bouddhique ne réussit pas tout d'abord à s'implanter dans l'Empire du Milieu; mais, dans les premières années du IIIᵉ siècle, elle commença de devenir populaire : le « Lotus de la bonne Loi » était traduit en chinois, des temples de la religion nouvelle s'élevaient dans les grandes villes, des monastères se construisaient dans les campagnes, et, l'an 381, l'empereur Hiao-Ou-ti, de la dynastie des Tsin, consacrait à Fo une pagode dans son palais de Nankin. La doctrine se répandit dès lors rapidement à travers toute la Chine, faisant partout des adeptes. Quelques persécutions, ordonnées au début du Vᵉ siècle, puis bientôt abandonnées, ne firent que la rendre plus populaire.

Pendant tout le VIᵉ siècle, la Chine continue à se couvrir de temples et de couvents bouddhiques : des prêtres hindous, chassés de leur pays par la réaction brahmanique, affluent à la cour des Empereurs; des ambassades chinoises vont en Inde et en Birmanie pour y chercher des reliques, des livres canoniques, des images et des statues sacrées; enfin des souverains abdiquent le pouvoir impérial et se font moines ou bonzes. Il y a, dans toute la Chine, deux millions de religieux bouddhistes et trente mille temples.

Les relations des pèlerins chinois qui se rendaient dans l'Hindoustan pour s'y inspirer de la foi bouddhique nous fournissent, au point de vue qui nous intéresse, de curieux renseignements. La plus célèbre de ces relations est celle de Hiouen-Thsang qui, parti en l'an 622 des bords du fleuve Jaune, traversa au milieu de difficultés inouïes les déserts de la Dzoungarie et les

régions de la Transoxiane, visita les royaumes de Sa-
marcande, de Balk et de Caboul, atteignit le Cachemire
et parvint enfin dans le bassin du Gange, où il demeura

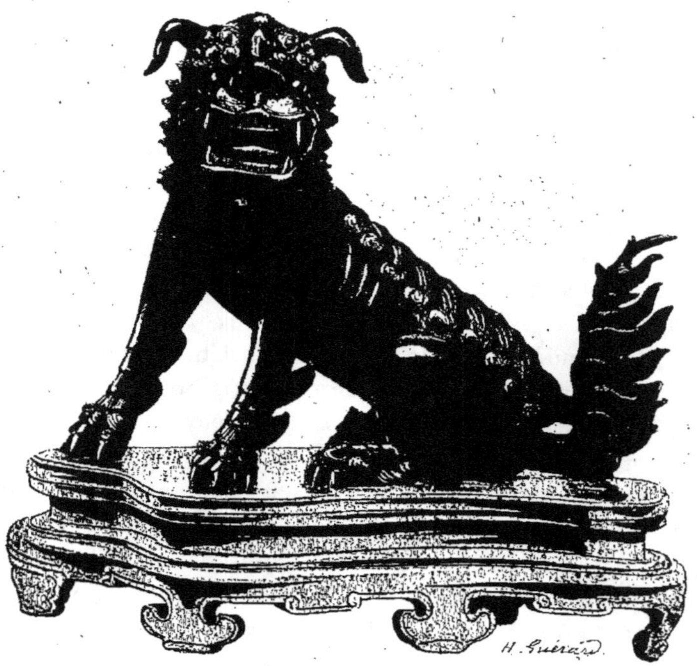

LION DE FO (BOUDDHA).
H., 0ᵐ,36.
(Collection de M. H. Cernuschi.)

près de douze années. Quand il revint en Chine, il rap-
porta avec lui une précieuse collection de statues et de
livres religieux. On l'accueillit dans sa patrie avec les
plus grands honneurs, et la réception des objets sacrés

qui formaient son convoi donna lieu à d'imposantes
cérémonies[1].

Ainsi, des spécimens d'une esthétique nouvelle

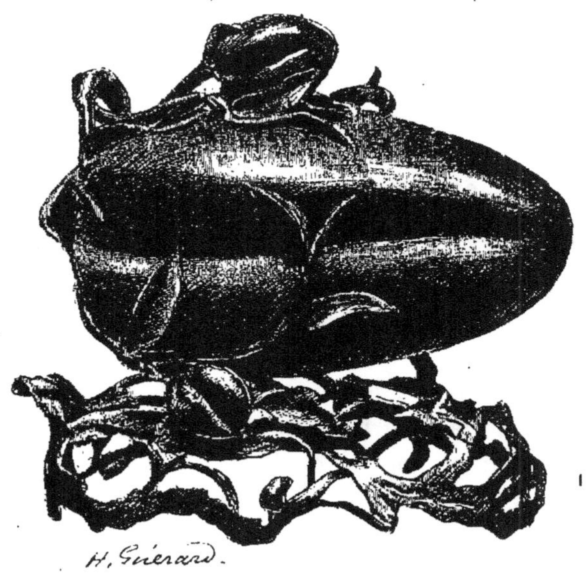

BRULE-PARFUMS. — XVIᵉ SIÈCLE.
H., 0ᵐ,33.
(Collection de M. H. Cernuschi.)

s'introduisaient en Chine, et ils rencontraient, pour

1. Stanislas Julien, *Histoire de la vie de Hiouen-Thsang*. On
peut consulter sur les rapports de la Chine avec l'Inde, du
IIᵉ siècle av. J.-C. jusqu'au XVIIᵉ siècle de notre ère, un mémoire
publié par G. Pauthier dans le *Journal asiatique* (3ᵉ série,
t. VIII) sous le titre : *Examen méthodique des faits qui concernent
le Thien-tchu (l'Inde)* (traduit en partie d'un ouvrage chinois).

s'y répandre, les conditions les plus favorables à la propagation des formes d'art, l'établissement d'une religion.

Les disciples de Confucius et ceux de Lao-tse ne pouvaient voir avec indifférence cette fortune inouïe du bouddhisme. Au viiie siècle, une réaction se forma, qui alla toujours grandissant et qui finit par triompher vers le milieu du ixe siècle. Un édit de l'empereur Hiouen-Tsong (845 apr. J.-C.) ordonna la destruction de 45,000 temples ou monastères. Cette mesure iconoclaste acheva sans doute de détruire ce qui avait échappé aux persécutions du ve siècle, et il est probable que des premières productions de l'art bouddhique en Chine, peu ont survécu et ont pu parvenir jusqu'à nous.

L'avènement de la dynastie mongole des Youen, en 1260, fut pour le bouddhisme le signal d'une nouvelle prospérité, et en quelques années les bonzes eurent reconquis la situation dont ils jouissaient aux vi[e] et viie siècles.

Sous la dynastie des Ming (1368-1643) et sous la dynastie actuelle des Thsing, le bouddhisme continua de vivre sans être inquiété; mais il perdit peu à peu son prestige par suite de l'opposition savante des lettrés, de la concurrence peu loyale des Taoïstes, ou disciples de Lao-tse, de l'extension croissante de l'influence lamaïque (bouddhisme réformé) et surtout de l'indifférence religieuse où se complaît actuellement la masse des esprits en Chine[1].

1. Cf. Edkins, *Chinese Buddhism*, ch. vi, et Bazin, *Recherches sur les ordres religieux dans l'Empire chinois.*

Au point de vue de l'art, l'introduction de la doctrine bouddhique dans l'empire chinois a eu des conséquences capitales : elle lui a apporté des formes et des idées nouvelles, elle a changé la façon de voir et de sentir de ses artistes, elle leur a donné quelque chose de l'imagination des Aryens et de leur idéalisme.

Avec le bouddhisme apparaissent des œuvres d'une pureté de galbe qu'on n'avait point connue jusqu'alors; il y a désormais une variété infinie dans les types, de l'élégance, de la souplesse et de la fantaisie, une habileté parfaite à établir les proportions d'un vase ou d'un brûle-parfums et à les équilibrer.

Si parfois il est fait emprunt de formes et de décors anciens, ce n'est plus pour les copier servilement, c'est avec un judicieux esprit d'imitation, avec la volonté sincère d'ajouter au modèle quelque chose du sentiment propre à l'artiste.

Les motifs ornementaux sont plus nombreux et plus riches aussi : sur la panse des bronzes courent de délicieux rinceaux, des branchages, des guirlandes, des fleurs; des animaux surnaturels ou réels, si finement modelés qu'ils semblent moulés, serpentent sur l'anse des vases ou se dressent sur le couvercle.

Enfin, et pour la première fois, les artistes chinois traitent la figure humaine, évoquent un monde de dieux et de déesses, de personnages héroïques, de sages immortels et de penseurs divins et font entrer dans l'art un élément mystique et spiritualiste. Si, dans cet ordre d'idées, ils n'ont jamais pu concevoir l'harmonie suprême des formes corporelles consacrées par la sculp-

ture antique, ni la beauté accomplie des œuvres de la
Renaissance ita-
lienne, du moins
ils en ont eu par-
fois le pressenti-
ment et la vision
presque directe. Il
est à noter cepen-
dant que, s'ils ont
souvent donné à
leurs créations la
gravité solennelle
des lignes, la sim-
plicité majestueuse
des draperies, la
sérénité de la pen-
sée et la noblesse
des attitudes, ils
n'ont jamais su
leur attribuer la
force passionnée
des mouvements ni
la grandeur pathé-
tique des gestes.
Il faut remarquer
encore que, en de-
hors des types re-
ligieux, ils n'ont

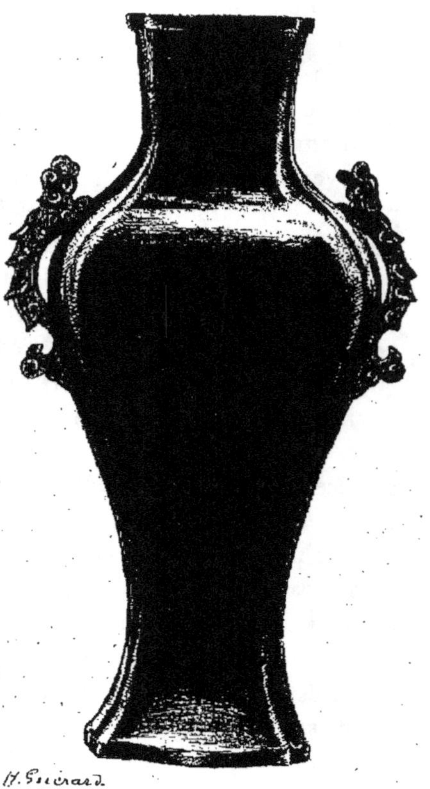

VASE DE BRONZE. — XVᵉ SIÈCLE.
H., 0ᵐ,64.
(Collection de M. H. Cernuschi.)

jamais songé non plus à idéaliser la figure humaine.

Il fallait que la poésie du sujet leur fût dictée, imposée, pour ainsi dire, par les croyances, esquissée déjà dans

la conscience de chacun, dans l'imagination de tous

En même temps que les formes se renouvellent, les procédés techniques se perfectionnent.

Les alliages sont plus savamment combinés, les patines mieux nuancées, et le bronze prend alors toutes les teintes, depuis le vert olive très clair et très uni, jusqu'au brun noirâtre, sombre et profond.

La méthode de fonte la plus suivie est celle de la cire perdue : elle est exécutée avec une sûreté de main que les bronziers japonais du xviie siècle ont seuls égalée. Le fini de certaines pièces est poussé à son dernier degré de précision. On n'y sent, même dans les plis et les fonds les plus fouillés, aucune imperfection, et cependant on n'y voit aucune reprise de ciselure ni de réparation. Le métal semble avoir pris au premier jet tous les accents du modèle. Les plus beaux spécimens apparaissent au début du xve siècle, vers 1426, sous l'empereur Siouan-te des Ming, puis sous les empereurs Thien-ki et Tsoung-ching, de la même dynastie (1621-1643).

Sous l'empereur Khang-hi, de la dynastie tartare des Thsing (1662), l'art du bronze est à son point culminant et s'y maintient à peu près jusqu'à l'avènement de son successeur, Young-tching (1723). A partir de cette époque, il n'y a plus chez les bronziers chinois une inspiration aussi heureuse, un goût aussi sobre, une étude aussi consciencieuse du modèle naturel; mais l'habileté d'exécution est intacte encore dans les œuvres du règne de l'empereur Kien-long, c'est-à-dire pendant la deuxième moitié du xviiie siècle.

Ces notions générales étant établies, à quels caractères peut-on reconnaître un objet du culte bouddhique?

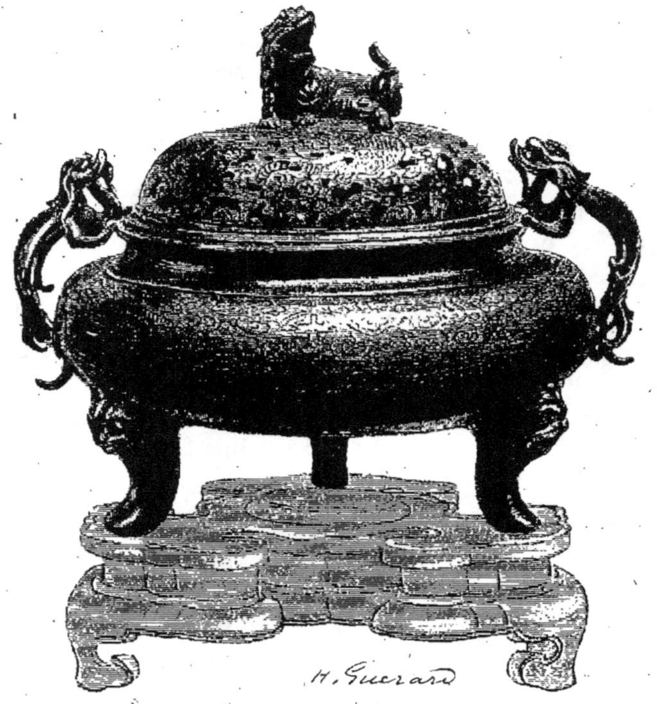

BRULE-PARFUMS BOUDDHIQUE. — NIEN-HAO : SIOUAN-TE
(1426-1436).
H., 0^m,43.
(Collection de M. H. Cernuschi.)

1° *Inscriptions en pâli ou en sanscrit.* Les premiers livres bouddhiques que les Chinois ont reçus de l'Inde étaient composés en langue et caractères pâlis[1]; les in-

1. Cf. E. Burnouf et Lassen, *Essai sur le pâli*, ch. II.

scriptions gravées sur les documents iconographiques qui leur parvinrent dans le même temps étaient de la même écriture. Mais, dès le début du n^e siècle, les ouvrages sanscrits affluèrent, et l'étude du pâli fut complètement abandonnée.

Si quelques bronzes portent encore des inscriptions en cette dernière langue, on peut donc les considérer comme les plus anciens spécimens de l'art bouddhique en Chine, ou tout au moins comme la reproduction d'œuvres remontant aux n^e ou m^e siècles.

L'écriture sanscrite a fourni aux artistes bronziers de très heureux motifs de décoration, moins riches et moins entrelacés que les caractères arabes, mais se prêtant tout aussi bien aux courbes d'un vase, aux lobes d'une coupe, au modelé d'un brûle-parfums. Le sens de ces inscriptions est généralement une prière, ou quelque formule d'incantation.

2° Une série de *figures symboliques,* spéciales au bouddhisme, permet encore de reconnaître aisément les objets qui relèvent de ce culte et de son inspiration.

La plus fréquemment employée est le *lotus, lien-hoa,* la fleur sacrée, celle dont l'empreinte est gravée sous le pied du Bouddha. On la rencontre partout; elle s'enroule sur le col des vases et la tige des flambeaux, elle s'épanouit sur les parois des brûle-parfums, elle tapisse le socle des statues, elle entr'ouvre son large calice dans la main du divin Çakya.

Le lotus est généralement entouré de sept autres emblèmes, qui sont : la cloche, *tchong,* — la coquille univalve, *lo*, — le parasol, *san*, — le baldaquin, *kai*, — le vase à couvercle, *kouan*, — les deux poissons, *yu*, et enfin le nœud, *tchang*.

On trouve presque aussi souvent les feuilles du *figuier* (*pippala, ficus religiosa*) : c'est l'arbre sacré de Bodhimanda, sous les branches duquel Çakya-Mouni demeura tout un jour et toute une nuit en méditation, au sortir de sa retraite d'Ourouvilva. Quand l'aurore parut, il sentit qu'il revêtait la qualité de Bouddha accompli et qu'il atteignait

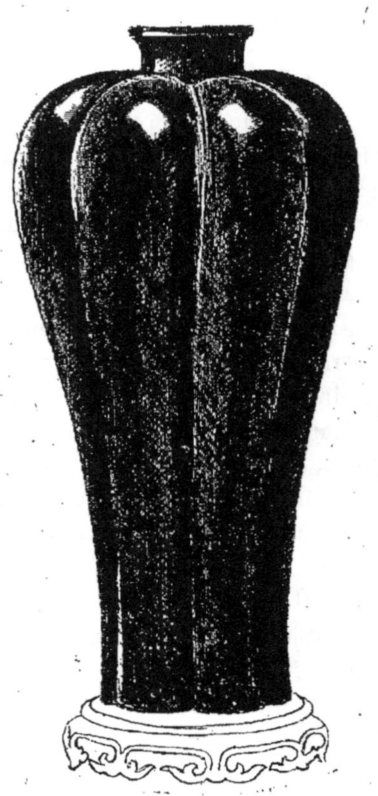

VASE DE BRONZE. — XVᵉ SIÈCLE.
H., 0ᵐ,55.
(Collection de M. H. Cernuschi.)

« l'intelligence parfaite et la triple science ». Cet arbre, qui exista réellement, fut pendant de longs siècles l'objet de la vénération des fidèles, et Hiouen-Thsang, le pèlerin chinois, qui voyagea dans l'Inde en l'an 632 de notre ère, affirme en avoir vu les restes.

Le *palmier, pei-to* (en sanscrit *patra, borassus fla-belliformis*), qui, d'après la légende hindoue, ne perd jamais ses feuilles, est également d'une reproduction fréquente. Il serait trop long de donner la liste complète de toutes les espèces végétales qui se trouvent figurées sur les objets bouddhiques et que l'artiste a tantôt copiées fidèlement, tantôt ornemanisées. Signalons encore les feuilles triangulaires de l'arbre fabuleux appelé le *tchan-pou* (en sanscrit *djambu*), — les baies parfumées du *Nyctanthes, mo-li* (en sanscrit *mallika*) et les fleurs luxuriantes du *man-t'o-lo* (*Erythrina fulgens*, en sanscrit *mandâra*).

L'animal symbolique par excellence du bouddhisme est l'*éléphant*, qui est l'attribut des boddhisatvas, c'est-à-dire des êtres qui n'ont plus à traverser qu'une seule existence humaine avant d'arriver à l'état de bouddha.

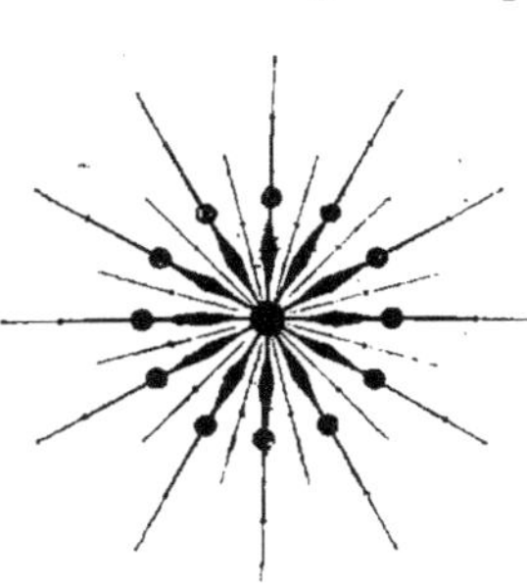

FA-CHE-LO.
(Symbole bouddhique.)

Le *lion de Fo* (*che-tse*) participe autant de l'art indien que de l'art chinois qui a imaginé les monstres primitifs. La face de l'animal est grimaçante, la gueule entr'ouverte laisse voir des crocs aigus, la crinière enveloppe tout le sommet de la tête et est frisée. La bête est généralement représentée assise sur son train de derrière, dressée sur ses pattes de devant. On la place à l'entrée des temples et des palais.

D'autres ornements symboliques, perdus souvent dans le détail du décor, permettent de reconnaître les objets bouddhiques. C'est d'abord le *fa-che-lo* (en sanscrit *vadjra*), emblème d'Indra, dieu du brahmanisme, adopté par le bouddhisme, mais considéré comme inférieur à Çakya Mouni. Cet objet, lorsqu'il est isolé, sert dans les exorcismes et les pratiques de sorcellerie.

Le *ouan* (en sanscrit *svastika*), sorte de croix gammée, est le symbole du cœur de Bouddha : il est gravé sur la poitrine. Voici encore, comme symbole du même ordre,

OUAN.

(Symbole bouddhique.)

le *che-li-mo-ts'o* (en sanscrit *sriva-staya*)[1].

Enfin, le bouddhisme a enseigné aux artistes chinois la reproduction de la *figure humaine*. La doctrine de Çakya-Mouni est en effet arrivée dans l'Empire du Milieu avec une iconographie complète, que ses nouveaux adeptes ont d'abord copiée telle qu'ils la recevaient de l'Hindoustan, puis qu'ils ont variée en s'inspirant autant du génie propre à leur race que des modèles indiens.

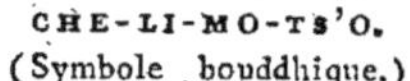

CHE-LI-MO-TS'O.

(Symbole bouddhique.)

De tous les types ainsi reproduits, celui qui a conservé le plus longtemps le caractère que lui avaient attribué les artistes hindous, c'est le Bouddha lui-même. Les bronziers chinois s'appliquèrent à imiter, avec une

---

1. Cf. D' Eitel, *Hand-book for the student of chinese Buddhism; passim.*

fidélité pieuse, les effigies que les missionnaires du
IIe siècle rapportaient du Nepâl ou du Pendjab et qui
faisaient connaître les traits du Dieu nouveau. On avait
enfin la physionomie vraie de celui que les Livres sacrés
dépeignaient ainsi : « Il a le front large et uni; — l'œil
semblable au pétale du Nymphæa bleu; — les lèvres
pareilles au fruit du Wimba; — les veines cachées; —
les épaules parfaitement arrondies; — le corps comme
le tronc du figuier; — les membres et les flancs parfaitement ronds et polis; — la rotule pleine; — les pieds
et les mains doux et délicats; — les doigts longs; — le
talon développé; — le cou-de-pied saillant; — les che-
villes cachées [1].... »

Quelque différence qu'il y ait entre le type classique
du Bouddha et les types de la race jaune, et si étrange
que dût paraître aux artistes chinois l'esthétique
aryenne, ceux-ci en ont cependant saisi tout de suite le
caractère; ils ont su rendre admirablement le modelé
gras et plein, les formes rondes et presque féminines du
Bhagavat et tous les traits physiques de sa personnalité
sacrée. Mais ce qui est plus singulier, c'est qu'ils aient
su comprendre et exprimer aussi la beauté morale de
sa figure pensive, la sérénité rêveuse, le majestueux
recueillement du héros divin sur son lit de lotus. Pour
la première fois dans les œuvres des artistes de la
Chine, on aperçoit une âme et la physionomie qui
manifeste cette âme. Ç'a été le plus grand bienfait que
l'art chinois ait reçu du bouddhisme : il lui doit la révélation d'un idéal plus élevé, une conception plus

1. *Lotus de la bonne loi*. E. Burnouf, appendice VIII.

haute de son objet, un peu de ce qui a fait la noblesse
et la grandeur des arts occi-
dentaux.

. Le Bouddha qui est représenté plus haut (p. 35) est le
type universellement adopté
en Chine, à quelques détails
près. Il est assis sur des lotus,
les jambes croisées, la plante
des pieds en dessus. Les cheveux sont crépus ou frisés,
et, sur le sommet de la tête,
il a la protubérance de la sa-
gesse, surmontée généralement d'un diadème conique
ou piriforme. Les deux mains
posées l'une sur l'autre, la
paume en dehors, tiennent
quelquefois le vase pâtra.
Quelques signes symboliques
sont gravés çà et là sur le
corps ; les plus importants
sont l'*oumâ,* au milieu du
front, et l'*ouan,* ou croix gammée, sur la poitrine.

Quelquefois le Bouddha
est figuré debout. M. Cernuschi en possède un qui est
dans cette attitude. Il tient la
main droite haute et deux
doigts levés, dans le geste d'un prêtre qui donne la bé-

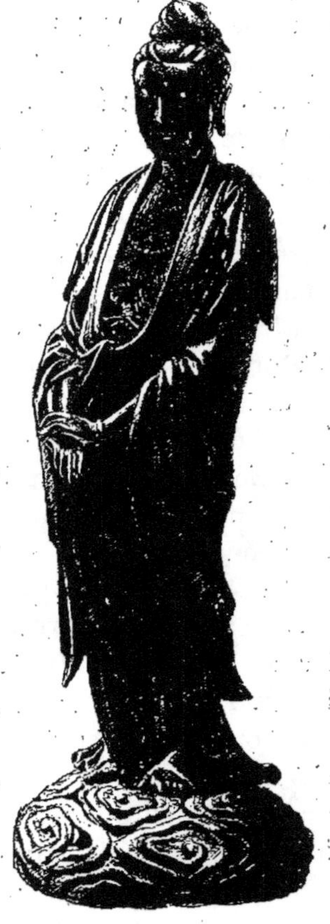

LA DÉESSE KOUAN-YIN.
H., 0ᵐ,58.
(Collection de M. H. Cernuschi.)

nédiction. Ses yeux, sous l'arcade sourcilière très avancée, sont à demi clos; la physionomie est noble, recueillie; elle a la sérénité calme d'une âme supérieure aux
agitations humaines. La dimension des statues de Fo
est très variable : elles ne mesurent parfois que 15 à
20 centimètres lorsqu'elles sont destinées à des autels
domestiques; elles atteignent 14 et 15 mètres lorsqu'elles décorent des édifices religieux. Il n'existe pas
en Chine, à notre connaissance du moins, de statues de
bronze du Bouddha qui soient comparables, pour les
proportions, à celle du temple de Nara, au Japon, qui
n'a pas moins de 26 mètres d'élévation.

Si les Chinois n'ont pas cherché à augmenter l'effet
imposant de leurs idoles bouddhiques par l'exagération des dimensions, du moins ils semblent s'être
proposé le même but en les recouvrant d'or. Cette ha-
bitude de dorer les statues devint générale vers le
viiie siècle, et les adversaires du bouddhisme en firent
même un grief aux bonzes, les accusant de gaspil-
ler ainsi les fortunes des particuliers et le trésor de
l'État.

En dehors du Bouddha lui-même, les artistes
chinois n'ont su reproduire qu'un type qui procédât
d'une inspiration aussi élevée et qui participât encore à
la beauté de ses formes comme à la noblesse de son
expression, — c'est celui de la déesse *Kouan-yin*.

C'est une Boddhisatva, déesse de la Miséricorde :
elle a une pitié inépuisable pour l'humanité qu'elle
voudrait sauver; elle est la figure la plus touchante, la
plus gracieuse du panthéon bouddhique, celle qui a le
mieux inspiré ses peintres et ses sculpteurs.

On la représente sous les traits et avec les vêtements d'une femme (p. 49), mais elle peut prendre
aussi bien la forme masculine. Parfois elle tient contre
son sein un enfant. Souvent aussi elle a seize bras qui
symbolisent son désir ardent de secourir toutes les misères humaines.

Bien que cer-
taines statuettes
de Kouan-yin
soient remar-
quables par la
grâce du style et
la chasteté de
l'expression,
bien que quel-
ques-unes d'en-
tre elles soient
même compara-
bles, pour le
charme mélan-
colique et la
piété virginale
de la physiono-
mie, à telle œu-
vre de Donatello

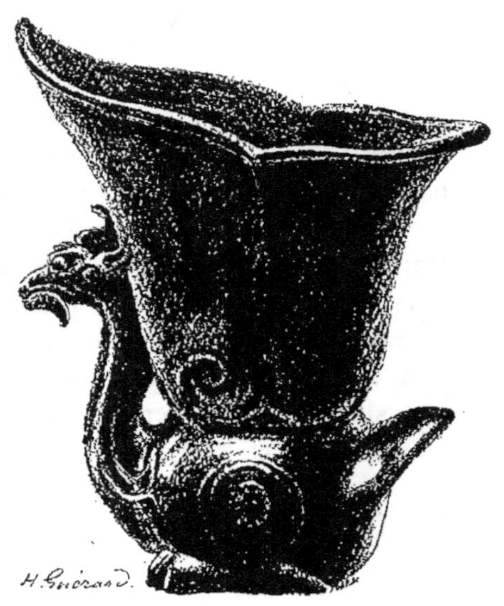

COUPE DE BRONZE. — XVIᵉ SIÈCLE.
H., 0ᵐ,22.
(Collection de M. H. Cernuschi.)

ou de Ghiberti, ce n'est pas à la statuaire que nous
demanderons le type le plus accompli de cette déesse :
la peinture nous en fournira un modèle où nous mesu-
rerons le plus haut point qu'ait pu atteindre un artiste
d'extrême Orient dans l'expression synthétique d'un
sentiment humain.

A côté du Bouddha et de la déesse Kouan-yin, nous n'avons plus à faire, pour ainsi dire, qu'un catalogue des divinités bouddhiques qui ont été le plus fréquemment reproduites par les bronziers chinois[1].

C'est d'abord *Mi-li-fo* (Maitreya-Boddhisatva) ou « le Bouddha qui doit venir », celui qui dans trois mille ans apparaîtra aux hommes quand ils auront perdu le souvenir des prédications de Çakya-Mouni. Il est représenté sous les traits d'un homme obèse, à la face souriante.

C'est encore *Brahma* (en chinois, *Fan-t'ien*) sortant d'un lotus ou tenant sur ses genoux *Lakshmé*, déesse de la beauté, — *Civa* (en chinois, *Ta-tsi-taï-t'ien*), dieu de la destruction, avec huit bras armés d'un trident, d'une massue, d'un arc, etc., — *Ti-tsang*, qui s'efforce de retirer les damnés de l'Enfer où les ont plongés leurs fautes ; il est corpulent et porte une couronne de lotus ; parfois, il est entouré des dix dieux infernaux, — *Pou-hien*, dieu de la prudence, monté sur un éléphant, — *Maritchi*, déesse de la paix et de la lumière, avec huit bras dont deux tiennent en l'air un soleil et une lune, — *Ta-mo* (Boddhidarma), vêtu d'un linceul et traversant sur une branche de bambou les flots du Gange pour rentrer, mort, dans sa patrie après ses longs voyages en Chine, etc., etc.

Viennent enfin les statuettes innombrables de patriarches, d'ascètes, de personnages mystiques, qui sont vénérés par les bouddhistes et qui encombrent leurs temples. Signalons, dans cette catégorie, un

1. Cf. Edkins, *Chinese Buddhism,* ch. xiv.

ascète en méditation de la collection Cernuschi. Sa

physionomie et son attitude expriment une sorte de résignation douloureuse; mais sa maigreur n'est pas seulement physique, maladive. Ce que le sculpteur chinois a rendu par ces traits émaciés, ces muscles décharnés, ces os saillants sous la peau, c'est une idée plus profonde et vraiment artistique, — la déformation du corps par les passions de l'âme.

L'influence indienne s'est fait puissamment sentir sur les formes et les décors que le bouddhisme a empruntés à l'art archaïque et dont il a fait usage dans les objets de son culte.

Un autel bouddhique se compose, en dehors de la statue de

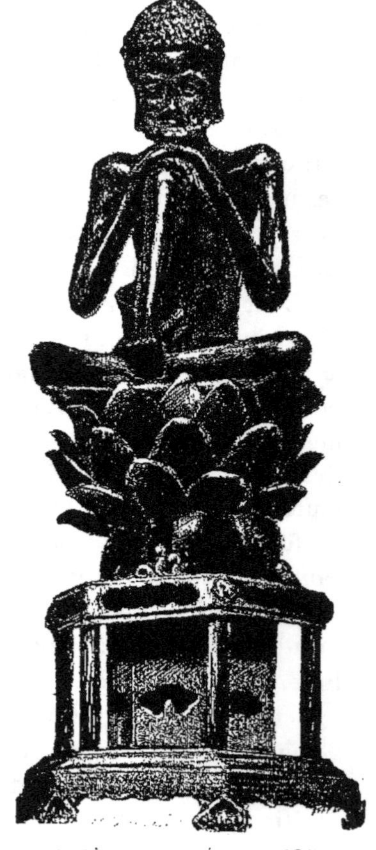

ASCÈTE EN MÉDITATION.
H., 0ᵐ,28.
(Collection de M. H. Cernuschi.)

Fo devant laquelle il est dressé, de cinq pièces : un brûle-parfums, deux vases et deux chandeliers. Ces pièces sont généralement de bronze, quelquefois de porcelaine, rarement de jade.

L'usage de brûler des parfums devant les divinités est dû probablement au bouddhisme et les autres religions de la Chine l'ont adopté après lui. Les plus beaux spécimens de brûle-parfums appartiennent en tout cas au culte de Fo et en portent les emblèmes. Sur ces bronzes, comme sur ceux de l'art primitif, on voit aussi des dragons et des animaux fabuleux; mais quelle différence d'inspiration et d'exécution! Avec quel sentiment de la vie est rendue cette animalité fantastique et contournée! Les parties tour à tour lisses et rugueuses, saillantes et rentrantes, les fines cassures des plis de la peau, les striures de l'épiderme, le brillant humide des écailles, tous les moindres détails du corps sont aussi bien observés que traités : l'artiste sait désormais animer son œuvre d'une sorte de souffle frémissant et donner au métal quelque chose de la palpitation des chairs. Il n'est pas jusqu'à la patine qui ne contribue à revêtir le bronze des tons chauds et colorés de la vie.

Les fleurs et les branchages qui ornent les objets d'autels et serpentent sur la panse des vases, sur la tige des flambeaux ou les flancs des cassolettes sont reproduits dans le même esprit : la sève végétale circule dans la pulpe des feuilles, dans les fibres des tiges, dans les lobes épanouis des lotus. On ne saurait trop le répéter, c'est le bouddhisme qui a appris aux Chinois à voir et à comprendre la nature.

Vers le milieu du XIe siècle, une réforme du bouddhisme s'opéra au Thibet : l'athéisme du culte primitif

se changea en théisme par la création d'un Adi-
bouddha ou Bouddha suprême; des rites nouveaux,
offrant une ressemblance singulière, mais probablement fortuite avec ceux du catholicisme, furent en
outre introduits et modifièrent assez la religion ancienne pour former à côté d'elle un culte séparé, le
lamaïsme.

La réforme lamaïque, partie du Thibet, où elle a
encore son grand chef spirituel, le Dalaï-lama, s'est
étendue peu à peu sur toute la Chine (xive siècle), et
elle a ses prêtres, ses temples et ses offices à côté de
ceux du bouddhisme [1].

Au point de vue de l'art, le seul qui doive nous
occuper ici, le lamaïsme, s'il n'a pas créé des types ico-
niques nouveaux, a parfois modifié les types anciens,
et il a marqué de symboles spéciaux les objets de son
culte.

L'écriture thibétaine a été introduite comme motif
d'ornementation, et la souplesse de ses traits, l'élégance
allongée de ses pleins et de ses déliés ont fourni souvent

PRIÈRE BOUDDHIQUE EN CARACTÈRES THIBÉTAINS.

aux artistes d'heureux effets décoratifs. C'est presque
toujours la même formule mystique que l'on retrouve
ainsi gravée sur les bronzes et les cloisonnés, l'éternelle

1. Cf. Schlagintweit, *Buddhism in Tibet.*

invocation que, d'un bout à l'autre de l'Asie, murmurent tous les croyants bouddhistes : *Om mani padmé houm !* « Salut ! perle enfermée dans le lotus. »

Une autre figure symbolique, très fréquemment reproduite sur les objets du culte lamaïque, est la *roue de la loi*, *fa-louen* (en sanscrit *tchakra*). Cette roue était figurée sous le pied du Bouddha et formait le trente et unième signe de sa personne. L'expression « tourner la roue de la loi », dans le sens de « prêcher la doctrine bouddhique », devint sacramentelle depuis le jour où Çakya-Mouni en fit usage dans sa

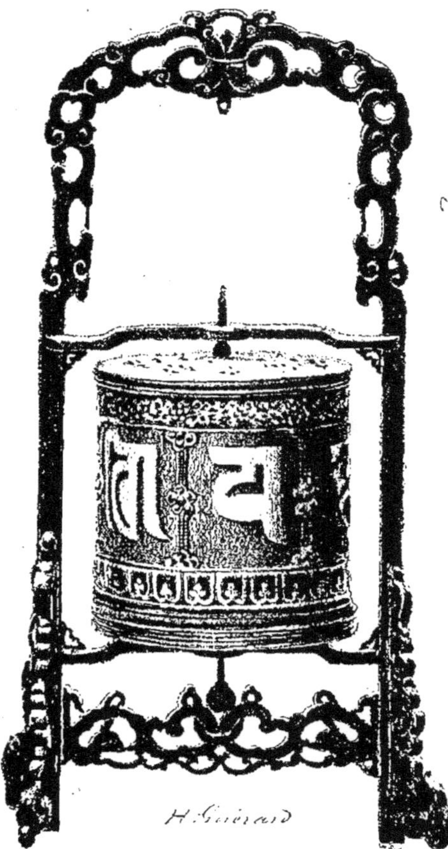

MOULIN A PRIÈRES.
H., 0^m,43.
(Collection de M. H. Cernuschi.)

première prédication à Bénarès. On trouve dans les temples des lamas toutes les statues du bouddhisme; mais la plus vénérée est celle d'*Amitâbha* (*O-mi-to-fo*), qui règne dans les cieux occidentaux et qui est la première divinité du Thibet. On le représente tenant un lotus à la main et souvent aussi une corde ou lacet, *thagpa*, dont il se sert pour amener vers lui les créatures qu'il veut sauver. Près de lui sont généralement les statuettes de ses deux boddhisatvas préférés : Ta-chi-shi et Kouan-yin, qui revêtent indifféremment les formes féminine ou masculine.

Parmi les autres objets du culte thibétain, nous pouvons citer encore le *moulin à prières* que les fidèles font tourner pour expédier plus rapidement un plus grand nombre d'oraisons, et qui est bien le symbole le plus saisissant de la pensée bouddhique tournant éternellement sur elle-même, dans le vide de ses conceptions.

La collection Cernuschi en possède un curieux spécimen : c'est un cylindre de bronze ciselé, monté verticalement sur un axe encastré dans un élégant cadre de bois de fer : des caractères thibétains dorés sont gravés sur le pourtour du moulin.

III

LES BRONZES TAOÏSTES

Quand le bouddhisme s'introduisit en Chine, il y trouva, à côté du culte officiel, une doctrine philosophique déjà ancienne et qui commençait à se formuler

en religion, la doctrine du *Tao*. Elle avait été fondée,
au vi⁰ siècle avant notre ère, par le philosophe Lao-tse,
dont les sectateurs ont fait presque une divinité. Le

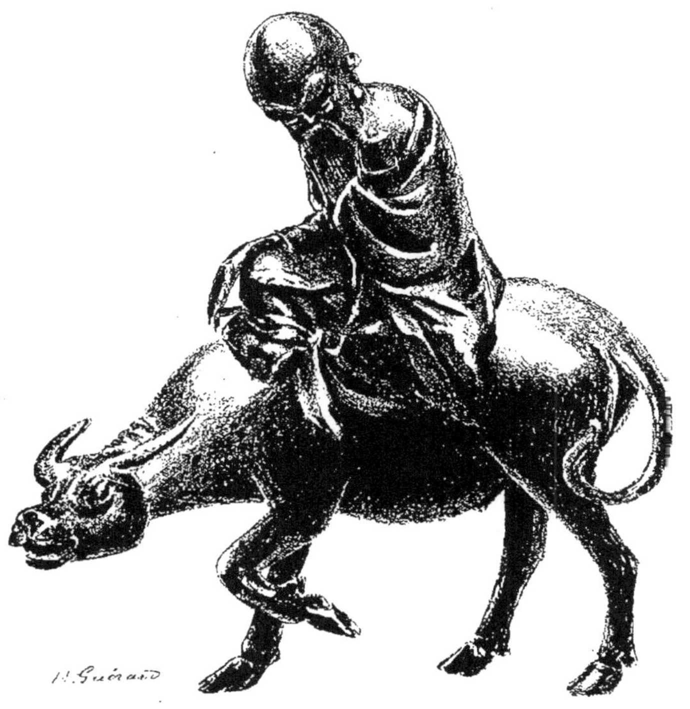

LAO-TSE.
H., 0ᵐ,52.
(Collection de M. H. Cernuschi.)

« Tao-te-King », ou « Livre de la Raison suprême et de
la Vertu », qu'il composa vers la fin de sa vie, est l'évan-
gile de ses disciples.

D'après Lao-tse, l'Être primordial, cause de tout,

est le « Tao » ou la « Raison suprême » ; le Tao a deux natures ou modes d'être : le mode matériel et le mode immatériel. C'est de la nature spirituelle que l'homme est émané et il doit s'efforcer d'y retourner en s'affranchissant de la matière. Lao-tse admet encore que « les modes d'être contingents ne sont que des formes passagères de l'existence, et que, une fois dépouillés de ces formes, les êtres reviennent à leur principe ».

Cette doctrine, qui réunit en Chine au moins autant d'adeptes que le culte de Fo (Bouddha), a vite dégénéré de ses conceptions premières. Un siècle à peine après l'introduction du bouddhisme, sa transformation était commencée, et elle ne tardait pas à devenir ce qu'elle est actuellement, c'est-à-dire une religion matérialiste avec une mythologie d'emprunt, avec des pratiques de magie et de sorcellerie[1].

Quelques figures symboliques permettent généralement de reconnaître à première vue un objet servant au culte taoïste ou destiné à en représenter les idées.

Les principales sont : le diagramme appelé *t'aï-ki*, qui représente les principes masculin et féminin ; — la *pêche de longévité;* — la *chauve-souris;* — une sorte de sceptre appelé

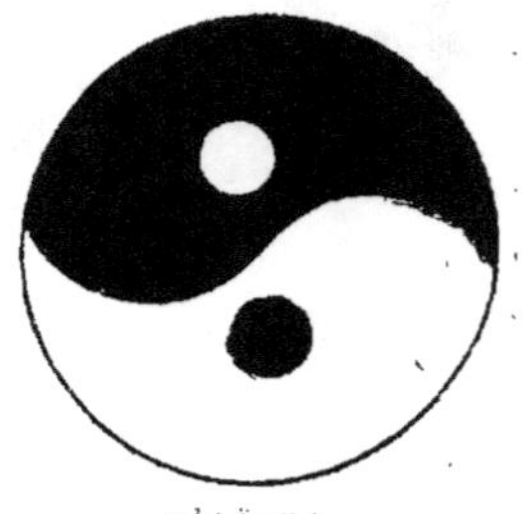

T'AÏ-KI.
(Symbole taoïste.)

jou-y, etc. Nous serons amené plus loin à reparler de ces différents symboles.

1. Cf. Chalmers, *Tauism; China Review*, I, 209.

Les bronzes taoïstes les plus intéressants, au point
de vue de l'art, sont les statues ou statuettes des divinités que les sectateurs de Lao-tse ont créées pendant
les premiers siècles de notre ère, pour les opposer aux
idoles bouddhiques. Ces statuettes ne procèdent plus
de l'art indien : on y sent l'intention de constituer, pour
ainsi dire, une iconographie nationale, à l'exclusion de
tout élément étranger. Les types et les attitudes qui leur
ont été attribués varient à l'infini. Il y a plus de mouvement et d'animation, une observation plus précise de
la réalité et souvent aussi une plus habile facture que
dans les œuvres du bouddhisme ; mais celles-ci sont
supérieures par la noblesse de l'expression, par la
recherche de la sérénité dans la physionomie, par la
simplicité des lignes et par la disposition sobre et majestueuse des draperies. Il semble que l'artiste taoïste,
n'ayant pas été distrait par le souci de donner à ses
figures telle physionomie morale, telle nuance de caractère, ait pu créer des êtres d'une vérité physique et anatomique plus précise. Aussi, c'est surtout la laideur
expressive, la vulgarité réelle, et cette difformité grimaçante que l'on retrouve dans certaines œuvres du moyen
âge chrétien, qu'il s'est attaché à reproduire. L'impression générale que laissent toutes les œuvres de cette
espèce est celle d'un naturalisme sans élévation qui
s'est borné à copier les formes et à manier la matière
sans y rien mettre de la personnalité de l'ouvrier, sans
y déposer une parcelle de sentiment élevé ni d'idéal.

Lao-tse est représenté soit assis, soit monté
sur un buffle ou sur un cerf. Le philosophe divin
a le crâne monstrueusement développé par l'inten-

sité de sa méditation; la barbe est longue et les sour-

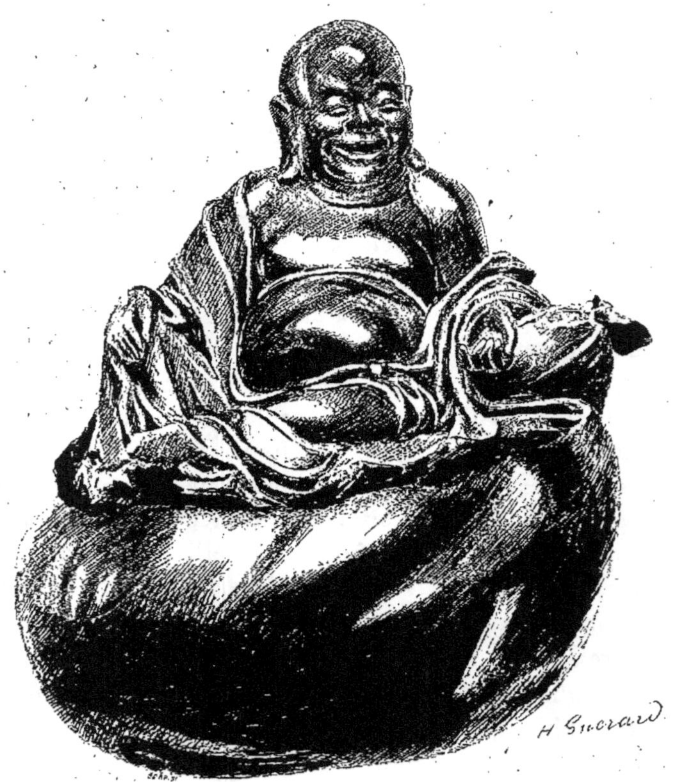

POU-T'AÏ, DIEU DE LA SENSUALITÉ.
H., 0ᵐ,19.
(Collection de M. H. Cernuschi.)

cils épais; l'expression est doucement souriante, vide
de pensée. Généralement, il tient à la main la pêche
fabuleuse qui ne mûrit que tous les trois mille ans, ou

bien il est entouré de champignons de l'espèce *ling-tchy*, qui assurent l'immortalité.

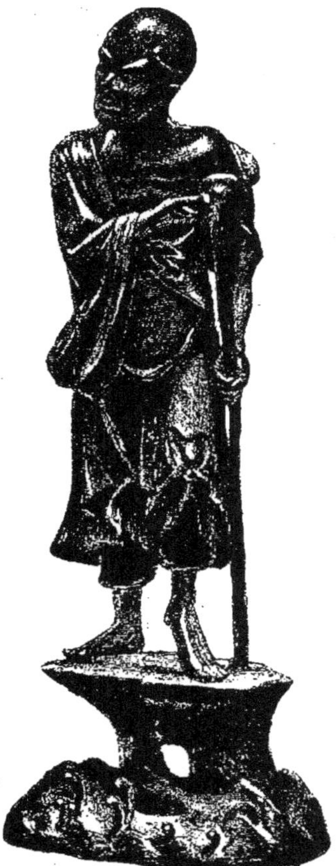

LI T'IE-KOUAÏ, L'UN DES
IMMORTELS.
H., 0ᵐ,31.
(Collection de M. H. Cernuschi.)

A côté de lui, sur le même autel, figurent les *Pa-sien* ou les *huit Immortels*. Bien que ces personnages aient été vénérés pour leur sainteté dès leur disparition de notre terre, c'est-à-dire dès leur entrée dans la vie éternelle, les légendes qui les ont déifies et qui ont déterminé leur véritable caractère symbolique sont probablement toutes postérieures au XIIIᵉ siècle. Il y aurait donc imprudence à attribuer une date antérieure aux œuvres qui s'en sont inspirées.

Voici les noms des *Pa-sien* et leurs attributs :

Le plus grand des Immortels est *Tchong Li-k'iuan :* ses emblèmes sont un éventail de plumes et une cigogne qui lui apporte un bâton ; *Tchang Kouo*, qui vient ensuite dans la vénération des fidèles, est représenté monté sur une mule, un long étui (en forme de carquois) à la main ; *Liu Tong-pin* se reconnaît au chasse-mouches placé dans une de ses mains et à l'épée fixée derrière son dos, qui servaient à ses incantations magiques ; *Ts'ao Kouo-kieou* porte comme insignes deux plaques longues attachées en forme de croix ; *Li T'ie-kouaï* a les traits d'un mendiant boiteux et bossu, s'appuyant sur une béquille de fer (voy. p. 62) ; *Han Siang-tse* a pour emblème un chalumeau ; enfin *Lan Ts'ai-ho* et *Hò Sien-Kou*, qui sont du sexe féminin, sont représentées l'une en haillons, un pied déchaussé et tenant à la main une sarclette, — l'autre marchant sur des nuages et portant un bouquet de fleurs.

Les emblèmes des Immortels sont souvent groupés ensemble, comme motif de décoration. Ils impliquent un souhait de longévité et de bonheur. On les désigne sous le nom de *Pa-pao*, « les huit joyaux[1] ».

Les taoïstes ont déifié un grand nombre d'autres personnages célèbres par leur piété, leur érudition,

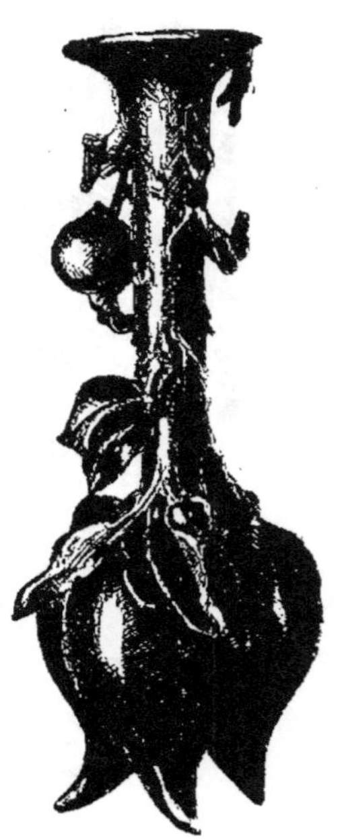

VASE DE BRONZE
ORNÉ DES
PÊCHES DE LONGÉVITÉ.
XVIe SIÈCLE.

(Collection de M. S. Bing.)

---

1. Cf. Mayers, *The Chinese reader's manual; passim.*

leur courage, etc. Une étoile, disaient-ils, descendait du ciel, s'incarnait en eux et leur donnait le caractère divin. La liste de ces dieux serait trop longue à fournir; nous nous bornerons à citer les suivants :

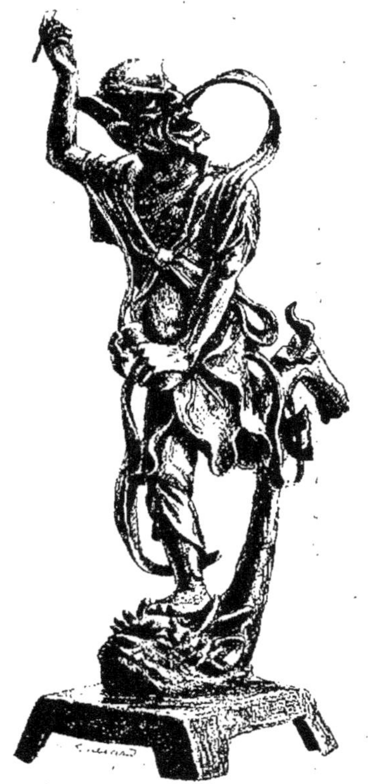

K'ouéï-sing, dieu de la littérature, habite la constellation de la Grande-Ourse. On le représente sous la forme d'un démon qui s'enlève sur un dragon ou qui frappe de son pied la mesure *Teou* (le *Teou* désigne les quatre dernières étoiles de la Grande-Ourse). Il semble poursuivi par une chauve-souris, symbole de l'inspiration littéraire, et tient un pinceau à la main. Les statuettes qui le représentent sont souvent remarquables par le mouvement hardi du corps qui paraît s'enlever vers les astres, et par la légèreté des draperies qui flottent au vent.

K'OUEÏ-SING,
DIEU DE LA LITTÉRATURE.
(Appartenant à M. Guérard.)

Kouan-ti, dieu de la guerre, vivait au IIe siècle après J.-C. Il s'était acquis la célébrité par ses exploits héroïques et sa fidélité à la dynastie des Han. Sanctifié en 1128, il fut reconnu dieu de l'État sous les Ming en 1594. Il est vêtu en guerrier.

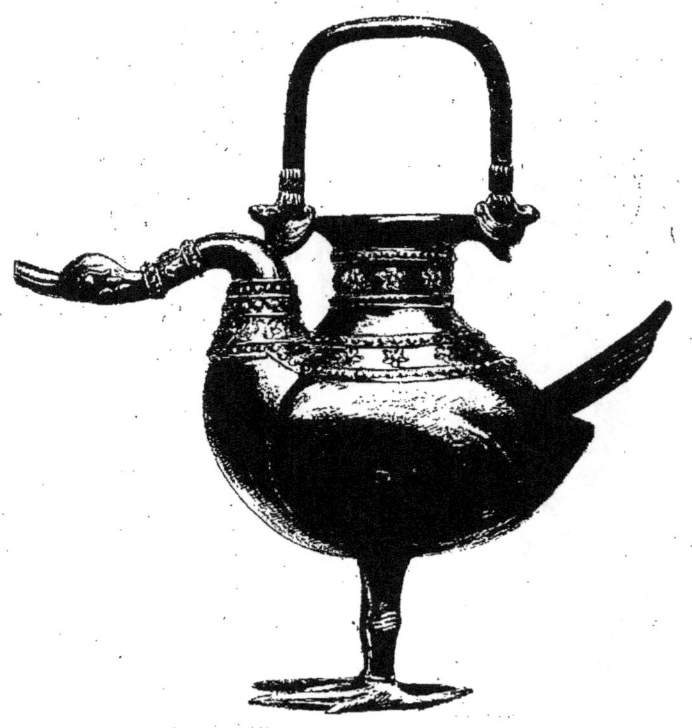

VASE DE BRONZE.
H., 0ᵐ,55.
(Collection de M. H. Cernuschi.)

Pou-taï, dieu de la sensualité, a le corps et les traits d'un homme obèse, au visage vulgaire et toujours rica‑nant. Il est couché et s'appuie contre une outre qui renferme les biens et les jouissances terrestres.

Peï-ki-tcheng-vou est le génie du Nord ; ses quatre

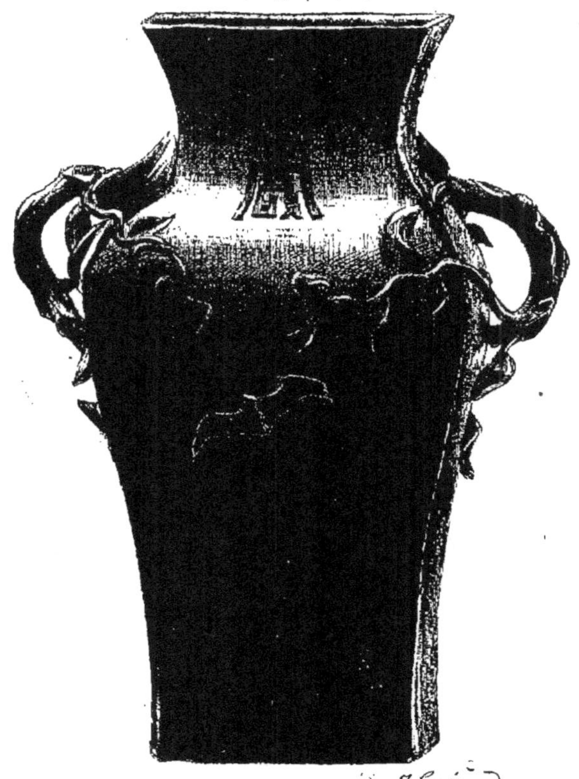

VASE PORTANT LES SYMBOLES TAOÏSTES.
H., 0ᵐ,52.
(Collection de M. H. Cernuschi.)

attributs sont le glaive, le serpent, la tortue et les sept étoiles de la constellation du « Boisseau » où passe l'axe du monde.

Nous arrêterons là cette nomenclature des dieux du taoïsme pour terminer ce qui concerne ce culte par l'examen rapide de quelques bronzes qui s'y rattachent [1].

Les formes de ces bronzes, vases ou brûle-parfums, ont été le plus souvent empruntées soit au culte officiel,

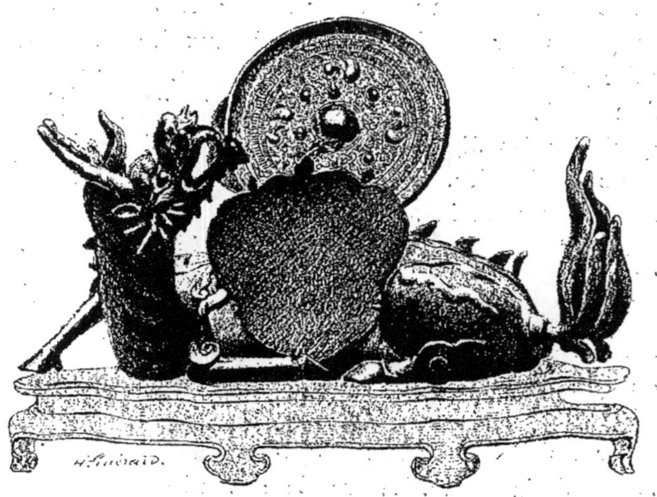

MIROIR TAOÏSTE.
H., 0^m,34.
(Collection de M. H. Cernuschi.)

soit au bouddhisme. Voici, par exemple, un remarquable spécimen, appartenant à M. Cernuschi et rappelant, par son galbe, des types que nous avons déjà étudiés. Les pêches de longévité qui servent d'anses permettent de le considérer comme bronze taoïste. La

1. Pour plus de détails sur l'iconographie religieuse de la Chine, cf. J.-R. Morrisson, *Mythology of China*, cité par Cordier, *Bibliotheca sinica*, I, 298.

patine qui recouvre cette pièce est admirable de profondeur et d'éclat.

Quelques objets cependant sont bien spéciaux au taoïsme, entre autres les *miroirs symboliques*. Ce sont des disques de métal, polis sur une de leurs faces, et décorés en relief sur l'autre. Ces miroirs sont supportés par un des quatre animaux fantastiques du culte primitif, généralement la licorne. Leur destination est de figurer dans les temples du Tao à titre de symboles des dieux qui président aux révolutions du cycle duodénaire. C'est pourquoi le décor habituel de ces bronzes est la figuration des douze animaux du zodiaque chinois, qui sont le rat, le bœuf, le tigre, le lièvre, le dragon, le serpent, le cheval, la chèvre, le singe, le coq, le chien et le porc. Chacun de ces animaux exerce une influence mystérieuse sur la période du cycle à laquelle il appartient.

Cette superstition est d'origine étrangère et semble venir des peuplades tartares qui vivaient au nord et à l'ouest de la Chine. La première mention qui soit faite de la désignation des années par ces noms d'animaux se trouve dans une histoire de la dynastie des Thang (618-907); il y est relaté qu'un ambassadeur de la nation des Kirghiz était venu traiter de faits qui s'étaient produits « dans les années du lièvre et du cheval ». Mais il est probable que cette façon de dater ne devint populaire qu'à l'avènement de la dynastie mongole, c'est-à-dire vers le milieu du xiiie siècle. C'est à cette date seulement qu'il est permis de faire remonter les plus anciens spécimens de miroirs symboliques que nous connaissions.

IV

LES BRONZES DE STYLE ARABE OU PERSAN

Dès le viie siècle, la Chine était entrée en relations avec le monde de l'Islam. Les auteurs chinois

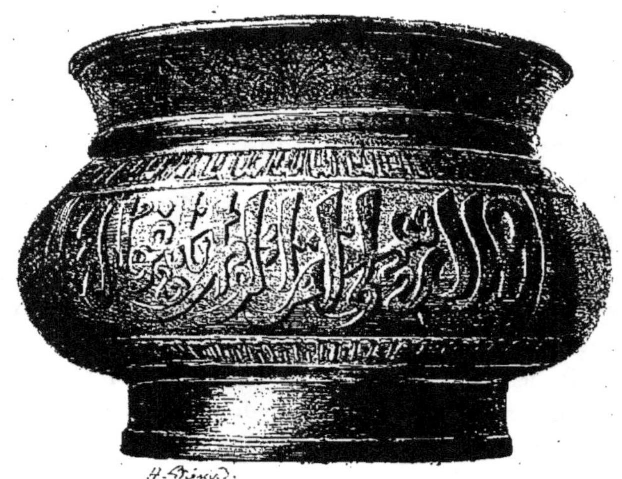

BRONZE MUSULMAN. — XVe SIÈCLE.
(Collection de M. Schefer.)

rapportent que, pendant les années Ou-te du règne
de l'empereur Kao-tsou, des Thang (618-626), quatre
saints personnages arabes étaient venus de Médine
par la voie de mer, pour instruire l'empire chinois
dans la religion du Prophète. Parmi eux se trouvait

le Saad ibn abou Ouaccas, oncle maternel de Mahomet, qui mourut à Canton, où l'on voit aujourd'hui son tombeau, l'année de l'avènement d'Omar au califat, en 634. Plusieurs ambassades arabes, dont quelques-unes avaient un caractère commercial plutôt que politique, sont signalées aux viii° et ix° siècles.

Ces premiers rapports qui, par l'insuffisance des connaissances nautiques et par la longueur des traversées, demeurèrent très rares jusqu'au xiv° siècle, ne semblent pas avoir eu au point de vue artistique une influence appréciable. Ce ne fut que six cents ans après l'arrivée de Saad ibn abou Ouaccas à Canton que l'art arabe fut mis en contact plus intime avec l'art chinois et y laissa sa trace[1].

Au cours de la seconde moitié du xiii° siècle, un événement considérable se produisit en Chine : la conquête mongole. Koubilaï-khan (en chinois Hou-pi-lie), petit-fils de Gengis-khan, renversa la dynastie des Soung, et, pour la première fois après trente siècles d'histoire, la race chinoise obéit à des souverains étrangers (1260).

Les conséquences de ce fait politique — d'une portée moindre, il est vrai, que celles de l'introduction du bouddhisme au i^er siècle de notre ère — furent cependant très importantes au point de vue du développement de la pensée chinoise. La Chine dut, en effet, à ses empereurs mongols le précieux bienfait d'être mise en rapports avec les civilisations occidentales et de

---

1. Cf. Reinaud, *Relations des voyages faits par les Persans et les Arabes en Chine*, et Yule, *Cathay and the way thither*.

participer pendant tout un siècle (1260-1368) au vaste mouvement d'échanges qu'ils entretenaient sur tout le monde civilisé.

C'est un point qu'Abel Rémusat a fort bien éclairé. En Chine, comme partout ailleurs où ils s'établirent, les Mongols provoquèrent une grande révolution morale en faisant naître des rapports entre des peuples jusqu'alors inconnus les uns aux autres. « L'irruption des Mongols, en bouleversant tout, franchit toutes les distances, combla tous les intervalles et rapprocha tous les peuples. Les événements de la guerre transplantèrent des milliers d'individus à d'immenses distances des lieux où ils étaient nés [1]. »

La cour de Koubilaï-khan à Pékin offrit ainsi un spectacle des plus curieux : il y eut là, dans ce palais de Khan-bâlik, que Marco Polo nous a décrit et qui s'élevait sur l'emplacement même de la résidence actuelle du Fils du Ciel, une affluence de savants, de lettrés, d'artistes, de religieux, d'hommes politiques, de négociants, d'aventuriers, originaires de toutes les contrées du monde. Il en vint de l'Inde, de Siam, du Pégou et du Thibet, des royaumes bouddhiques de l'Asie centrale, de la Perse et du Khorassan, où dominaient aussi des princes mongols, des grands centres de civilisation arabe qui avaient survécu à la destruction des califats fatimites et abbassides; il en vint même de l'Europe, de la Moscovie, de la Pologne, de

---

1. Cf. *Second Mémoire à l'Ac. des Insc.*, vii, 325 et suiv. Voy. aussi, sur l'influence de la conquête mongole dans l'Asie orientale, l'ouvrage du même auteur intitulé *Recherches sur les langues tartares*, p. 197 et 199.

la Hongrie, des Flandres, du Frioul, des républiques marchandes de Gênes, Pise et Venise[1], etc.

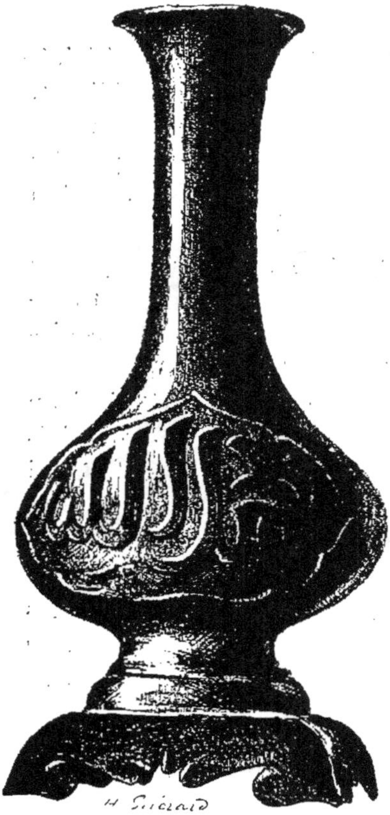

Nous aurons plus d'une fois, dans le cours de cette étude, l'occasion de signaler l'importance des relations qui s'établirent de la sorte à travers l'Asie, aux XIIIe et XIVe siècles, au point de vue de l'influence réciproque que subirent l'art européen et l'art chinois. Pour l'instant, nous ne voulons indiquer que les emprunts faits par les artistes chinois aux œuvres de style arabe ou persan qu'il leur fut donné de connaître au temps de la conquête mongole.

De cette époque date l'adoption en Chine de toute une série de formes et de dessins décoratifs, dont la Perse

BRONZE MUSULMAN. — XVe SIÈCLE
(Collection de M. Schefer.)

1. Cf. Abel Rémusat, *loc. cit.* et *Nouv. mélanges asiatiques.* En

des Sassanides et plus tard les califats arabes de l'Iran et de l'Asie antérieure avaient créé les types. Ce fut alors que les bronziers chinois et, bientôt après, les céramistes, commencèrent de donner parfois à leurs vases certaines formes ovales, des évidements de gou-

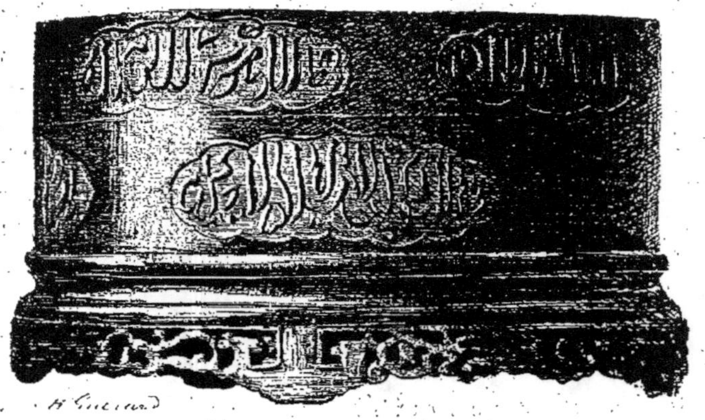

BRONZE MUSULMAN. — XVe SIÈCLE.
(Collection de M. Schefer.)

lot, des renflements de col, des évasements de bords, des courbes d'anse, des panses sphériques ou lenticulaires, des couvercles piriformes, que ni l'art ancien, ni l'art bouddhique n'avaient connus. En même temps apparurent, dans le décor, des motifs plus cursifs, des arabesques plus variées, des rinceaux d'une élégance plus allongée; le style des bordures devint plus savant;

ce qui concerne plus particulièrement les rapports de la Chine, et de la Perse au XIVe siècle, voy. E. Quatremère, *Hist. des Mongols de la Perse, par Raschid Eldin,* 2e partie, xc (collection orientale).

on vit aussi figurer dans l'ornementation quelques
fleurs qui n'y avaient point paru jusqu'alors, des pal-
mes, des pampres et quelquefois même des tulipes et
des iris.

Les objets où les styles arabe et persan se révèlent le
plus clairement sont des aiguières (voy. p. 79 et 240), des
surahés (voy. p. 77), des gourdes plates (voy. p. 215) et certains brûle-parfums posés sur des plateaux à larges bords.

On trouve assez fréquemment en Chine, particulièrement dans les provinces septentrionales, des bronzes
décorés de caractères arabes. Ce sont des vases servant
au culte islamique. La religion de Mahomet a été importée en Chine, ainsi que nous l'avons vu, vers l'an
618, par Saad ibn abou Ouaccas ; mais la prédication de
ce saint personnage, se produisant au moment de la
plus grande ferveur bouddhique, ne se répandit guère
en dehors de la ville de Canton. Une immigration de
colonies iraniennes, qui se continua presque sans in-
termittence du xiiie au xvie siècle, peut être considérée
à plus juste titre comme l'origine véritable de l'établissement de la foi musulmane dans l'Empire du Milieu.
Aujourd'hui, les Mahométans constituent, dans le nord
de la Chine, le tiers de la population ; dans le sud, ils
sont en bien plus faible proportion.

Trois pièces composent les garnitures de vases destinés au culte musulman : une boîte à renfermer les
parfums, une cassolette pour les brûler, un vase pour
mettre les spatules de bronze avec lesquelles on prend
l'encens et l'on attise la braise.

Le décor se compose de larges cartouches où sont
gravés, en caractères arabes, des versets du Coran. Il

n'y a pas d'autre ornementation, sinon parfois, sur le bord, une grecque ou une arabesque.

Les familles musulmanes placent ces vases sur leurs autels domestiques.

M. Schefer, directeur de l'École des langues orientales, possède une précieuse collection de bronzes musulmans provenant de Chine. Les spécimens représentés ci-dessus lui appartiennent; ils datent des premières années du xve siècle, ainsi qu'en font foi les marques gravées sous la base.

Nous pouvons citer encore, parmi les œuvres de bronze où se révèle l'influence arabe, quelques-uns des instruments astronomiques conservés à l'Observatoire de Pékin et, en particulier, une grande sphère céleste de six pieds de diamètre supportée par quatre dragons de bronze qui sont d'un modelé vigoureux et souple. Ces instruments ont été construits, vers l'an 1280, sous la direction des astronomes arabes que l'empereur Hou-pi-lie (Koubilaï-khan) entretenait dans son palais [1].

V

LES BRONZES INCRUSTÉS ET DAMASQUINÉS
LES BRONZES DORÉS

Comme tous les peuples de l'Orient, les Chinois ont cherché à rehausser l'aspect de leurs bronzes par des

1. Les autres instruments qui figurent à cet observatoire ont

incrustations métalliques ou par la damasquine, et ils y ont réussi au moins autant que les Arabes et les Persans. Le cadre restreint de cet ouvrage ne nous permet que de signaler en passant l'heureux parti que les artisans de l'Empire du Milieu ont su tirer de ces procédés de surdécoration.

Il ne paraît pas que la *damasquine* ait été connue dans l'antiquité, et il est probable qu'elle a été importée de l'Inde au moment de la propagation du bouddhisme, ou plutôt encore des pays islamiques vers le xii⁰ siècle de notre ère.

Quant à l'*incrustation* proprement dite, c'est-à-dire l'application d'un métal ductile dans de larges creux évidés à l'aide de l'échoppe sur le bronze à rehausser, les Chinois l'ont pratiquée dans les temps les plus reculés et avec une perfection dont ils n'ont jamais livré le secret. Parfois, en effet, au lieu de simples cordons métalliques matés dans les tailles, de grandes taches d'or sont incorporées au bronze, comme si elles y avaient été fondues. Ces taches représentent tantôt des choses aux formes indécises, telles que des nuages ou des flots, tantôt même des figures aux contours plus précis, des phénix, des dragons. Certains bronzes acquièrent ainsi un charme de couleur qui semblait refusé aux surfaces métalliques et réservé aux seules œuvres de la céramique : l'éclat adouci des ors se fond harmonieusement avec les nuances sombres de la patine et les fait paraître plus riches, plus puissantes, presque

été fabriqués au xviii⁰ siècle, sous la direction des missionnaires jésuites.

vibrantes. La lumière produit parfois sur ces pièces rares
de véritables enchante-
ments; on dirait que la matière en fusion coule en-
core sur le galbe du vase,
et les macules d'or sem-
blent noyées dans les colorations chaudes du bronze
aux tons chatoyants.

M. Cernuschi possède
un vase *hou* incrusté d'or,
qui peut être considéré
comme la pièce la plus
parfaite de sa précieuse
collection. Un décor de
lancis orne la partie supérieure de la panse et se
reproduit sur le couvercle
qui est surmonté d'un *lion
de Fo,* d'or aussi. La patine du bronze est d'un
vert olive, absolument
unie, onctueuse à la vue.
La délicatesse et le goût du
travail d'incrustation sont
certes merveilleux; mais
ce qui donne à cette œu-
vre toute sa valeur esthétique, c'est l'admirable modelé de la surface restée

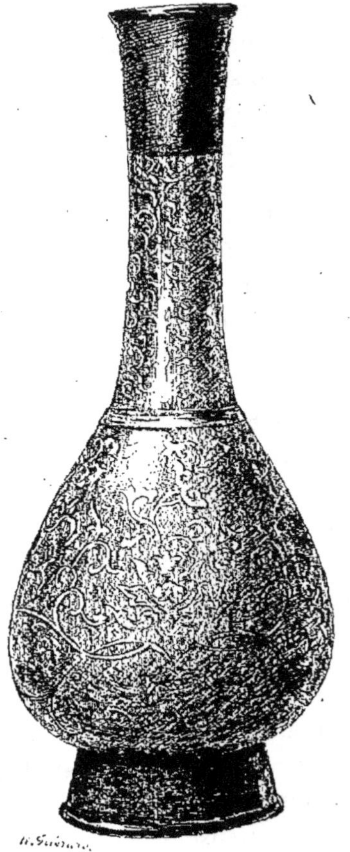

SURAHÉ INCRUSTÉE D'OR.
H., 0^m,45.
(Collection de M. H. Cernuschi.)

nue. L'artiste s'est bien gardé, pour lui attribuer sa

forme, d'employer le tournage dont les produits con-

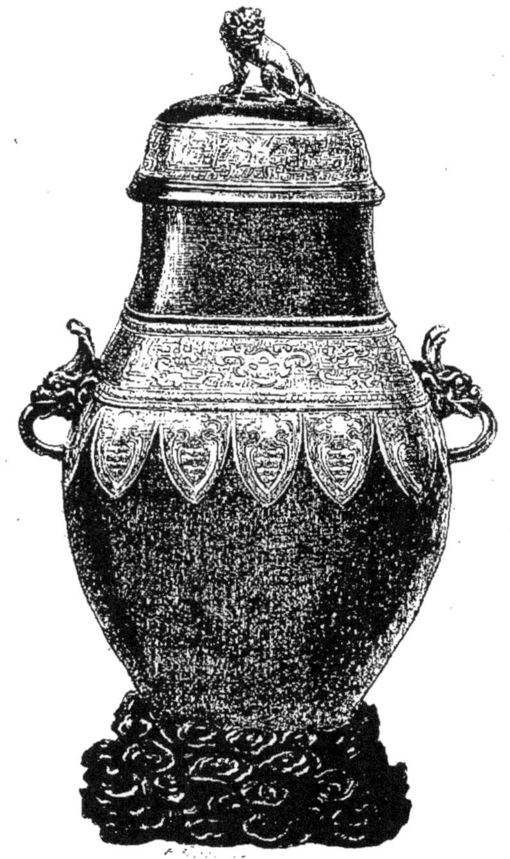

VASE HOU, INCRUSTÉ D'OR. — NIEN-HAO : SIOUAN-TE.
(1426-1436). — H , 0ᵐ,37.
(Collection de M. H. Cernuschi.)

servent toujours quelque chose de raide, de trop régu-

lier; il a façonné à la main le galbe qu'il rêvait, il lui
a donné une suavité de contours, une grâce souple et
caressante, une douceur incomparable de lignes; on

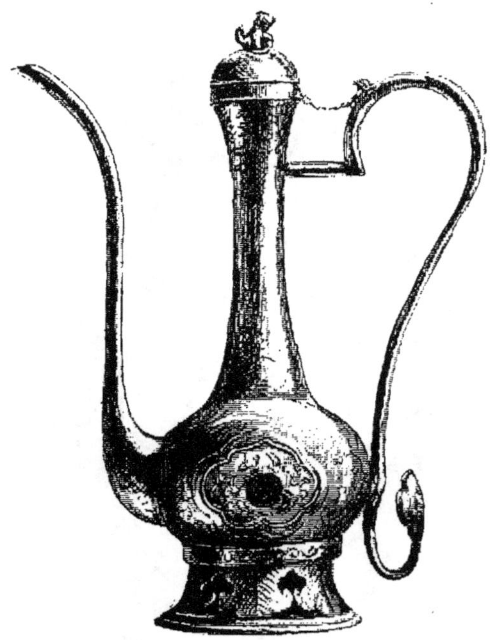

BUIRE DE BRONZE DORÉ.
H., 0ᵐ,29.
(Collection de l'auteur.)

dirait qu'il l'a modelé amoureusement comme un
sculpteur modèle le sein d'une femme. Cette pièce porte
le *nien-hao* de *Siouan-te* et date par conséquent de
l'année 1430 environ, c'est-à-dire de la première époque des Ming.

Les Chinois font grand usage du *bronze doré*. C'est
le bouddhisme qui l'a vulgarisé parmi eux en l'em-
ployant pour enrichir ses statues sacrées et ses objets

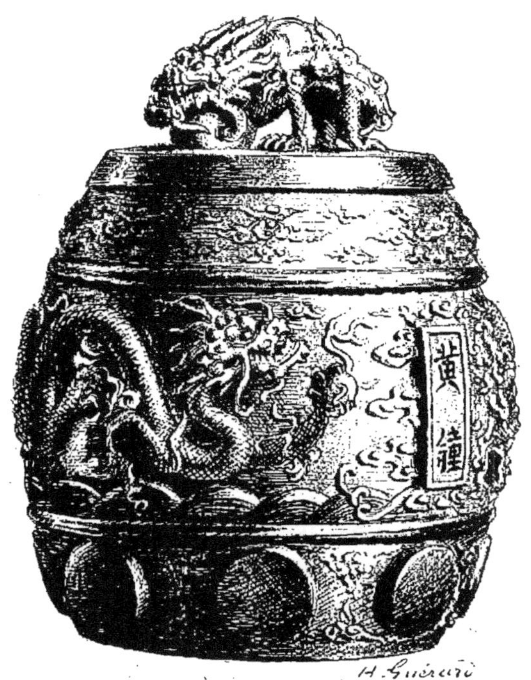

CLOCHE DE BRONZE DORÉ.
PÉRIODE KHANG-HI, 1662-1722.
(Collection de M. le Vᵗᵉ de Semallé.)

rituels; mais rien ne permet d'affirmer que les procédés
de la dorure ne fussent connus déjà à une époque antérieure, c'est-à-dire avant notre ère.

Le procédé le plus communément usité est celui de

l'application au mercure. Nous le trouvons exposé, ainsi qu'il suit, dans un ouvrage technique publié à la fin de la dynastie des Ming (vers 1600), le *Thien-Kong Khaï-ou :* on laissait séjourner les objets à dorer « dans une solution de salpêtre additionnée de suc de fruits acides [1] » pour les décaper; puis on chauffait le métal, on le frottait avec du mercure et on appliquait des feuilles d'or sur la surface ainsi amalgamée. On volatilisait ensuite le mercure par la chaleur et on achevait le travail en donnant à l'or resté adhérent le poli du brunissoir.

L'or dont on se servait était tiré du Yunnan, du Ho-nan et du Chen-si : on le réduisait en feuilles par le battage. On distinguait enfin quatre espèces d'or, suivant la nuance des reflets du métal : l'or rouge, l'or violet, l'or jaune et l'or verdâtre.

1. Cette solution tenait lieu des acides sulfurique, acétique, chlorhydrique, etc., dont l'industrie chinoise ignorait encore la préparation. Voy. sur l'état des connaissances industrielles des Chinois au xvie siècle, une note de Biot, insérée au *Journal asiatique*, 1835, t. XVI.

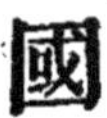

L'ARCHITECTURE

I

LES PRINCIPES ET LES PROCÉDÉS

La première impression qui se dégage à la vue d'une ville chinoise — que ce soit Tien-tsin, avec les 150,000 maisons de sa population bourgeoise et ouvrière, cu Pékin, avec ses temples, ses palais impériaux ou princiers et ses édifices publics — est celle d'une certaine monotonie résultant de la prédominance d'un type architectural unique. Après un long séjour, cette impression persiste encore, et quelques constructions seulement paraissent irréductibles à la formule générale.

La Chine, en effet, n'a eu, à toutes les époques de son histoire et pour tous ses édifices civils ou religieux, publics ou privés, qu'un seul modèle d'architecture.

En ce qui concerne l'antiquité chinoise, nous sommes obligés de nous en référer aux documents écrits et aux reproductions graphiques ; car il n'existe pas dans tout l'Empire du Milieu de monument antérieur au xie siècle de notre ère. Les voyageurs et missionnaires qui ont parcouru toutes les provinces de

l'intérieur sont unanimes sur ce point : il n'y a pas de
ruines en Chine [1]. La cause en est à la fois dans la qualité des matériaux employés (bois et brique) et dans la
légèreté du type de construction adopté; les pièces de
charpente ont été détruites par le feu, l'humidité, etc. ;
l'appareil des briques était si mince qu'il s'est toujours
effondré, sans laisser ces grandes ruines, ces pans
entiers d'argile cuite qui permettent de reconstituer
encore après 2,500 ans les palais de Chaldée et d'Assyrie.

Les documents graphiques que nous possédons [2]
permettent d'affirmer que, quatre ou cinq cents ans
avant J.-C., les Chinois construisaient déjà leurs monuments et leurs maisons sur le plan dont ils se servent en-

1. « Il n'y a rien, dans tout l'Empire du Milieu, qui mérite le
nom de ruine architecturale, rien qui nous apprenne si les générations précédentes construisaient des édifices plus splendides ou
plus pauvres que ceux d'aujourd'hui. » WILLIAMS, *Middle King-
dom*, I, 726.

Seule, la *Grande-Muraille* fait exception. Elle s'étend depuis
le golfe du Liao-toung, dans le fond du G. du Petchili, jusqu'à
l'extrémité occidentale de la province du Chen-si, sur un espace
de cinq à six cents lieues. Elle fut construite, pendant les premières années du IIIe siècle av. notre ère, par l'empereur Thsin-
chi-hoang-ti pour défendre l'Empire contre les incursions des
Tartares Hioung-nou. C'est l'œuvre la plus gigantesque qui ait
été jamais exécutée par les forces humaines. Elle mesure environ
20 pieds de hauteur et 12 d'épaisseur; elle est flanquée, tous
les 500 mètres, de tours hautes de 40 pieds. Les matériaux employés sont tantôt la pierre de taille, tantôt la brique. Sur certains point du parcours, le rempart ne se compose que d'un ter-
rassement. La Grande-Muraille détache plusieurs ramifications
qui couvrent des provinces entières.

2. Voy., entre autres documents, les albums chinois cotés
Oe. 14, Oe. 23, Oe. 16 et Oe. 17 au Département des Estampes.

core aujourd'hui. A y regarder de près, cette fixité d'un type architectonique conservé intact à travers les siècles n'a rien qui doive surprendre en Chine, surtout si l'on se rappelle que les formes décoratives des autres arts ont si peu changé. De toutes les formules d'art, celles de l'architecture sont, en effet, les plus lentes à se renouveler chez un peuple, parce qu'elles sont l'expression la plus manifeste et la plus solide de ses instincts, de ses habitudes, de ses besoins, de son caractère et de ses traditions. Or, comme précisément les Chinois ont poussé l'observance des traditions plus loin qu'aucune nation au monde, comme, d'autre part, leur tempérament positif et leur pauvreté d'imagination leur ont épargné les brusques changements d'idéal et les grandes révolutions morales qui ont si fréquemment renouvelé l'inspiration des artistes occidentaux, ils ont pu se contenter pendant plus de vingt-cinq siècles d'un seul mode de construction pour y abriter la pratique de leur vie privée ou politique et l'exercice de leur foi religieuse.

Seul, le bouddhisme, qui s'introduisit en Chine vers la fin du Ier siècle de notre ère, fut assez puissant pour suggérer quelques formes nouvelles ou plutôt pour faire sentir que les formes anciennes ne suffisaient pas à exprimer les sentiments éveillés par la doctrine de Çakya-Mouni.

La *brique* et le *bois* ont été, de tout temps, les principaux, presque les seuls matériaux de construction usités en Chine. Il est difficile de déterminer les raisons pour lesquelles les Chinois ont fait si rarement usage de la pierre dans leurs édifices. Ce n'est pas la rareté de la pierre : on en trouve, en effet, et en abondance, dans

toutes les provinces; d'ailleurs la plupart des villes ont
des quartiers entiers pavés de larges dalles. Ce n'est
pas la difficulté du transport des blocs, ni la dépense
qu'il eût imposée, puisque les jardins impériaux et
princiers sont semés de rocs énormes amenés là par des
procédés de traction très perfectionnés, et que, d'autre
part, le système de construction adopté a toujours nécessité l'emploi de colonnes de bois qu'il a fallu, dans
certains cas, faire venir d'Indo-Chine à prix d'or, les
forêts chinoises ne fournissant pas d'essences suffisamment robustes. Ce n'est pas, enfin, la prévision des
tremblements de terre, ces phénomènes étant beaucoup
moins fréquents sur le continent asiatique que dans l'ar-
chipel du Japon.

Les seules constructions qui soient toutes de pierre
sont les *païsang* ou *païleou*, sortes d'arcs de triomphe,
d'une hauteur de 12 à 15 mètres, percés de trois ou
cinq baies et chargés de sculptures. Ces *païu* ont pour
but de rappeler quelque fait mémorable de l'histoire ou
quelque action méritoire d'un particulier. C'est généralement sur décret impérial qu'on élève ces arcs. Le
plus remarquable est celui qui précède l'entrée du
temple de Confucius à Pékin; nous en donnons
plus loin la reproduction.

L'unique raison qui nous paraisse justifier l'emploi
presque exclusif que les Chinois ont toujours fait des
matériaux légers est l'idée, toute différente de la nôtre,
qu'ils ont conçue de la durée à assigner aux constructions. Avec leur esprit éminemment positif, sans grande
vue ni ambition, ils estiment qu'un édifice qui est demeuré debout autant que la génération qui l'a vu élever,

a satisfait à sa destination. A quoi bon bâtir pour un
avenir incertain, pour des descendants inconnus? Si
l'on considère que, dans l'esprit chinois, le souci des
descendants, la préoccupation de leur laisser fortune,
honneurs, considération, en un mot le désir de se perpétuer en eux n'existe pas, comme chez les races occidentales, — que, par un singulier contraste avec elles,
par une étrange déviation psychologique, ces sentiments d'hérédité se sont, pour ainsi dire, retournés et
reportés vers les ancêtres seuls, à tel point que les
anoblissements concédés par l'empereur, au lieu de
rejaillir sur les générations à venir, remontent vers les
ascendants et profitent à toute la ligne ancestrale, — on
comprendra que les constructions de la Chine portent si
rarement ce caractère de durée que nous sommes habi-
tués à rechercher dans les édifices.

Les Chinois ont connu de toute antiquité, semble-
t-il, la *voûte;* mais ils en ont fait rarement usage. Ils l'ont
réservée pour les portes de remparts et les ponts;
dans ce cas ils l'ont employée avec hardiesse et les
spécimens qui nous en restent ne manquent pas de
grandeur. La figure ci-contre représente une des portes
voûtées de Pékin; construite en 1274 sous la dynastie
des Youen, elle a été restaurée, ainsi que toute l'enceinte
fortifiée dont elle fait partie, par l'empereur Young-lo,
des Ming, en 1409 [1].

Il est à noter que les Chinois n'ont pas su tirer de
la voûte tous les partis qu'elle aurait pu leur fournir;
ils n'ont jamais construit de coupole et ils se sont in-

---

1. Cf. Marco Polo, ch. LXXXIV.

terdit ainsi les heureuses créations des architectures persane et byzantine. Seuls quelques monuments bouddhiques, les *stoupas* (voy. p. 119) affectent extérieurement la forme d'une coupole ; mais ce ne sont que d'épais massifs de maçonnerie sans aucun

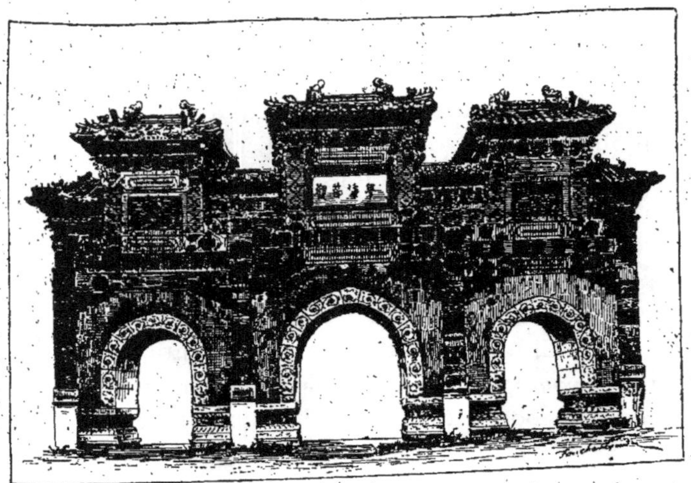

PORTIQUE DU TEMPLE DE CONFUCIUS, A PÉKIN.

des caractères essentiels de ce type architectonique.

La formule générale des constructions chinoises est le *t'ing*. C'est un toit recourbé et surplombant, reposant sur des colonnes courtes. Quelle en est l'origine? Est-ce, comme on l'a déjà remarqué, la tente primitive des hordes asiatiques? Le *t'ing*, avec ses extrémités recourbées comme le sont les angles d'une tente relevés par des piques, avec cette incurvation du milieu de la pente qui rappelle le creux formé par la souplesse pesante de

la toile, présente en effet une ressemblance frappante
avec une tente : l'absence du plafond, des fenêtres laté-
rales, et généralement aussi d'étage supérieur, est un
trait commun de plus. Le respect que les Chinois ont
toujours professé pour les traditions, et la permanence
des types primitifs à travers toutes les époques de leur
histoire permettent de croire que le *t'ing*, arrêté dans
ses formes à une époque très reculée, provient de la
tente et n'est qu'un souvenir effacé de la vie nomade.

Tous les édifices, temples, palais, maisons particulières, portes de ville, arcs de triomphe, etc., sont conçus
sur le plan du *t'ing*; tous, sauf quelques constructions
bouddhiques, reproduisent le même schema. De là
vient cette impression de monotonie que le fouillis
d'ornements, de moulures et de sculptures, dont sont
parfois surchargés les monuments, ne parvient jamais
à effacer.

La *toiture* est la partie principale des constructions,
celle dont l'édifice tire ses caractères de grandeur ou de
simplicité, de force ou d'élégance. Cette prépondérance,
attribuée à une partie du bâtiment qui est généralement
sacrifiée dans l'architecture occidentale, se justifie par
le peu d'élévation du plan vertical : les toits sont, en
effet, ce qui se voit le plus dans une construction chinoise. Pour en varier l'aspect, on a imaginé de les
doubler et parfois même de les tripler. La figure de la
page 91, qui représente le temple principal de la sépulture où repose l'empereur Young-lo, des Ming, aux environs de Pékin, nous fournit un exemple de deux toits
superposés. Cette disposition, qui est adoptée surtout
pour les palais et les temples, semble reculer l'inté-

rieur de l'édifice, l'envelopper d'ombre, et est parfois d'un effet assez puissant. Mais c'est surtout par la dé-

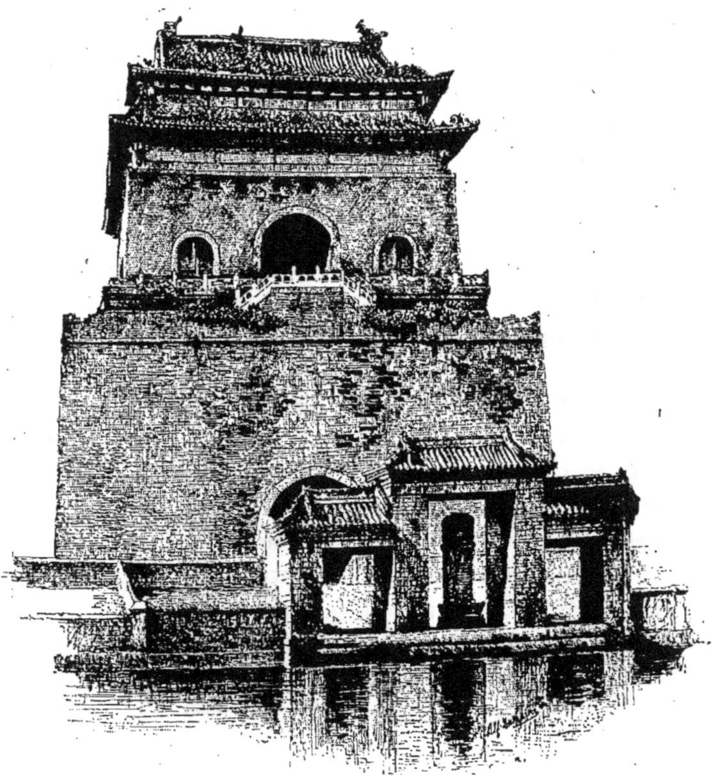

PORTE DES REMPARTS DE PÉKIN. — XV.ᵉ SIÈCLE.

coration que les architectes chinois ont cherché à donner à la toiture toute son importance, à concentrer sur elle tous les regards.

La forme adoptée pour le *t'ing* et l'importance qui lui a été donnée ont rendu nécessaire l'emploi multiple de la *colonne* et lui ont assigné une fonction de premier ordre : il a fallu, en effet, répartir sur des points d'appui nombreux la charge écrasante de la toiture.

La pierre a été rarement utilisée pour la construction des colonnes; c'est le bois qui, de tout temps, a été communément employé. Dans les maisons ordinaires on se sert de bois d'essences communes : les forêts de la Chine en fournissent d'abondantes quantités. Pour les palais et les grands temples, on emploie de préférence le cèdre (*nan-mou*), qu'il faut faire venir des provinces du sud de l'empire ou de l'Indo-Chine. Le *nan-mou* est celui de tous les arbres qui fournit les troncs les plus droits et les plus hauts; c'est aussi une essence qui gagne à vieillir : le grain s'adoucit, la fibre se durcit, le bois prend une couleur feuille morte et conserve une odeur aromatique que les siècles ne peuvent lui enlever. Les superbes colonnes de cèdre que l'on voit dans la sépulture de l'empereur Young-lo, près Pékin, datent du xv\ siècle et exhalent pourtant encore un vague parfum.

Le fût des colonnes est généralement svelte, il est cylindrique et parfois polyédrique; il n'est jamais cannelé.

Le chapiteau n'est le plus souvent qu'une sorte de console simplement équarrie ou formulée en tête de dragon.

La base n'est qu'un encastrement de pierre; nous ne croyons pas que les architectes chinois aient jamais songé à donner pour piédestal à leurs colonnes un des

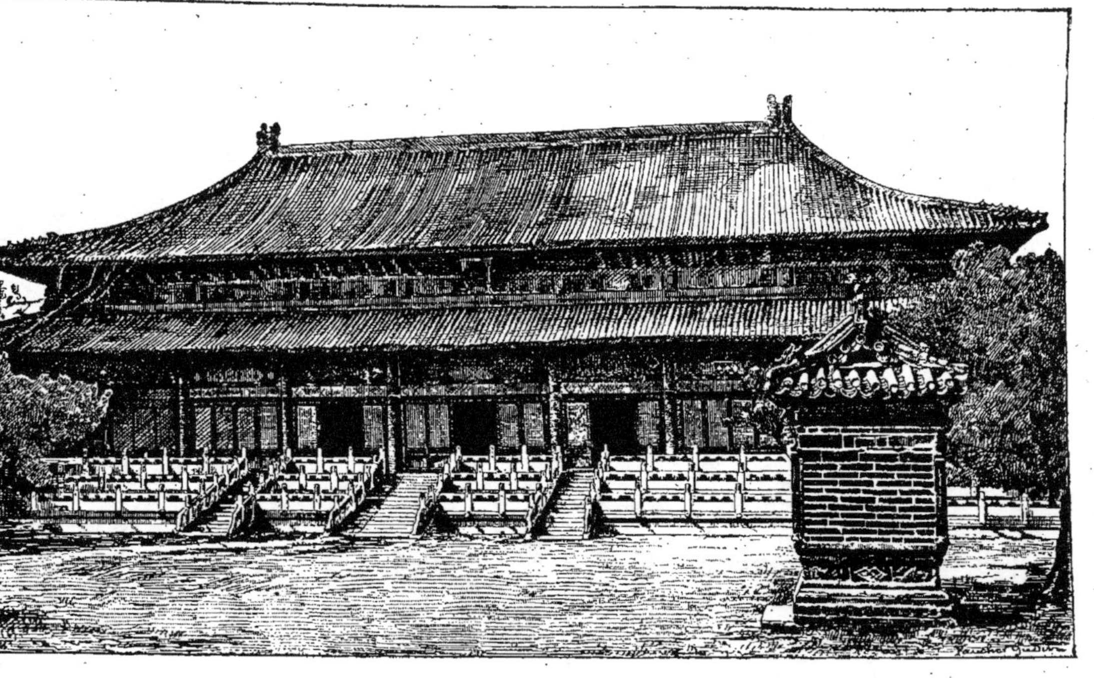

TEMPLE PRINCIPAL DE LA SÉPULTURE DE L'EMPEREUR YOUNG-LO, PRÈS PÉKIN.

(Dynastie des Ming. — 1425.)

animaux symboliques, le dragon, la licorne, le chien de Fo, etc., de même que les architectes assyriens ont employé leurs sphinx, leurs taureaux ailés et leurs griffons pour le soutien de leurs pilastres.

On a souvent reproché aux Chinois de n'avoir jamais admis d'éléments géométriques dans leur architecture et de n'avoir pas connu les proportions qui seules peuvent donner à un édifice les apparences de stabilité, de majesté, d'élégance, d'ordre et d'harmonie que nous aimons à reconnaître dans nos monuments. C'est une critique imméritée. Les architectes de la Chine ont, de tout temps, eu le sentiment des rapports proportionnels qui doivent exister entre les différents éléments d'un bâtiment et en dehors desquels il n'y a ni équilibre des parties ni grandeur de l'ensemble. Dans le grand recueil d'architecture officielle qui fut publié au xviii° siècle par ordre de l'empereur Young-tching et qui ne comprend pas moins de 5o volumes, les proportions à observer entre les parties principales d'un édifice sont minutieusement indiquées. Les règles adoptées pour les colonnes portent, par exemple, que la hauteur du fût doit être de sept à dix fois son diamètre, et que la hauteur de la base ne doit pas être supérieure au diamètre du fût[1].

Les constructions chinoises se développent surtout en surface. Il y a donc prédominance des lignes horizontales. Le principe qui détermine le tracé du plan de projection est celui de la symétrie. C'est un principe

---

1. Voy. aussi le *Kong-tching-tso-fa,* ou *Traité de l'art de bâtir,* coté n° 375 au Département des ms. de la Bibliothèque Nationale.

absolu : les corps de bâtiment et les ailes, les avenues, les cours, les pavillons, les motifs de la décoration, toutes les parties enfin, sont distribués symétriquement.

Les architectes chinois ne se départissent de cette règle formelle que dans le plan des résidences d'été, qui est, au contraire, conçu de la façon la plus capricieuse. Ce ne sont alors que kiosques élevés au hasard, édicules détachés, ailes sans pendant, au milieu d'une nature tout artificielle et compliquée, faite de rochers apportés, de pièces d'eau, de vallonnements, etc.

Le plan vertical n'attribue généralement qu'un seul étage aux édifices. Cependant les palais impériaux, certaines maisons de ville telles que les restaurants et les théâtres, enfin les résidences de campagne des princes et des particuliers comportent souvent un deuxième étage. La figure de la page 95 représente une de ces constructions surélevées. D'après les proportions communément admises, la hauteur du deuxième étage doit être égale aux deux tiers du premier, et le diamètre de ses colonnes égal aux quatre cinquièmes de celui des colonnes inférieures.

Il semble que les Chinois aient eu conscience de la pauvreté de la conception première qui inspire leurs œuvres architecturales et qu'ils aient essayé de la dissimuler sous la profusion des détails décoratifs. Des dragons, des chimères, des phénix, des tortues, toute une zoologie fabuleuse et fantastique de bois sculpté ou de terre cuite, surchargent les faîtières ou courent sur les frises; des figurines et des fleurs d'argile peinte écrasent les corniches, les larmiers et les frontons; des couleurs voyantes, souvent criardes, bariolent les chapiteaux des colonnes et les architraves; des tuiles vernissées de jaune, de bleu, de vert, font briller les toitures; — une ornementation touffue et désordonnée envahit toutes les parties de la construction; — mais sous le fouillis des lignes reparaît toujours la monotonie du type originel. La richesse de la décoration ne parvient ni à en varier l'aspect ni à en détourner l'esprit. Ç'a été la grande supériorité de l'architecture japonaise. Avec les mêmes éléments, les mêmes matériaux, le même schema architectonique (qu'elle avait emprunté d'ailleurs aux Chinois), elle a revêtu ses édifices d'un caractère esthétique individuel que n'ont jamais eu les monuments de l'Empire du Milieu. On sait le parti que les artistes du Nippon ont su tirer, à cet effet, de la décoration. Dans le désordre des motifs ornementaux du prototype chinois, ils ont su trouver l'harmonie des lignes; à la polychromie violente du modèle dont ils s'inspiraient, ils ont substitué les nuances plus discrètes de leur palette, les tons adoucis de leurs laques et l'éclat amorti de leurs ors; enfin ils ont donné à leurs sculptures l'accent d'une vie si intense, si exubérante et si épanouie que tout le monument en a été comme animé et éclairé : de leur part, l'ornementation a été œuvre d'artiste, — en Chine, elle est demeurée œuvre d'ouvrier.

Les Chinois attachent une importance capitale à l'*orientation* de leurs édifices, temples, tombeaux, palais, maisons particulières, etc. C'est, en effet, une croyance établie parmi eux depuis la plus haute antiquité et reconnue officiellement depuis le xie siècle de notre ère, que des influences mystérieuses naissent de la configuration des terrains, de la direction des cours

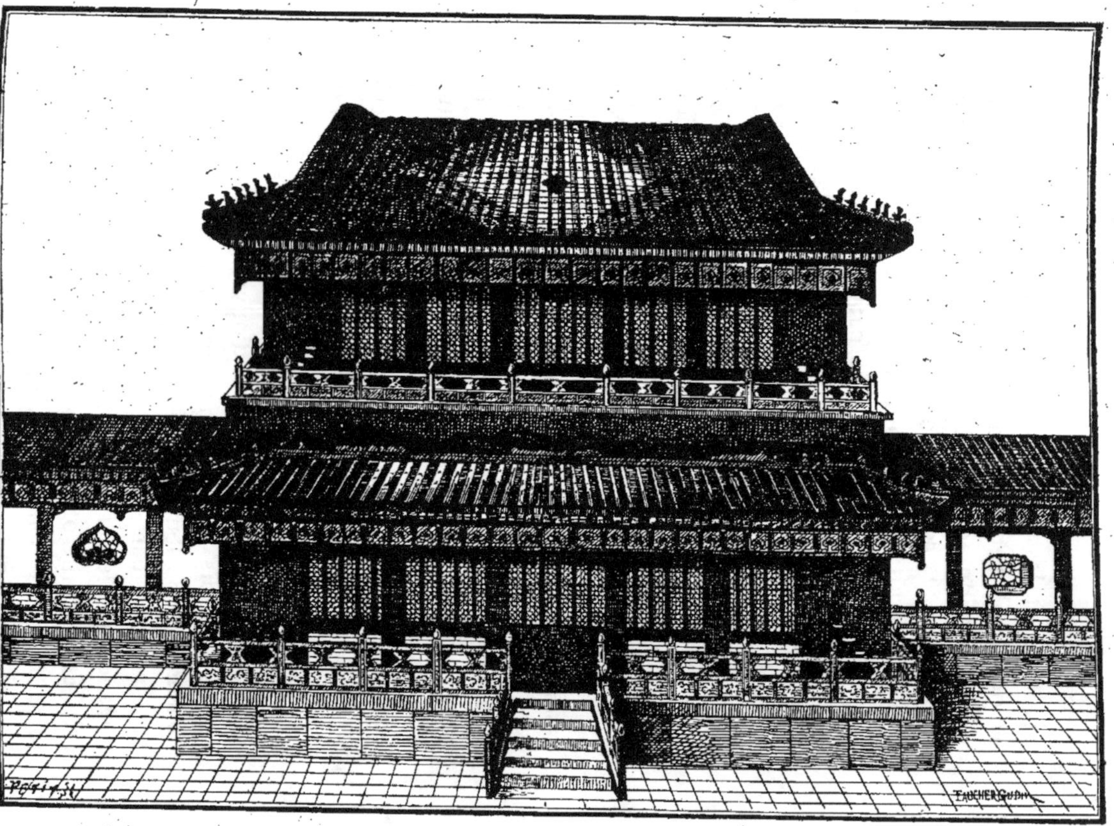

PAVILLON A DEUX ÉTAGES. (D'après une peinture chinoise.)

d'eau, des courants magnétiques qui traversent le sol, des fluides qui y résident, des vapeurs qui s'en élèvent, des astres qui se meuvent au-dessus, etc. L'ensemble de ces influences forme ce qu'on appelle le *Fong-choui*, littéralement « le vent et l'eau ». C'est, en fait, un système de géomancie où se retrouvent tout à la fois des principes scientifiques, des pratiques astrologiques, des préceptes d'hygiène, des croyances religieuses et de grossières superstitions empruntées au taoïsme et au bouddhisme. Le Fong-choui se rattache aussi, et très étroitement, au culte des ancêtres, car il procède de cette idée que les âmes des morts ont le pouvoir d'intervenir dans le monde des vivants ; il est l'objet d'un tel respect et il est entré si profondément dans l'esprit des Chinois qu'il domine toutes les manifestations de leur vie intime et sociale [1].

En ce qui concerne l'architecture, le Fong-choui édicte des règles minutieuses que seuls les géomanciens officiels peuvent connaître et interpréter. Il est indispensable de les consulter pour déterminer la situation précise et l'orientation d'un édifice à construire, de façon que les influences subtiles dont il sera entouré ne soient pas hostiles à ceux qui y établiront leur demeure.

Après ces brèves indications sur les principes et les procédés de l'architecture chinoise, il nous est permis d'étudier l'application qui en a été faite : — 1º dans les édifices civils ; — 2º dans les édifices religieux.

1. Cf. Eitel, *Feng-shui, or the Rudiments of natural science in China.*

II

L'ARCHITECTURE CIVILE

Un principe domine l'architecture civile en Chine : elle est soumise à une réglementation officielle.

Cette réglementation est aussi ancienne que l'état social en vue duquel elle a été édictée, et nous la trouvons consignée déjà, mille ans avant notre ère, dans le Tcheou-li. Elle porte, d'une manière générale, sur la hauteur, la largeur et la longueur des bâtiments, sur le nombre des cours, sur l'élévation de la plate-forme qui sert de soubassement au rez-de-chaussée, sur le nombre des colonnes, etc. La mesure de ces différents éléments va en augmentant du simple particulier au lettré, du lettré au grand mandarin, du grand mandarin au prince et du prince à l'empereur. Ainsi, le corps de logis principal d'une maison ne doit avoir que trois entre-colonnes de façade si elle appartient à un lettré, — cinq, si elle est habitée par un mandarin du premier rang, — et sept, si c'est la demeure d'un prince. Les palais de l'empereur seuls en comptent neuf ou davantage.

On conçoit aisément l'influence qu'ont dû avoir sur l'architecture chinoise des règles aussi étroites, se perpétuant pendant plus de vingt-huit siècles. Elles ont tari toute inspiration chez les architectes, qui n'ont plus eu à exercer leur fantaisie que sur les hors-d'œuvre et les parties accessoires des édifices, sur le détail de la décoration.

Les palais. — Le cadre restreint de cet ouvrage ne permet pas d'entreprendre la description détaillée d'un palais impérial en Chine. Celui de Pékin se compose d'une succession régulière et symétrique de cours rectangulaires et de jardins renfermant quarante-huit vastes palais, environ autant de temples et un nombre plus grand encore de kiosques, d'arcs et de portiques. C'est toute une ville : une enceinte fortifiée l'enveloppe entièrement.

Ces bâtiments sont conçus sur le type éternel du *t'ing ;* mais les différents éléments qui figurent dans la construction ont reçu leurs plus grandes dimensions.

La composition architectonique en est donc fort simple et n'offre rien qui, en soi, doive produire une impression puissante. Et pourtant, l'impression que l'on ressent en présence d'un palais chinois est assez grandiose. C'est, en effet, de l'ensemble qu'elle se dégage. La largeur des cours et des esplanades, le développement horizontal des édifices, l'ordonnance symétrique du bâtiment principal et des constructions environnantes, un tel déploiement d'espace et une disposition si régulière de toutes les parties suffisent à éveiller dans l'esprit des idées d'ordre, de puissance et de gravité majestueuse.

Il y eut cependant une époque, au commencement de la dynastie des Tcheou (xiᵉ siècle av. J.-C.), où l'architecture chinoise eut pour les palais de ses empereurs de plus hautes visées. On construisit alors des monuments, appelés *taï* ou *hou,* qui mesuraient jusqu'à cent mètres d'élévation ; on accédait au sommet par un esca-

lier extérieur. Pendant plusieurs siècles, ce fut le grand
luxe, la ruineuse folie des Fils du Ciel. Au milieu du
IIIe siècle avant J.-C., l'empereur Thsin-chi-hoang-ti
en fit construire dans toutes ses résidences, par tout

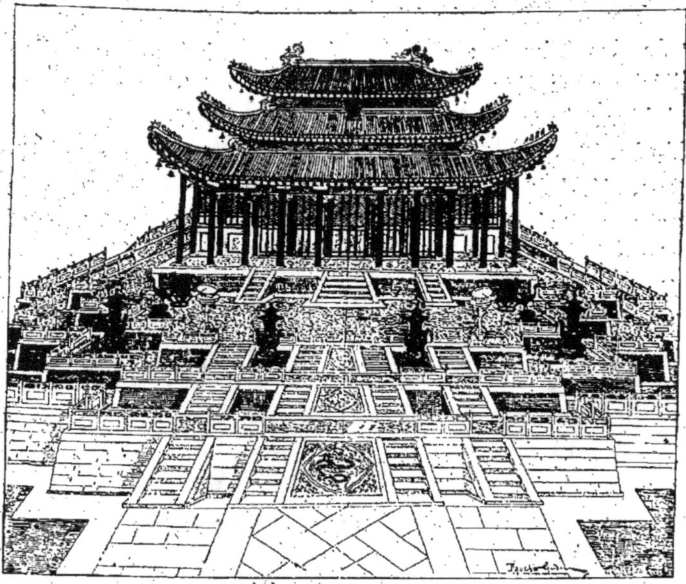

T'AI-HO-TIEN, SALLE DE LA SOUVERAINE CONCORDE, AU PALAIS
IMPÉRIAL, A PÉKIN,
(D'après une peinture chinoise appartenant à M. G. Deveria.)

l'empire. Les princes voulurent imiter les souverains
et firent élever aussi des *taï* dans leurs palais. Mais des
édits impériaux leur interdirent bientôt ce luxe qui fut
réservé désormais à l'empereur seul. A partir du XIIIe siècle, c'est-à-dire de l'avènement de la dynastie mongole,
on renonça à ces constructions dispendieuses, et aujour-
d'hui il n'en reste même plus de ruines.

Les *taï* ou *hou* sont souvent cités par les poètes. Sou-chi-pa disait dans une ode (vers 200 avant J.-C.) : « Quand j'élève mes regards vers le *hou* de pierre, il me faut chercher son toit dans les nues. »

Tou-pe décrit ainsi le *taï* qui s'élevait dans la capitale des Thang : « L'émail de ses briques rivalise d'éclat avec l'or et la pourpre, et réfléchit en arc-en-ciel les rayons du soleil qui tombent sur chaque étage[1]. » Enfin, Te-li, parlant d'un *taï* haut de plus de 130 mètres, s'écriait dans une de ses strophes : « Je n'oserais pas monter jusqu'à la dernière terrasse d'où les hommes n'apparaissent que comme des fourmis. Monter tant d'escaliers est réservé à ces jeunes impératrices qui ont la force de porter à leurs doigts ou sur leur tête tous les revenus de plusieurs provinces. »

Quelle fut l'origine des *taï*? Les Chinois ont-ils créé de leur propre génie ce type architectonique qui est si différent de leur formule habituelle? L'ont-ils emprunté, et à qui? La date éloignée à laquelle on a commencé de construire des *taï* en Chine impose une grande réserve dans la détermination des influences étrangères qui ont pu s'exercer à cette époque sur l'art chinois. Les annales de l'Empire du Milieu mentionnent cependant certains faits qui permettent de croire qu'au xviie siècle avant notre ère il existait déjà des rapports entre cet empire et les civilisations de l'Asie occidentale. Le premier de ces faits est l'arrivée en Chine, « dans la 3e année du règne de Taï-Ou » (1634 av. J.-C.), d'ambassadeurs expédiés par les *Si-joung* ou « barbares occiden-

---

1. Cf. *Mémoires concernant les Chinois*, II, 565.

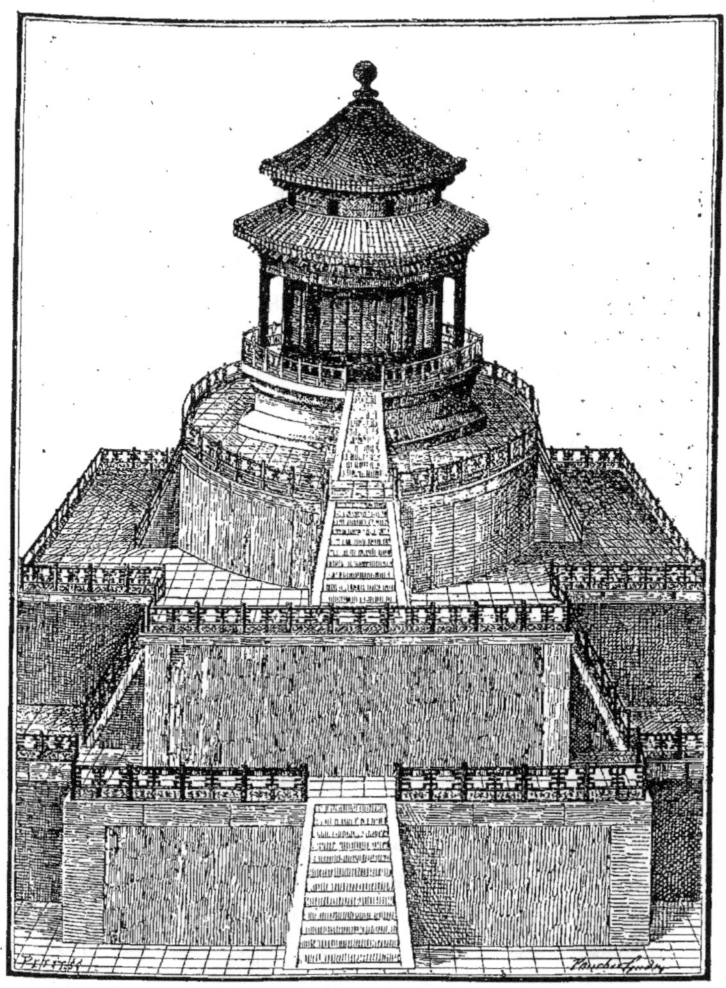

TAÏ D'UN PALAIS IMPÉRIAL.

(D'après une peinture chinoise du Département des Estampes.)

taux ». On lit, en outre, dans les grands Tableaux Chronologiques chinois que ces envoyés, « partis de régions éloignées, venaient de 76 royaumes ». Quelles causes extraordinaires déterminèrent la mission simultanée de ces ambassadeurs à la cour de la dynastie des Chang? Fut-ce un appel des monarchies occidentales, une demande de secours contre la grande invasion qui semble s'être produite, dans le même temps, en Asie centrale et où les historiens grecs ont vu, par erreur, la suite des conquêtes de Ramsès II? On ne sait; mais il est certain que depuis cette époque des relations, très intermittentes, il est vrai, firent connaître à la Chine les civilisations étrangères qui l'entouraient vers l'ouest. Cinq cents ans plus tard environ, l'empereur Mou-Ouang, des Tcheou (1001-946) accomplit un voyage « dans les contrées situées à l'occident de la Chine »; il fut ébloui par la somptuosité et la grandeur architecturales des villes qu'il y visita, et il ramena avec lui des architectes et des ouvriers dans le but de faire reproduire les merveilleux monuments qu'il avait admirés[1]. Quelles étaient au juste ces contrées et ces villes? Était-ce la Médie, la Chaldée, l'Assyrie, Suse, Babylone, Ninive? On ne sait non plus. Mais parmi les ruines qui ont permis de reconstituer les types principaux de l'architecture chaldéo-assyrienne, se trouvent précisément les restes de ces grandes tours à sept étages et à escaliers extérieurs dont la Chaldée et l'Assyrie avaient adopté la forme pour les plus grands de leurs temples. Ces monuments, tels que nous les montre la restitution

---

1. Pauthier, *Chine ancienne*, I, 95.

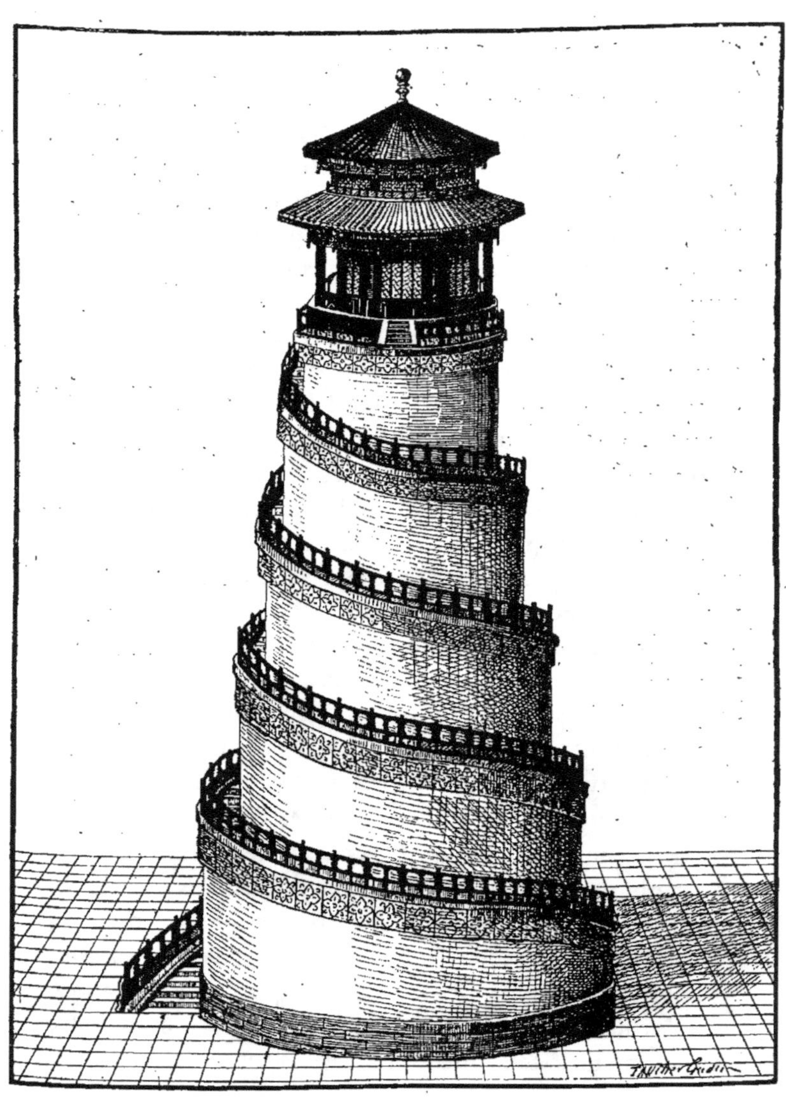

TAÏ D'UN PALAIS IMPÉRIAL.
(D'après une peinture chinoise du Département des Estampes.)

tentée par M. Perrot dans son ouvrage sur l'*Art dans l'antiquité*[1], offrent une ressemblance singulière avec les figures que nous représentons ci-contre et qui proviennent d'un carton chinois du Département des estampes. Cette ressemblance, qui se révèle autant dans le plan général de l'édifice que dans les détails (escalier extérieur, superstructure légère, etc.), est trop frappante pour être fortuite. Si l'on tient compte, en outre, de la date à laquelle cette forme architecturale est apparue pour la première fois dans l'Empire du Milieu, on sera admis, peut-être, à attribuer une origine chaldéo-assyrienne aux anciens *taï* chinois[2].

Les maisons particulières. — La réglementation officielle laisse moins de place à la fantaisie dans les maisons particulières que dans les palais. Construites toujours sur le type du *t'ing*, elles ne diffèrent guère que par le nombre de leurs entre-colonnements, la hauteur et la largeur de leurs divers éléments et le tracé du plan horizontal.

Si l'application des édits sur les constructions était rigoureuse, il devrait suffire de voir une maison pour connaître le rang que tient dans l'État la personne qui y

1. Cf. *Chaldée et Assyrie*, II, p. 379 et suiv.

2. Cette attribution nous paraît d'autant plus admissible qu'il n'est pas douteux que la civilisation chaldéo-assyrienne ait exercé sur la Chine, vers la même époque, des influences d'un autre ordre. L'astronomie primitive des Chinois est incontestablement de provenance chaldéenne. (Cf. Dr Chalmers, *Chinese classics*.) Certaines idées philosophiques et religieuses accueillies plus tard par Lao-tse (vi[e] siècle av. J.-C.) renferment également des éléments étrangers dont l'origine occidentale est certaine. (Cf. Edkins, *China's place in philology*, I.)

demeure. Mais de grands tempéraments ont été apportés dans la pratique. Les promotions officielles, les disgrâces, les transferts de propriété, etc., rendaient l'exécution stricte de la loi fort difficile et onéreuse. On imagina alors d'indiquer la classe de l'immeuble par

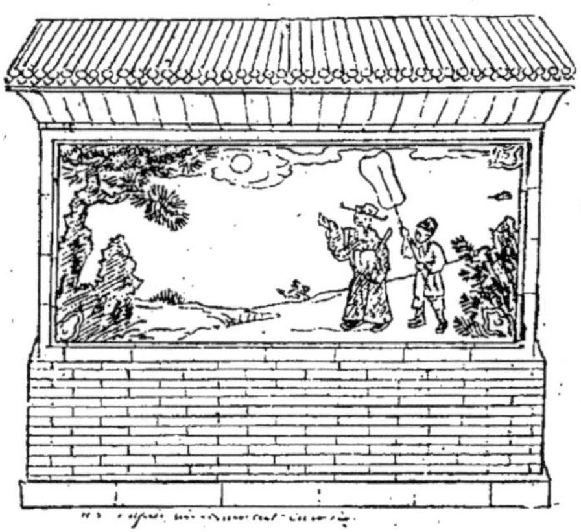

TCHAO-P'ING D'UN TRIBUNAL CIVIL.
(D'après une peinture chinoise du Département des Estampes.)

une disposition architecturale qui pût être aisément modifiée ou remplacée suivant les changements apportés à la situation sociale du propriétaire.

Cette disposition est le *tchao-p'ing*. C'est un pan de mur isolé, une sorte d'écran élevé vis-à-vis de la porte d'entrée, à deux mètres environ en avant. La décoration du *tchao-p'ing* varie suivant la qualité des personnes dont il précède la demeure.

Les édifices publics ont également un *tchao-p'ing*

qui indique l'importance du service administratif, judiciaire ou religieux qui y est installé.

Les superstitions populaires attribuent à cet écran de maçonnerie le privilège de détourner les mauvais esprits de la maison dont il masque l'entrée. Il dispense, en outre, de l'obligation imposée par la loi de

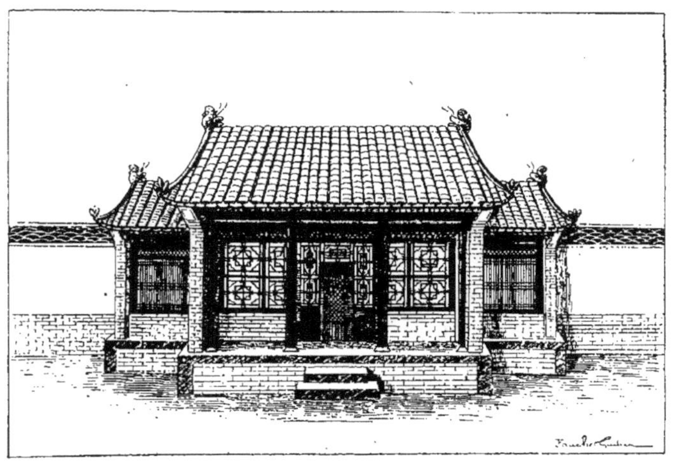

MAISON D'UN PARTICULIER.
(D'après une peinture chinoise du Département des Estampes.)

descendre de cheval ou de charrette devant la porte des palais, temples officiels et tribunaux, puisque cette porte est ainsi dissimulée aux yeux des passants.

Suivant les cas, le *tchao-p'ing* prend les noms de *tchao-peï* et de *tchao-hiang*.

Une autre façon de tourner les édits architecturaux s'est introduite dans l'usage et semble tolérée partout actuellement : il suffit que la porte, le mur de façade, les bâtiments sur la rue et la première cour soient conformes au type réglementaire. Dans les dernières cours, on laisse toute liberté au propriétaire, pourvu toutefois que le luxe et la hauteur de ses constructions n'attirent pas l'attention du dehors.

L'ARCHITECTURE DES JARDINS. — La place nous fait défaut ici pour parler des maisons de campagne et des jardins en Chine. Les Chinois ont une conception toute particulière de la décoration de leurs villas de plaisance et ils y ont mis toute la fantaisie qui leur était interdite dans les villes. Renonçant absolument à leur principe de symétrie, ils n'ont eu d'autre but que d'approprier leurs constructions au terrain, de les encadrer dans le paysage, de tirer parti du pittoresque, des accidents de terrain, des bois et des eaux.

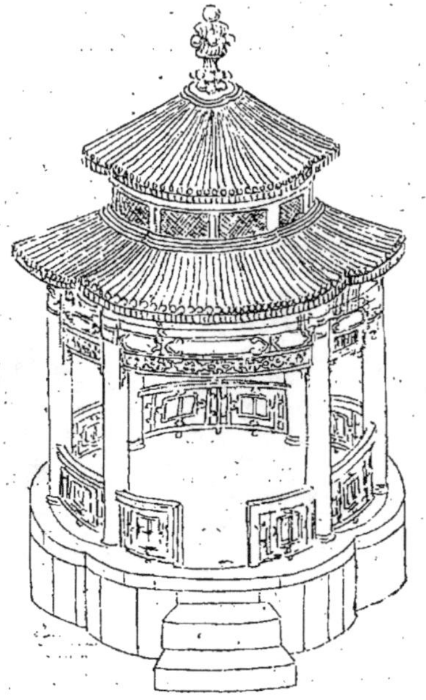

KIOSQUE.

(D'après une peinture chinoise du Département des Estampes.)

Le kiosque, *t'ing-tse*, est le type habituel de ces constructions. L'ornementation en varie à l'infini. La toiture est faite de tuiles vernissées jaunes, vertes, violettes, bleues, brunes, rouges, etc. Les colonnettes de bois sont peintes en couleur carmin ou vert foncé. Des

plantes grimpantes, clématites, vignes vierges, roses tré-
mières, s'attachent généralement à la charpente légère
de ces édicules et les recouvrent presque.

Les Chinois ont de tout temps fait contribuer les
ponts à la décoration de leurs parcs. Les formes les plus
diverses ont été adoptées : à tablier horizontal, à tablier
en dos d'âne, à tablier à deux plans inclinés. Les historiens et les poètes nous ont laissé de nombreuses descriptions de ponts remarquables par leurs proportions
et leurs ornements ; il y en avait qui mesuraient plus de
30 mètres de large ; d'autres étaient chargés de bas-reliefs jusque dans l'eau, ou bordés d'une double allée
d'arbres, ou recouverts d'un long péristyle. Marco Polo,
qui visita la Chine et demeura à la cour de l'empereur
Koubilaï-Khan au xiiie siècle, vit, sur la rivière Houen-
ho, un pont de marbre qui avait vingt-quatre arches
et dont les parapets portaient cent quarante colonnes
séparées par des bas-reliefs[1].

Le pont qui est représenté à la page 109 s'élève
près de Pékin, dans les dépendances du Palais d'Été et
date de la fin du xviie siècle.

III

L'ARCHITECTURE RELIGIEUSE

Ainsi que nous l'avons indiqué au début, les édifices
religieux n'ont pas de formes qui leur soient propres,

1. Ce pont existe encore.

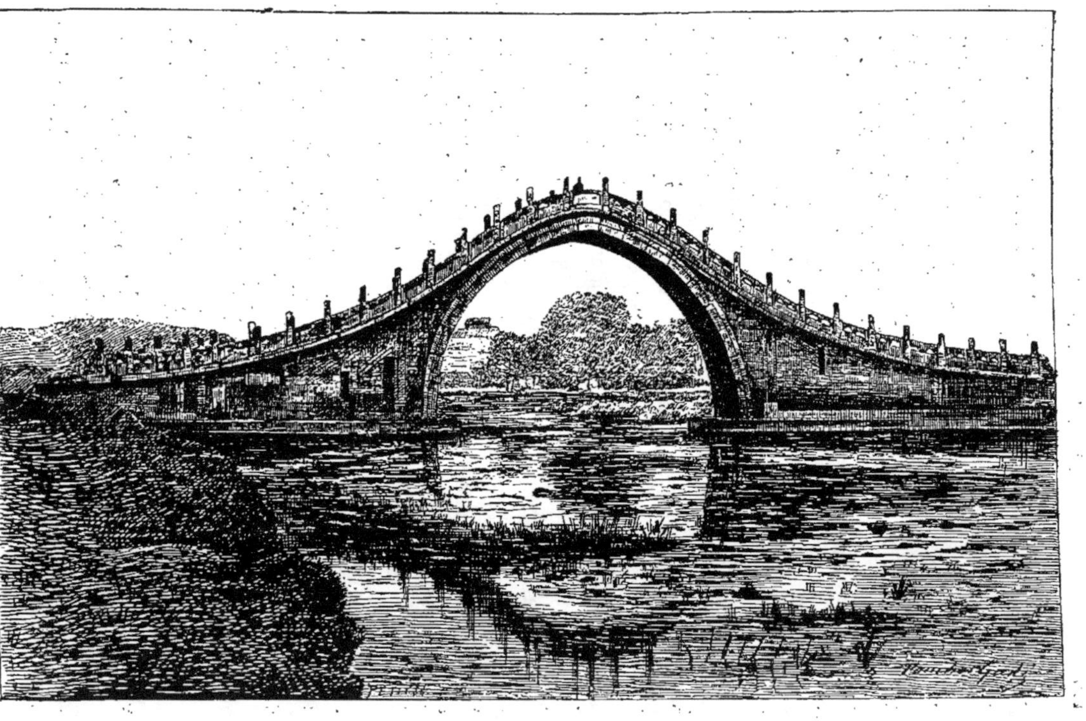

PONT DU PALAIS D'ÉTÉ, AUX ENVIRONS DE PÉKIN.

et à première vue il peut être malaisé de distinguer un temple d'un palais.

Les temples du culte officiel. — Le *Temple du ciel* à Pékin est, sans contredit, le plus remarquable entre tous. C'est plutôt un autel qu'un temple proprement dit, car tout le monument se développe en plein air, sans toiture ni parois.

Trois terrasses, de forme circulaire et entourées de balustrades de marbre, se superposent et supportent une table de pierre destinée aux sacrifices officiels ; la terrasse inférieure a 120 pieds de diamètre ; la terrasse supérieure s'élève à 25 pieds au-dessus du sol. Un grand rideau d'arbres séculaires s'étend tout autour, voilant la vue sur les côtés et l'élevant, pour ainsi dire, vers la voûte céleste.

C'est là que l'empereur vient, trois fois l'an (aux deux solstices d'hiver et d'été et au début du printemps), sacrifier au Ciel dont il est l'émanation sur la terre.

Cet édifice a été construit sous l'empereur Young-lo, 3e souverain de la dynastie des Ming, en 1421. Jusqu'en 1531, les sacrifices que l'empereur doit à la Terre s'y célébraient également ; mais, depuis cette époque, ils sont offerts sur un autel particulier qui s'élève de l'autre côté de l'esplanade où est l'entrée principale du temple [1].

Ces deux monuments, consacrés à un culte spécial et dont l'empereur est le seul officiant, sont uniques de leur espèce et font exception à l'identité de schema adoptée en Chine pour les édifices de toutes les reli-

1. Cf. Edkins, *Religion in China*, p. 18 et suiv.

gions. Ils nous présentent sans doute le type primitif des temples chinois, l'autel en plein air dans un enclos sacré, le *temenos* aryen. L'idée de loger la divinité, de lui construire une maison close et couverte, ne pouvait venir aux premiers Chinois, qui ne personnifiaient pas leurs Dieux et qui, tout en sacrifiant aux Puissances naturelles, les adoraient comme des symboles et non comme des réalités. Ce ne fut que plus tard, dans la suite des temps, lorsque le culte se fut compliqué, lorsqu'aux pratiques simples et naïves des époques archaïques vint s'ajouter un enseignement philosophique, — que l'on songea à abriter sous un toit et entre des murs les pratiques de la vie religieuse. Plus tard encore,

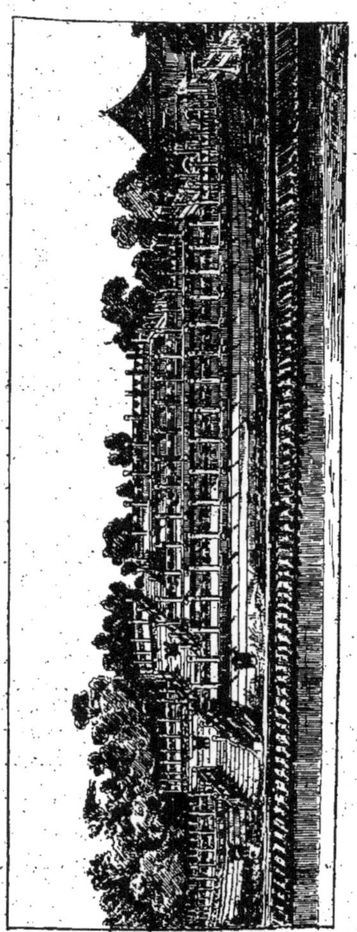

AUTEL DU TEMPLE DU CIEL, A PÉKIN.

lorsqu'au IIe siècle de notre ère le Bouddhisme apporta sa liturgie et son imagerie sacrées, le plan des temples subit de nouvelles modifications et reçut tout le développement, toute l'importance architecturale qu'il a conservés jusqu'à nos jours.

En dehors des deux autels du Ciel et de la Terre, les édifices dédiés au culte officiel et à Confucius rentrent dans le type commun. Ils se composent, d'une façon générale, de plusieurs bâtiments disposés sur le même axe et séparés par des cours intérieures. Les constructions ne s'élèvent que d'un étage.

La décoration intérieure est des plus simples ; elle procède d'une inspiration toute chinoise, où l'on ne sent aucune influence étrangère. Des tablettes d'ébène, portant en lettres d'or le nom de Confucius et de soixante-dix de ses disciples, sont appendues au mur dans la salle principale du temple. Les adorations et les prosternements rituels se font devant ces inscriptions qui personnifient les âmes du grand philosophe et de ceux qui ont illustré sa doctrine.

Il n'y a ni statues ni peintures pour évoquer l'image de leur physionomie ou pour rappeler les épisodes de leur vie passée. Seuls, sur des tables basses, des vases de bronze aux galbes archaïques témoignent qu'au temps où vivait Confucius il y avait en Chine un art plastique. On saisit là l'imagination chinoise dans son indigence primitive, dans son impuissance à donner une forme concrète à ses conceptions idéales.

Le *temple de Confucius* à Pékin est situé au nord de la ville. Une avenue de cyprès conduit du portique de l'entrée au bâtiment principal, où se font les sacrifices des équinoxes d'automne et de printemps. Des quartiers de viande sont offerts sur des plats, devant la tablette portant le nom du philosophe. On ne lui adresse pas de prières, on se prosterne en silence : ce n'est qu'un hommage de respect et de vénération.

Dans une des cours du temple, les empereurs qui se sont succédé à la cour de Pékin ont fait graver, sur des pierres dressées, des éloges qu'ils ont composés de leur main.

Il existe dans la province du Chan-tong, à Khiu-feou, patrie de Confucius, un temple remarquable que desservent en son honneur ses derniers descendants. Le principal d'entre eux porte le titre de « Duc toujours saint » et reçoit une pension de l'État. Le temple est devenu un lieu de pèlerinage ; les documents officiels le désignent sous le nom de « Temple du premier saint et du premier instituteur des hommes » (*thi ching siân sse miao*). (Voy. p. 115.)

LES TEMPLES BOUDDHIQUES. — L'aspect extérieur des *temples bouddhiques* ne diffère pas de celui des édifices consacrés au confucianisme; mais la décoration intérieure en est conçue d'après de tout autres principes.

Les temples dédiés au culte de Fo sont orientés dans la direction sud-nord; ils se composent, comme ceux du culte officiel, de plusieurs corps de bâtiments en enfilade, séparés par des cours.

Dès l'entrée, sous une forme de vestibule, on remarque généralement quatre statues de bois, placées symétriquement de chaque côté. Ce sont les grands rois des Dêvas (*Si-ta-tien-ouang*) qui exercent leur empire sur les régions situées aux quatre points cardinaux du mont

Mérou, centre du monde. Ces divinités interviennent dans les affaires humaines et veillent à l'observance de la loi de Bouddha.

Entre ces statues et le mur de façade, s'en dressent deux autres, d'attitude belliqueuse, revêtues d'un appareil guerrier. Ce sont les dieux Tseng et Ho, défenseurs du temple.

On voit encore dans le vestibule d'entrée l'effigie de Maitreya-Bouddha (*Mi-li-fo*) ou « le Bouddha qui doit venir », celui qui, dans des millions d'années, apparaîtra aux hommes et leur enseignera la voie du repos éternel. Il est représenté la face riante, la poitrine découverte, le corps obèse.

Les personnages dont les statues figurent ainsi dans cette première partie du temple sont des Dêvas, c'est-à-dire appartiennent encore à cette catégorie des êtres qui ne sont pas délivrés de la métempsycose.

En arrière de ce vestibule se dresse le corps principal du monument, le *Ta-hioung-pao-tien* ou « salle précieuse du grand héros divin ». C'est là que se trouve la statue de Çakya Mouni, méditant sur son lit de lotus. A sa droite et à sa gauche sont ses deux disciples favoris, Ananda (*O-nan*) sous les traits d'un jeune homme et Kashiapa (*Kia-che*) avec la physionomie d'un vieillard. Ces deux apôtres préférés du maître sont au premier des quatre degrés qui constituent les avatars bouddhiques, celui des Schrâvakas (*Cheng-ouen* ou « auditeurs »).

Sur les bas côtés, dix-huit disciples, parvenus au rang d'Arhans (*A-lo-han*), semblent écouter l'exposition du « Lotus de la bonne Loi » ou des soutrâs sacrés, tandis que des animaux sauvages, symboles des influences surnaturelles dont ils sont investis, sont (dans les grands temples, au moins) couchés à leurs pieds.

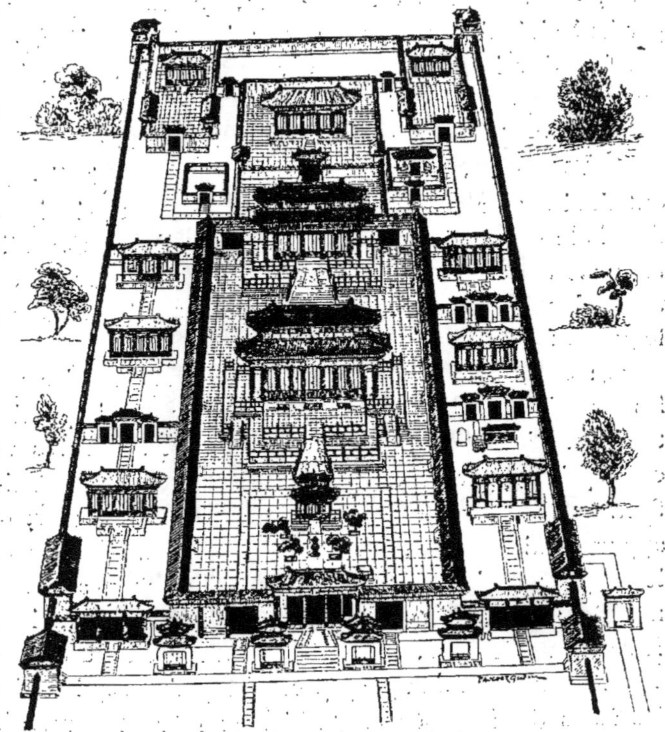

TEMPLE DE CONFUCIUS A KHIU-FFOU.
(D'après une peinture chinoise du Département des Estampes)

Derrière les trois statues centrales, trois autres, de moindre dimension, sont placées face au nord : ce sont celles de Kouan-yin, « déesse de la Miséricorde », et des deux Boddhisatvas Pou-hien et Ouen-chou.

Cette distribution des statues sacrées est quelquefois modifiée. Ainsi, au lieu de dix-huit disciples parvenus au rang d'Arhans, on place quelquefois, dans les bas côtés, des statuettes du Bouddha, où les trente-deux particularités de son corps sont mises en lumière. Le nombre des idoles exposées varie aussi, et certains sanctuaires, comme celui de Pi-yun-sse, près Pékin, en renferment plus de cinq cents.

Les quatre degrés de la métempsycose indienne ont ainsi leurs représentants dans le bâtiment principal, depuis le Bouddha lui-même jusqu'aux simples « auditeurs ». C'est comme la vision raccourcie des cercles de transmigration qu'il faut traverser avant d'entrer dans le grand repos[1].

On conçoit l'impression profonde que dut faire sur les premiers adeptes du culte de Fo l'aspect de pareils temples. Rien jusqu'alors, dans les édifices réservés au culte primitif, ne les avait préparés à une telle magnificence ; toutes ces statues, dorées pour la plupart et apportées directement de l'Inde dans les premiers temps, leur apparaissaient comme des figures étranges, appartenant à un autre monde et supérieures à la race humaine. Il se produisit alors, dans l'Empire du Milieu, un mouvement analogue à la grande crise mystique qui exalta les âmes du moyen âge chrétien et leur fit concevoir l'architecture gothique. Les Chinois connurent, mais à un moindre degré (leur imagination ne se prêtant pas à de si puissants écarts), ce besoin de sensations esthétiques multiples, extrêmes et raffinées, qui se traduisit

1. Cf. Edkins, *Chinese Buddhism*, ch. xiv.

en Europe, aux xiiie et xive siècles, par la conception grandiose et compliquée des cathédrales gothiques.

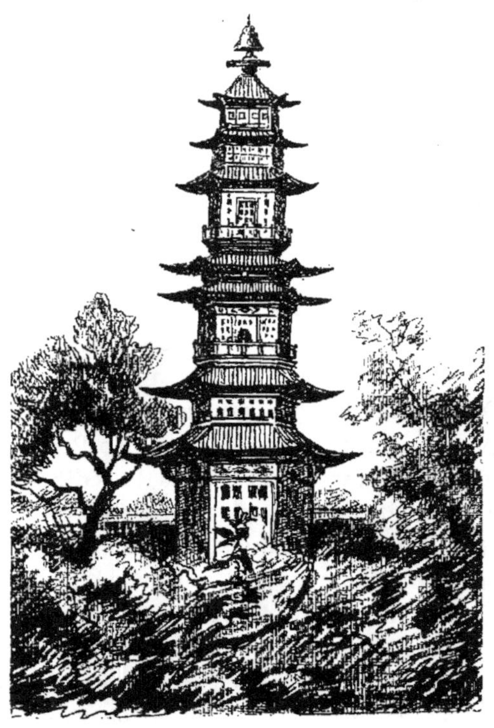

PAGODE DE OUAN-CHEOU-CHAN (PALAIS D'ÉTÉ)
PRÈS PÉKIN.

C'est pour satisfaire à ce besoin que la Chine bouddhique a emprunté à l'Inde quelques formes architecturales différentes du type général de construction qui lui avait suffi jusqu'alors. Les principales de ces formes sont les *pagodes* ou *t'a* et les *stoupas*.

Les *pagodes* sont des sortes de tours polygonales divisées en cinq, sept, neuf, onze et quelquefois treize étages. Les ambassadeurs persans de Chah-Rokh, qui traversèrent la Chine au commencement du xv° siècle, parlent même d'une pagode à quinze étages, située

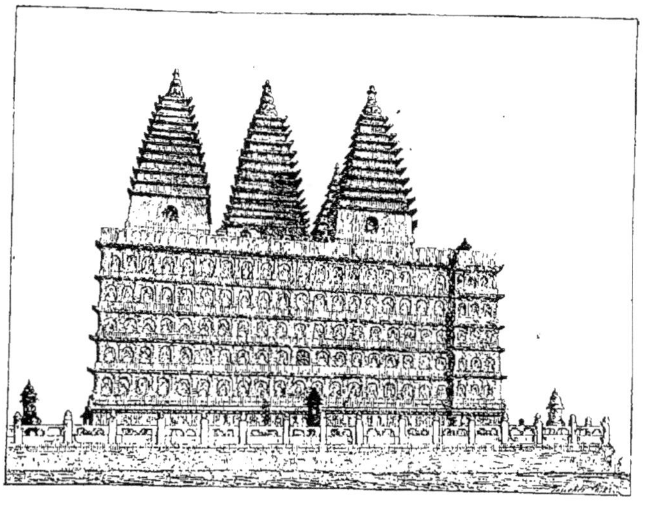

MONASTÈRE BOUDDHIQUE DES CINQ PAGODES, OU-T'A-SSE,
PRÈS PÉKIN.

dans la ville de Kan-tcheou (province du Kan-sou).

L'idée qui a inspiré ce singulier type de construction est une conception bouddhique; les étages accumulés représentent symboliquement les cieux superposés au-dessus de la terre où les Boddhisatvas vont attendre l'instant de leur apparition dans le monde en qualité de Bouddhas accomplis. On ne trouve plus de ces tours dans l'Inde, où elles ont été détruites lors des grandes

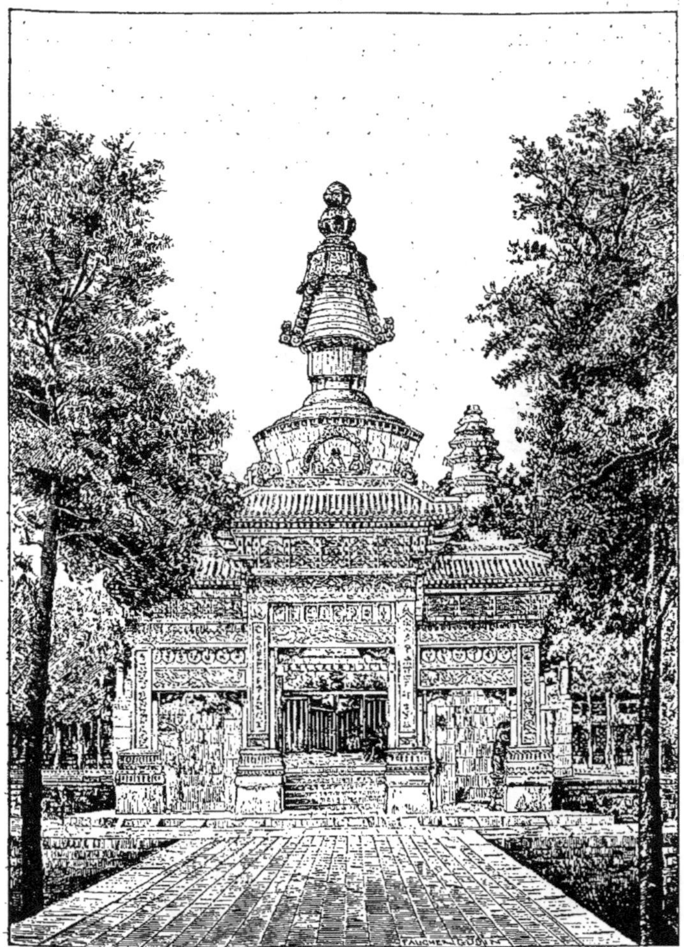

STOUPA DU PE T'A SSE, A PÉKIN. — XIIIᵉ SIÈCLE.

persécutions brahmaniques ; mais on en a découvert

dans l'Afghanistan, c'est-à-dire dans l'ancien empire indo-bactrien, dont la population a professé autrefois le bouddhisme.

C'est donc surtout dans la hauteur, parfois exagérée, du monument que les Chinois ont cherché l'effet architectural de leurs pagodes ; c'est dans le revêtement extérieur de l'édifice qu'ils en ont cherché l'effet décoratif.

Ce revêtement est tantôt de pierre, tantôt de marbre, tantôt de cuivre, de faïence ou de porcelaine. Telle était la fameuse *tour de porcelaine* qui s'élevait près de Nankin, dans le « Temple de la gratitude et de la reconnaissance extrêmes » (*Ta-pao-ngan-sse*). Ce monument, édifié sous les Thsin au IVe siècle de notre ère, fut presque entièrement reconstruit au commencement du XVe siècle, sous l'empereur Young-lo, de la dynastie des Ming, et restauré encore en 1664 par l'empereur Khang-hi. Il fut détruit en 1853, pendant la révolte des Taïpings.

La hauteur totale de la tour était d'environ 100 mètres, et sa largeur à la base de 30 mètres. L'édifice se composait de neuf étages percés de niches extérieures qui étaient ornées de statuettes bouddhiques. Le revêtement de chaque étage était fait de plaques de porcelaine.

Les *stoupas* sont également d'origine indienne et datent du bouddhisme.

On en a découvert dans toutes les régions de l'Asie où la doctrine de Çakya-Mouni a été florissante, au Nepal, dans le Pendjab, dans l'Afghanistan, en Birmanie [1]. La forme en est très variable : c'est tantôt un

---

1. Cf. Cunningham, *Buddhist monuments of central Asia.*

cône, tantôt une sorte de tour à renflements au sommet de laquelle se détache une superstructure rappelant, par son profil, les coupoles des églises russes. Le revê-. tement qui, assure-t-on, était parfois jadis fait de plaques dorées ou argentées[1], est de pierre nue, de terre vernissée ou de pierre sculptée.

La destination primitive de ces monuments était la conservation des reliques de Bouddha; on y enfermait un os, des cheveux, un morceau de vêtement, un objet quelconque ayant appartenu au divin Çakya-Mouni. Quand on n'y déposait pas de reliques, la construction prenait le nom de *chi-ti* (en sanscrit *chaïtya*) et n'avait alors d'autre but que de rappeler la naissance de Bouddha, son entrée dans le Nirvâna ou tel autre fait mémorable de sa vie.

Les plus anciennes stoupas furent élevées au viie siècle de notre ère. Le fameux religieux bouddhiste Hiouen-Thsang en fit construire une au midi de la porte du couvent de Hong-fo-sse et y enferma les livres et objets sacrés qu'il avait rapportés de l'Inde. La figure ci-contre représente la stoupa du Pe-t'a-sse de Pékin. Ce monument date du xiie siècle; mais la décoration n'en fut achevée qu'en 1271 par l'empereur Koubilaï Khan : le caractère indien en est très frappant.

Les temples taoistes. — Les temples de la religion *taoïste* sont construits à peu près sur le même modèle que les temples dédiés au culte de Fo. Les sectateurs de Lao-tse ont emprunté aux bonzes la décoration intérieure de leurs édifices sacrés, de même qu'ils leur ont

1. Cf. Marco Polo, ch. cxxiv.

pris la représentation plastique des divinités, l'adoration des idoles et la plupart de leurs pratiques rituelles.

Les statues de Lao-tse et des huit immortels (voy. p. 60) remplacent celles de Bouddha et de ses dis-

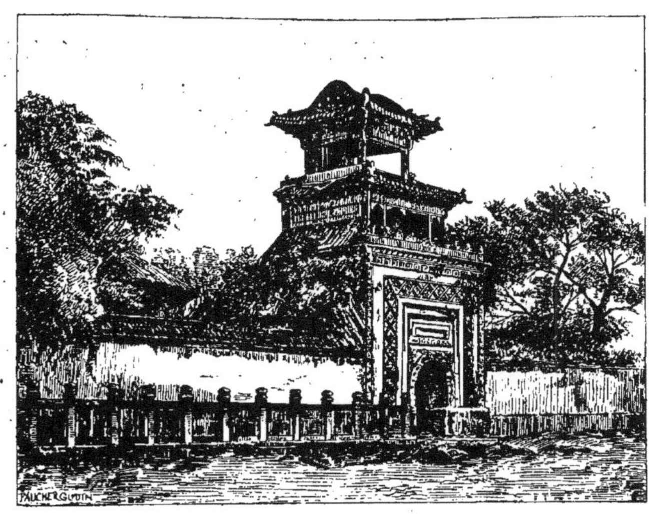

MOSQUÉE, DANS LA VILLE IMPÉRIALE, A PÉKIN.

ciples. Les flambeaux, brûle-parfums et autres objets du culte portent les symboles du taoïsme.

Les mosquées. — Ainsi que nous l'avons vu plus haut (p. 74), le mahométisme compte en Chine, à côté du confucianisme, du taoïsme et du bouddhisme, de nombreux adeptes, 20 millions environ.

De même que pour les temples bouddhiques, rien dans les mosquées chinoises n'indique à l'extérieur l'origine étrangère du culte auquel elles sont affectées.

Elles sont de style chinois; seuls, quelques détails
de la décoration révèlent la religion qu'on y professe.
Des inscriptions tirées du Coran et écrites en caractères
arabes, ouïgours ou turcs-djagataï, servent de motifs
ornementaux; ces inscriptions sont généralement les
mêmes que celles qui figurent dans les mosquées de
l'islam occidental : *La ila' hi il allah.* (Il n'y a pas
d'autre Dieu que Dieu.) Et *La ila la allah' aziz.* (Il n'y
a que Dieu qui soit infiniment haut), etc.

A l'intérieur, les mosquées sont divisées en cinq nefs
par trois rangs de piliers de bois. A l'extrémité de la
nef centrale est le Mirhab, *ouang-yu-lo.*

Généralement, il n'y a pas de minaret dans les mosquées chinoises; le muezzin annonce la prière à la
porte d'entrée.

A côté de la mosquée proprement dite s'élèvent des
bâtiments qui servent de logement aux mollahs (*man-
la*), à l'iman, au muezzin et au katib. Dans la même
enceinte se trouve aussi une école où les jeunes musulmans qui se destinent au culte étudient, sur des textes
arabes ou persans, les livres sacrés de leur religion.

Les mosquées, dont le nom chinois est *Li-paï-sse*
« temples des cérémonies rituelles », sont nombreuses
dans l'Empire du Milieu. La plus ancienne est celle
du « Saint-Souvenir », à Canton. Construite en 629 par
Saad-ibn-abou-Ouaccas, oncle maternel de Mahomet,
qui vint prêcher l'islamisme en Chine, elle a été incen-
diée en 1341, réédifiée peu de temps après, puis complètement restaurée en 1699.

On compte environ 20,000 familles mahométanes
(soit de 60,000 à 80,000 individus) et 11 mosquées

à Pékin. Les musulmans de cette ville ont à peu près le monopole des boucheries et des bains publics. L'enseigne de leurs boutiques est généralement surmontée d'un croissant.

IV

L'ARCHITECTURE FUNÉRAIRE

Le principe d'après lequel les Chinois ont construit leurs sépultures découle de l'idée qu'ils se sont formée des destinées réservées à l'homme après la mort. C'est une croyance établie en Chine, depuis une très haute antiquité, que, le dernier souffle expiré, une vie nouvelle commence pour le défunt : il subsiste de lui une sorte de fantôme réunissant les linéaments de sa personnalité physique et les traits de sa physionomie morale, une ombre vague, animée de la vie indécise du rêve, une image effacée de ce qu'il a été jadis et comme un autre exemplaire de son corps et de son âme. Cette seconde existence est conçue sur le type de celle qui vient de prendre fin : le mort est doué, dans la tombe, de sensibilité ; il connaît à nouveau tous les besoins matériels et intellectuels d'une créature humaine. De là l'importance des rites funéraires destinés à assurer la subsistance, le bien-être, la dignité du mort dans les régions mystérieuses de l'au delà.

En introduisant en Chine, au Ier siècle de notre ère, la croyance à un monde où les actions d'ici-bas sont jugées, punies ou rémunérées, le bouddhisme n'a pas, semble-t-il, modifié les idées générales que les Chinois

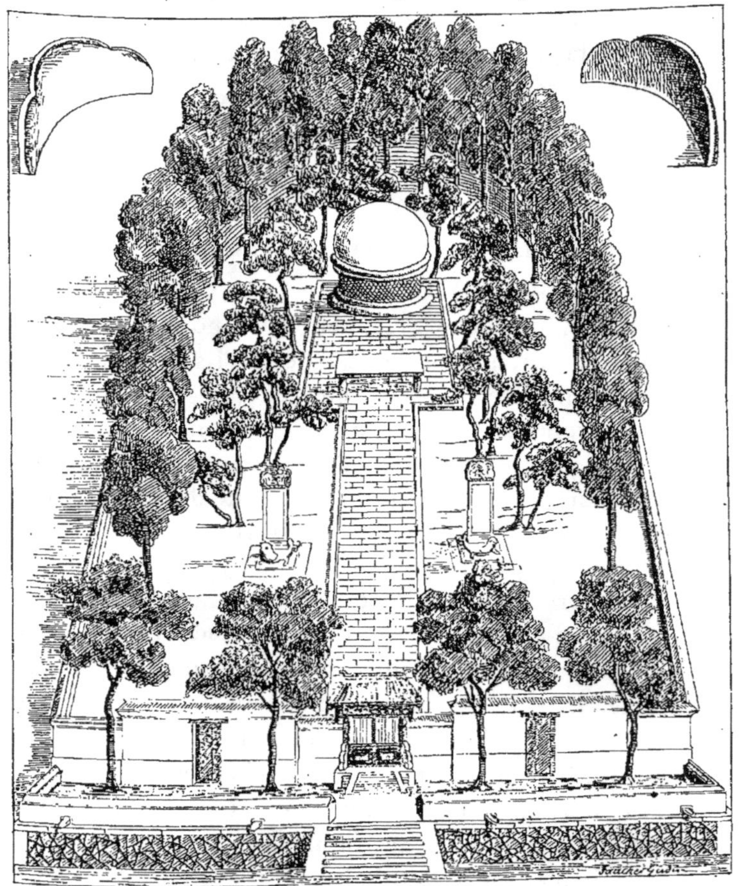

TOMBEAU D'UN MANDARIN DE RANG SUPÉRIEUR
(D'après une peinture chinoise du Département des Estampes.)

tenaient héréditairement de leurs premiers ancêtres.
Ces idées subsistent entières, aujourd'hui encore.

D'après ces conceptions, qui paraissent avoir été communes à presque toutes les races primitives, la sépulture chinoise est une demeure, la « demeure éternelle » des Égyptiens, où l'on enferme à la fois le corps et l'âme. Elle a pour but d'abriter le mort pendant son existence immatérielle, comme l'abritait la maison qu'il possédait sur terre de son vivant, et surtout de défendre son cercueil contre le malheur irréparable d'une profanation. Mais, ce qui est bien spécial à la race chinoise, c'est sa croyance aux influences secrètes qu'exercent sur la tranquillité et le bonheur du mort la configuration du terrain où il repose, la direction des cours d'eau voisins, la situation des astres dans le ciel au jour de ses funérailles, les fluides magnétiques qui traversent le sol à proximité de sa tombe, etc. L'effet de ces influences ne peut être rendu propice au défunt que par l'intervention des géomanciens du Fong-choui.

Aussi, la première règle à suivre pour l'édification d'une tombe est-elle de consulter le *Fong-choui* (voy. p. 94); les géomanciens officiels peuvent seuls indiquer, d'après le *Tsang-chou*[1], « livre des funérailles », l'emplacement et l'orientation à donner à la sépulture, de telle sorte qu'aucune étoile ni planète, aucun élément terrestre, aucun courant magnétique, aucun souffle, aucune vapeur, aucune configuration fâcheuse d'une colline ou d'un cours d'eau ne puisse troubler

---

1. Le *Tsang-chou*, attribué à Ko-po, est le livre classique du Fong-choui. Cet ouvrage fut composé probablement au viie siècle ap. J.-C., quoique les géomanciens chinois, pour en accroître l'autorité, aient cherché à lui attribuer une origine beaucoup plus reculée.

le mort dans le monde mystérieux où il va vivre sa seconde vie.

On retrouve, pour les constructions funéraires, une réglementation officielle analogue à celle qui régit l'architecture civile; les inégalités sociales se continuent après la mort et chacun reste à sa place hiérarchique.

Sous la dynastie des Tcheou (1134 av. J.-C.), les morts des classes inférieures étaient enterrés dans les plaines, les princes sur des collines de peu d'élévation, les empereurs sous un tumulus édifié sur le sommet des hautes montagnes. La tête du mort était tournée vers le nord.

Le tumulus élevé sur les tombeaux, qui dans le principe était réservé aux sépultures impériales, fut adopté, vers le VIIIe siècle, par les gens du peuple. Confucius protesta contre cette dérogation aux traditions primitives; il finit pourtant par s'y soumettre : à l'enterrement de sa mère, il consentit à laisser élever un tertre sur la tombe, mais, dit-on, cette construction était à peine achevée qu'il survint une grande pluie qui fit ébouler la terre et nivela le sol [1].

---

1. Nulle part plus qu'en cette matière nous n'avons eu à regretter l'insuffisance des connaissances critiques que l'on possède sur la Chine ancienne. Quelles étaient au juste les idées des Chinois sur la mort, dans les premiers siècles de leur histoire? Quel était le sens précis des divers symboles funéraires? Dans quelle mesure les doctrines de Confucius et de Lao-tse ont-elles modifié les croyances primitives et, par suite, l'expression plastique qu'elles avaient revêtue? En quoi la tombe de l'époque des Chang (1783-1134 av. J.-C.) différait-elle de celle du temps des Thsin (255-206 av. J.-C.)? Ici, comme sur bien d'autres points, on ne saisit que l'ensemble et les rapports de similitude; les différences sont impossibles à marquer.

Cependant, d'importantes différences ont été maintenues entre les sépultures des diverses classes de l'État,
et elles sont strictement observées.

Les tombes impériales nous présentent le type le
plus complet de la sépulture chinoise. Elles se com-

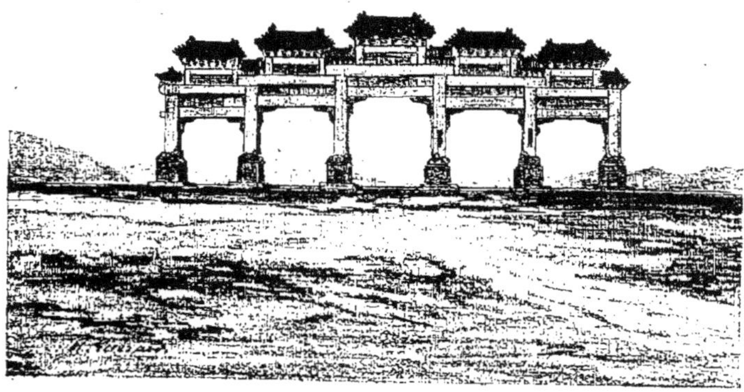

ARC DE PIERRE, A L'ENTRÉE DE LA SÉPULTURE DES MING
(XVᵉ SIÈCLE).

posent de deux parties distinctes : le tombeau, les
temples qui l'entourent.

Le tombeau, proprement dit, est un caveau creusé
dans un tertre où sur le flanc d'une colline : un long
corridor voûté y conduit, la porte en est murée dès que
le cercueil y a été déposé.

Les temples sont disposés en avant du tertre; on y
célèbre les cérémonies funéraires devant une tablette
où est gravé, en caractères d'or, le nom du défunt.

Les révolutions dynastiques qui ont été si fréquentes en Chine ont détruit, à peu d'exceptions près, toutes les sépultures impériales [1], et nous ne pouvons nous faire que par des descriptions ou des dessins l'idée de la magnificence qu'on avait déployée pour les édifier. Les empereurs mongols, qui régnèrent de 1260 à 1368 ap. J.-C., s'appliquèrent particulièrement à ne laisser subsister aucun tombeau qui perpétuât le souvenir des dynasties précédentes. Ce fut au contraire l'honneur des Ming de faire restaurer, dès leur avènement au trône, les monuments funéraires des principaux souverains de la Chine. Une trentaine de sépultures ont été ainsi reconstruites.

Les tombeaux que les Ming se sont élevés à eux-mêmes se voient encore aux environs de Pékin [2], dans une large vallée déserte, qui s'étend au pied de la Grande Muraille. Des temples enfouis sous la verdure sont groupés devant chaque sépulture qui est creusée dans les parois mêmes des col-

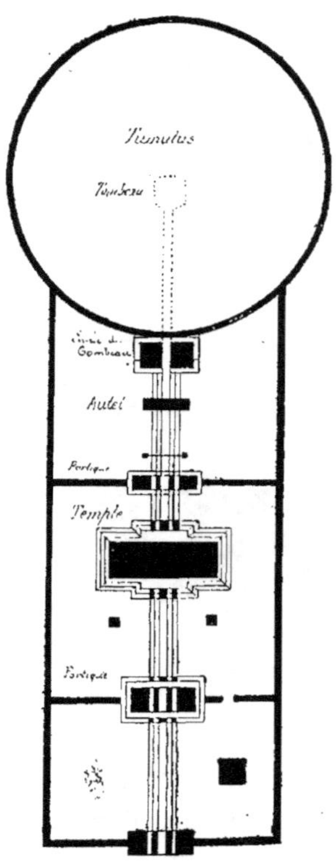

PLAN DE LA SÉPULTURE DE L'EMPEREUR YOUNG-LO, DE LA DYNASTIE DES MING, PRÈS PÉKIN. XVe SIÈCLE.

1. Cf. *Mémoires concernant les Chinois*, II, 556.
2. Les deux premiers empereurs de cette dynastie ont été en-

lines formant l'enceinte. A l'entrée de la vallée, un arc
de pierre sculptée et une large chaussée dallée, que bor-
dent des statues gigantesques d'hommes et d'animaux
(voy. p. 141), forment une avenue monumentale conduisant à la nécropole impériale. Les sépultures de la
dynastie actuelle des Thsing, qui succéda en 1643 à
celle des Ming, s'élèvent aussi à peu de distance de
Pékin; elles sont du même style que celles des Ming.

Les tombeaux des particuliers sont construits avec
moins de luxe et de développement que ceux des Empereurs ; mais la même idée a présidé à la conception
de l'ensemble et à la disposition des parties. Les personnages d'un rang élevé dans l'État sont toujours enterrés à la campagne : le tertre qui recouvre leur cercueil
est situé au milieu d'un jardin; un petit temple ou un
simple autel abrité sous un *t'ing* est construit près de
l'entrée, à l'intérieur de l'enclos funèbre. Des dalles de
marbre, où sont gravées des sentences morales ou des
prières bouddhiques, se dressent, en avant de la tombe,
sur des tortues de pierre sculptée, symboles de félicité
éternelle.

Les prêtres bouddhistes se font enterrer généralement sous une *stoupa*, les musulmans sous un massif
de maçonnerie ayant la forme trapézoïdale.

Les tombes populaires se composent d'un simple
tumulus devant lequel est placée verticalement une
pierre portant quelque emblème d'heureux augure ou
une courte prière.

terrés près de Nankin : la capitale des Ming n'a été transférée à
Pékin qu'en 1410 par l'empereur Young-lo.

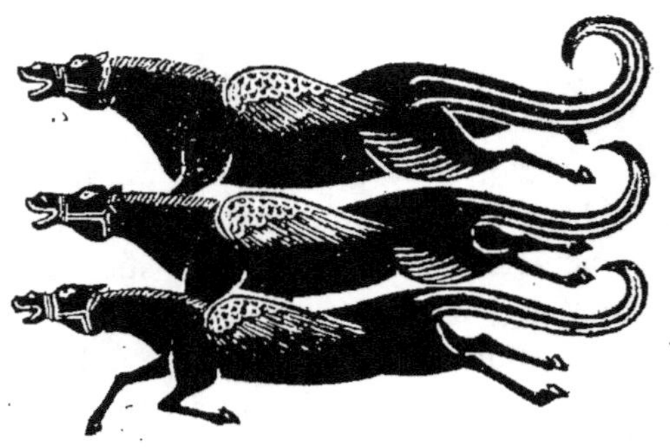

LA PIERRE SCULPTÉE

Il n'est pas d'art en Chine dont les origines soient plus obscures que celui de *la pierre sculptée.*

Et cependant ces origines ne semblent pas fort reculées : suivant toute vraisemblance, elles ne remontent pas plus haut que le IIIe ou le IVe siècle avant notre ère.

D'ailleurs, les monuments qui subsistent sont peu nombreux. La sculpture ayant toujours été comprise en Chine comme l'accessoire de l'architecture, et particulièrement de l'architecture funéraire, les œuvres des statuaires ont presque toutes disparu avec les édifices qu'elles avaient pour but de décorer. Nous avons vu, en effet, au chapitre de l'architecture, qu'à plusieurs époques des dynasties nouvellement élevées au trône avaient ordonné la destruction de tous les monuments rappelant le passé, palais, tours, arcs et portiques, temples et tombeaux.

Les rares spécimens sculpturaux qui ont échappé à

l'action combinée des hommes et du temps ont été notés et reproduits dans un ouvrage fort curieux, le *King-che-so*, « l'enchaînement des métaux et des pierres ». Cet ouvrage, sorte de *Corpus inscriptionum*, contient, par ordre chronologique, le texte ou la représentation figurée des plus anciennes inscriptions et sculptures de la Chine : il fut composé au xviii⁰ siècle.

Le monument le plus ancien signalé par le King-che-so est une série de dix bas-reliefs décorant un palais situé à Hiao-t'ang-chan, dans la province du Chan-tong. La date, authentiquement constatée sur le monument même, est celle du ii⁰ siècle avant notre ère. L'aspect très archaïque de ces sculptures témoigne d'un art tout à fait primitif et ne permet guère de faire remonter à plus d'un ou deux siècles auparavant l'origine de la sculpture sur pierre en Chine.

Les figures représentées sur ces dix pierres, qui semblent monolithiques, sont sculptées en bas-relief, non pas d'après le procédé de la sculpture grecque où le sujet s'enlève sur le parement du fond, mais d'après le procédé qui consiste à tenir la surface des figures dans le même plan que le champ, en les cernant simplement d'un contour creux à angles émoussés. Dès lors, il n'y a plus de modelé, il ne reste qu'une silhouette. C'est le procédé employé par presque tous les sculpteurs des époques primitives et, pour ne citer qu'un exemple, par les artistes égyptiens dans la décoration du Ramesséum et du grand temple de Médinet-Abou[1].

---

1. Cf. Perrot, *Hist. de l'art dans l'antiquité*, I, 733.

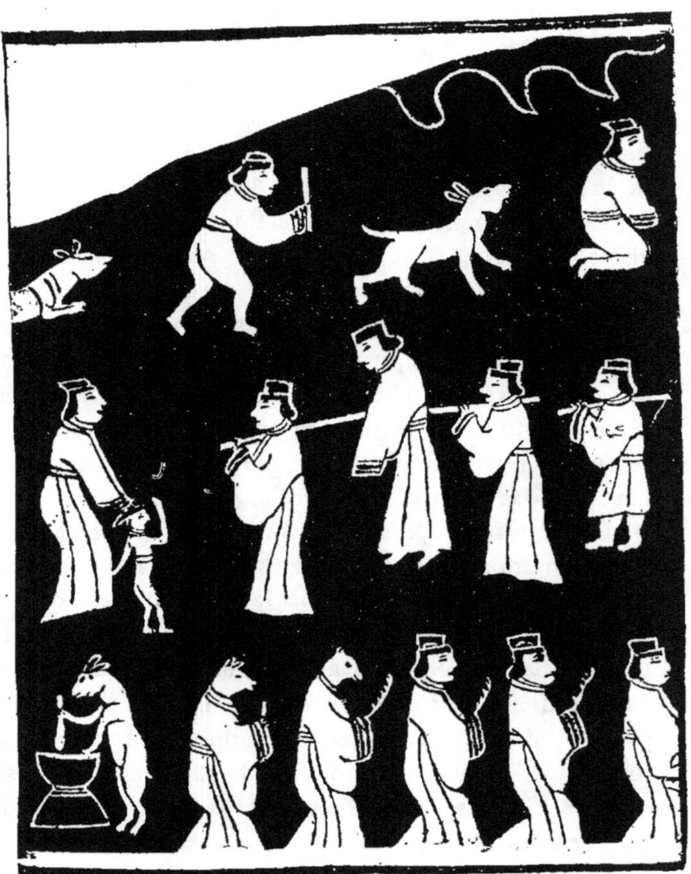

BAS-RELIEF DE HIAO-T'ANG-CHAN. — 11ᵉ SIÈCLE AV. J.-C.

Les sujets représentés sont tantôt historiques, tan

tôt légendaires. Ainsi, pour la décoration du bas-relief qui est reproduit ci-dessus, le sculpteur s'est inspiré d'un ouvrage datant du IVᵉ siècle avant notre ère, le *Chan-haï-king*, « Livre des montagnes et des mers », où sont décrits des régions merveilleuses, des mondes fantastiques.

Il y a, dans un de ces pays, un peuple d'hommes qui ont, de naissance, un trou dans la poitrine; quand ils veulent se faire porter, on leur passe à travers le corps une hampe de bambou et deux esclaves les emportent sur leurs épaules.

Sur une autre façade du monument, l'artiste a traité une scène d'histoire : Tcheou-Koung, régent de l'empire pendant la minorité de son neveu Tching-Ouang (1110 av. J.-C.), reçoit les envoyés du roi des Yue-tchang-che (voy. p. 135). Ce peuple habitait l'Indo-Chine et était renfermé à peu près dans les limites de l'Annam actuel. Les anciens auteurs chinois rapportent que ces ambassadeurs offrirent à la cour de Chine des éléphants et des faisans blancs et que, pour leur retour, Tcheou-Koung leur fit présent de « chars qui montraient le Sud ». On a voulu voir dans ces chars magnétiques la première application des principes de la boussole [1].

Parmi les sculptures appartenant à la même dynastie, nous trouvons, dans le King-che-so, un ensemble de bas-reliefs décorant « le temple des ancêtres Ou-leang-tse, au pied de la montage Tse-yun-chan, à 26 *li* (environ 12 kilomètres) au sud de Kia-tsiang-

---

1. Cf. Pauthier, *Chine ancienne*, p. 87.

hien, dans la province du Chan-tong[1] ». Ces œuvres,
bien que portant la date authentique des Han, sont

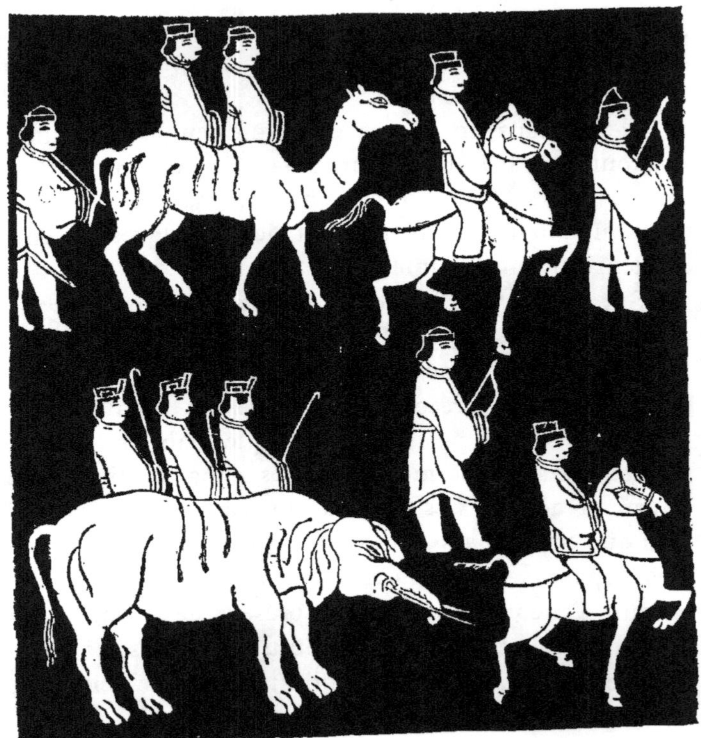

BAS-RELIEF DE HIAO-T'ANG-CHAN. — IIe SIÈCLE AV. J.-C.

évidemment postérieures, par le style et le caractère

1. Ces sculptures existent encore, en parfait état de conservation. Un voyageur anglais les a vues, en décembre 1886. Cf. *The
Chinese recorder*, XVIII; 3.

de l'exécution, à celles de Hiao-t'ang-chan et furent sculptées sans doute sous les derniers souverains de cette dynastie, c'est-à-dire vers le IIe siècle *après* J.-C. Les sujets traités appartiennent également soit à la légende, soit à l'histoire.

A en juger par ces spécimens, la sculpture chinoise, du IIe siècle avant J.-C. jusqu'au IIIe siècle après J.-C., en était encore aux premières formules de l'art plastique, aux procédés et aux conventions qui caractérisent chez tous les peuples la sculpture archaïque.

De là vient sans doute la ressemblance qu'offrent, à première vue, quelques-unes des œuvres reproduites dans le King-che-so avec certains bas-reliefs de l'art chaldéo-assyrien. Il y a entre telle sculpture de Hiao-t'ang-chan et tel fragment de Khorsabad un air de parenté qui pourrait faire croire à une communauté d'origine et d'inspiration, si le contrôle des dates n'interdisait un pareil rapprochement. Nous avons cru pouvoir admettre, en effet, que des influences venues de la Chaldée, de la Susiane ou de l'Assyrie, s'étaient exercées jadis sur l'architecture chinoise. Mais les monuments où ces influences étaient saisissables remontaient authentiquement au Xe siècle avant notre ère, c'est-à-dire à une époque où les civilisations de Ninive et de Babylone étaient encore vivantes et florissantes. En ce qui concerne les sculptures chinoises, au contraire, les plus anciennes qui nous soient connues ne sont certainement pas d'une date antérieure au II° siècle av. J.-C. Or Ninive était détruite alors depuis plus de 400 ans, et Suse était un monceau de ruines; quant à Babylone, nous savons qu'elle était déserte lorsque Stra-

bon la visita, précisément à l'époque où les Han ré-
gnaient en Chine. Notons, en outre, que si les artistes de
l'Empire du Milieu avaient cherché à imiter les œuvres

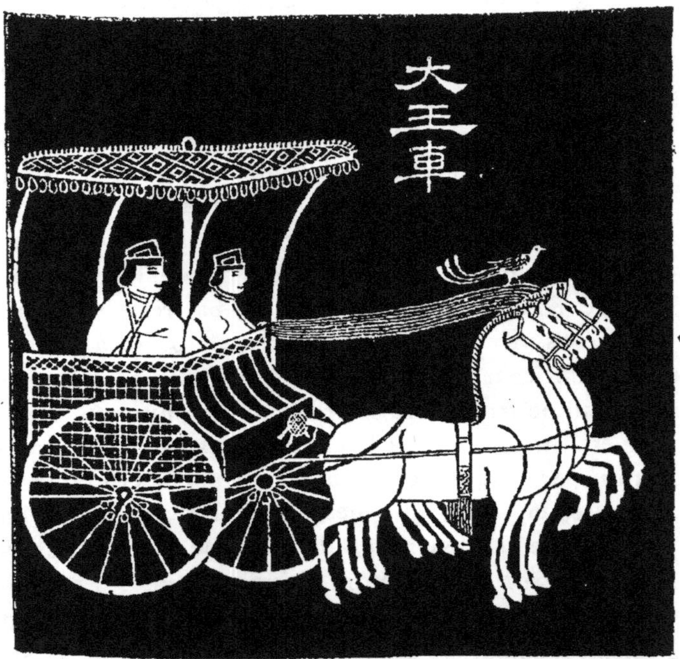

BAS-RELIEF DE HIAO-T'ANG-CHAN. — II° SIÈCLE AV. J.-C.

chaldéo-assyriennes, il est vraisemblable qu'ils auraient
essayé de copier les sculptures savantes de la période
classique, celles du palais d'Assourbanipal, par exemple,
et non les œuvres imparfaites de l'époque archaïque. Aucun texte d'ailleurs, dans les auteurs chinois, n'indique
cette source d'inspiration. Dans ces conditions, et tant

que l'archéologie de l'Empire du Milieu ne sera pas
établie sur des documents plus nombreux, plus anciens
et mieux critiqués, il nous paraît impossible d'admettre que la sculpture chinoise procède de celle qui, cinq
ou six siècles auparavant, était arrivée à son complet
développement, à l'occident de l'Asie.

Les caractères communs que présentent certaines
figurations plastiques de ces deux civilisations, qui
furent si éloignées dans le temps comme dans l'espace,
proviennent de cette loi qui impose à tous les arts
naissants les mêmes procédés et les mêmes conventions,
parce que, dans son inexpérience, l'esprit humain, à
son éveil, est soumis aux mêmes conditions, a partout
les mêmes ressources et les mêmes exigences expressives. En tout pays, en effet, l'artiste placé pour la première fois en présence de la forme vivante qu'il veut
reproduire, rencontre les mêmes obstacles. La transformation en une image plane de la vision réelle et palpa-
ble qu'il a dans les yeux, les effets de la perspective,
ceux des ombres et de la lumière, la réduction ou
l'agrandissement proportionnels de toutes les parties du
modèle, cent autres considérations encore l'embarras-
sent, sinon l'arrêtent à ses débuts. De là, une série de
conventions et d'artifices formant un *minimum* indicatif
dont toutes les civilisations archaïques se sont conten-
tées.

Et d'abord, c'est presque toujours de profil que la
figure humaine a été reproduite : la silhouette est, en
effet, nette et aisément saisissable. Aussi, presque tous
les personnages des bas-reliefs du Chan-tong sont
aperçus de côté. La représentation des deux moitiés

symétriques de la face est trop difficile encore : on ne la
tente que pour le personnage principal du sujet, pour
le roi ou pour la figure qui est le centre de la composition. Souvent aussi, comme dans les bas-reliefs égyptiens, l'œil est dessiné de face dans un visage de profil : le raccourci de l'œil vu de côté est trop compliqué
à rendre. Les animaux sont représentés également de

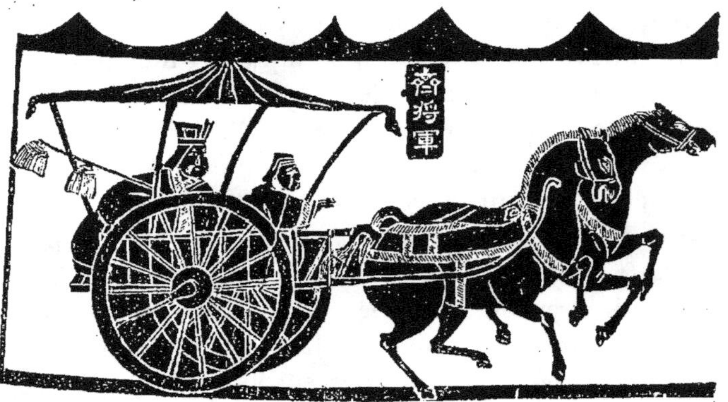

BAS-RELIEF DE OU-LEANG-TSE. — 11ᵉ SIÈCLE AP. J.-C.

profil; mais quelques têtes de chevaux sont traitées de
face, le corps restant de côté. De même encore, lorsque
le sculpteur chinois veut montrer un ensemble de personnes ou d'objets disposés sur un plan horizontal, il
les superpose verticalement. Cependant il y a çà et là
quelques essais heureux de perspective : ainsi, dans les
attelages du cortège du grand Roi. Comme les Égyptiens et les Assyriens aussi, l'artiste chinois, pour marquer la supériorité hiérarchique ou morale d'un personnage dans sa composition, lui a généralement attribué

une taille plus haute, une plus large stature qu'à ceux qui l'entourent.

Il n'y a pas d'expression dans les physionomies : les sentiments des personnages ne se traduisent que par les gestes. Enfin, il y a peu de variété dans les attitudes, elles sont indéfiniment répétées.

On constate dans toutes ces œuvres primitives une ignorance absolue du corps humain, de ses proportions, de son modelé, de sa beauté formelle. Les artistes chinois n'ont pas la vision nette de la forme nûe ; non pas qu'ils n'aient occasion de la voir, les gens du peuple vivant et travaillant presque sans vêtement pendant les chaleurs accablantes des étés de Chine, mais sans doute parce que le sens plastique leur fait défaut. Cependant les animaux, les chevaux principalement, sont assez bien saisis dans leur physionomie particulière, dans leur attitude ou leur allure.

Nous arrivons enfin au fait capital de l'histoire de l'art en Chine : l'introduction du bouddhisme. Nous avons vu, au chapitre précédent, l'influence considérable que, du VIe au VIIe siècle après J.-C., l'introduction de cette religion et l'importation des statues sacrées de l'Inde avaient eue sur l'art du bronze. A l'origine, cette influence ne fut pas moindre sur la sculpture lapidaire.

Il semble, en effet, que les idoles bouddhiques rapportées du Nepal et du Pendjab par les pèlerins chinois inspirèrent aux sculpteurs de l'Empire du Milieu leurs premières statues. Jusque-là, ils n'avaient traité, dans la pierre, que le bas-relief, et un bas-relief sans saillie, sans modelé : ils ne s'étaient pas essayés à la ronde

bosse, qui dégage complètement et affranchit, pour
ainsi dire, l'effigie de sa paroi de pierre; ils n'avaient
pu s'élever jusqu'à la statue.

C'est ainsi que les plus anciennes statues qui soient
connues en Chine sont la représentation des divinités

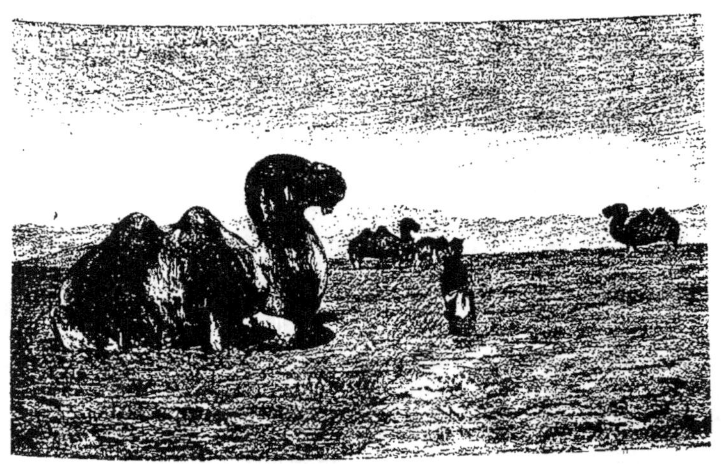

STATUES D'ANIMAUX.
Avenue conduisant à la sépulture des Ming, près Pékin. — xve siècle.

bouddhiques. Telles sont les deux idoles gigantesques
que l'on voit encore à Hang-tcheou et à Sin-tchang,
dans la province du Tche-kiang. Sculptées dans le roc,
dont elles se détachent presque entièrement, elles mesurent, l'une 40 pieds et l'autre 70. Toutes deux datent
de la fin du viiie siècle. L'élévation de ces statues nous
donne lieu de croire qu'elles représentent non pas
Çakya-Mouni, dont la taille traditionnelle est de

16 pieds, mais Maitreya, le Bouddha à venir, qui aura 60 pieds de haut quand il apparaîtra, dans trois mille ans, pour rappeler au monde les prédications oubliées du divin Çakya.

Ces deux figures, assez grossièrement taillées et mal proportionnées dans leurs formes, ont, dit-on, une certaine grandeur, une majesté calme et sereine où se reflète vaguement la mansuétude infinie du Dieu à naître.

Les œuvres de cette dimension sont assez rares en Chine : elles sont d'inspiration directement indienne et ont été exécutées généralement vers les viiie et ixe siècles de notre ère, c'est-à-dire dans le temps des grands pèlerinages bouddhiques.

Les artistes chinois continuèrent ainsi pendant quelque temps de reproduire, de copier servilement les idoles que, dans l'ardeur de leur foi nouvelle, les croyants des premiers jours étaient allés chercher sur les bords de l'Indus et du Gange.

Mais, par un singulier contraste, l'action du bouddhisme, qui fut si puissante sur l'art du bronze, qui renouvela le génie des ciseleurs chinois, qui leur inspira des œuvres si libres, si hardies et si sincères, — s'arrêta net dans la sculpture lapidaire, et la statuaire de pierre en demeura toujours à la première étape de son développement. En même temps, la production cessait et c'est à peine si nous avons quelques œuvres à signaler. Qu'on regarde les statues de la grande avenue qui conduit aux tombeaux des Ming (1420) ou de celle qui mène aux sépultures des Thsing (1644), qu'on étudie les bas-reliefs qui ornent les arcs de triomphe, les pagodes et quelques temples, palais ou tombes de Pékin,

— la même impression se dégage, celle d'un art incom-

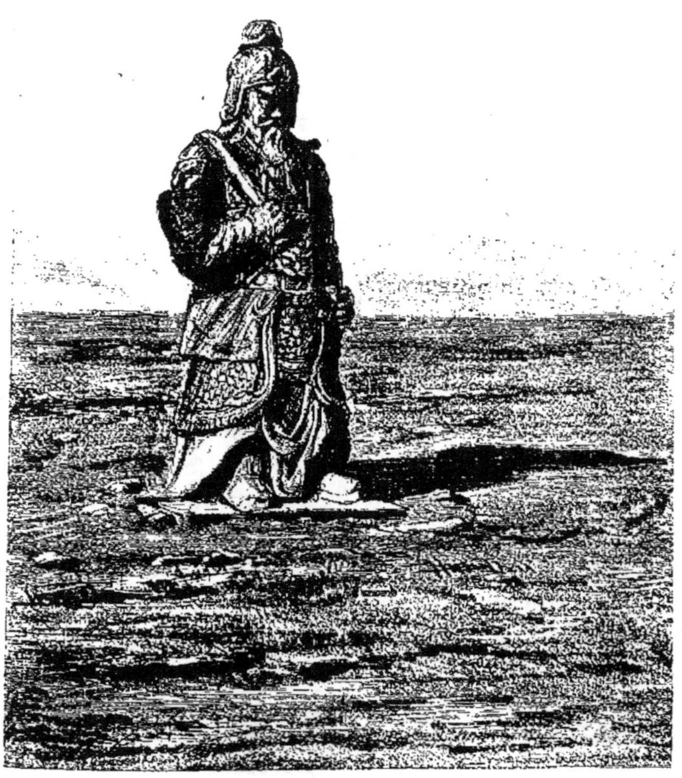

STATUE DE MANDARIN.
Avenue conduisant à la sépulture des Ming, près Pékin. — xvᵉ siècle.

plet, sans élévation, sans idéal et sans fantaisie, inca-
pable d'interpréter les formes de la vie physique et les
aspects de la vie morale, indifférent à la beauté plastique ou impuissant à la dégager. Il faut peut-être cher-

cher la cause de cette décadence prématurée de la statuaire dans la conception toute particulière que les Chinois se font de la personnalité humaine. Les traits physiques d'une créature vivante leur importent peu quand
ils veulent la représenter ou en éveiller l'idée; avec une
imagination tout abstraite, ils estiment que leur écriture, dont les milliers de caractères représentent, comme
l'on sait, non des sons, mais des idées et des nuances
d'idées, est un procédé supérieur à tous les arts pour
exprimer l'ensemble de qualités et de particularités qui
constitue une personne. Et c'est ainsi que la *Salle
des Ancêtres*, que l'on trouve dans chaque palais et
dans chaque maison particulière, présente aux yeux des
descendants non pas une série de bustes de marbre ou
de bronze, comme les effigies funéraires de l'antiquité
gréco-latine, mais une collection de planchettes de bois
noir sur chacune desquelles est gravé en caractères d'or
le nom symbolique du défunt.

Même lorsqu'il s'est agi de représenter les animaux,
dont les sculptures primitives ont cependant toujours
aimé à reproduire les formes franches, nettement saisissables, plus faciles à observer et à rendre que les modelés complexes du corps et du visage humains, les
sculpteurs chinois sont restés au-dessous du médiocre.
En visitant nous-même les tombeaux des Ming, près
de Pékin, et en voyant les statues d'animaux que nous
reproduisons ci-contre, nous nous rappelions involon-
tairement les effigies si puissantes, si personnelles et si
expressives des lions, des chevaux et des onagres dont
la sculpture assyrienne décorait ses palais royaux, et ce
souvenir nous révélait combien le génie plastique a

manqué aux Chinois, puisque, entrés dans la civilisation vers le même temps que l'Assyrie, ils n'ont jamais pu se hausser, dans la statuaire, jusqu'au point où les artistes primitifs de Ninive s'étaient élevés d'instinct et presque au premier effort, vingt-cinq siècles auparavant.

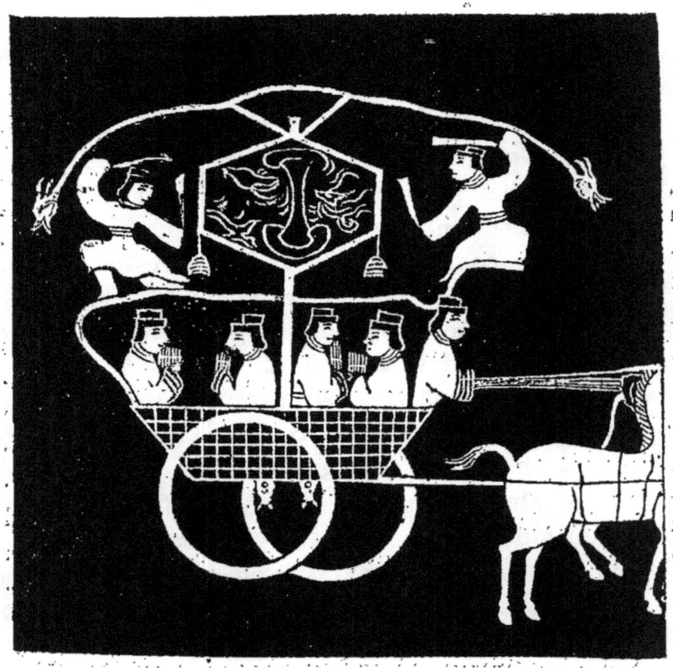

BAS-RELIEF DE HIAO-T'ANG-CHAN — 11e SIÈCLE AP. J.-C.

LE BOIS ET L'IVOIRE SCULPTÉS

I

LE BOIS SCULPTÉ

Il ne semble pas que la sculpture sur bois ait été pratiquée en Chine d'une façon artistique avant le IIe siècle de notre ère. Ici encore, comme dans tant d'autres branches de l'art chinois, c'est à l'introduction du bouddhisme et à l'importation des œuvres indiennes qu'il convient d'attribuer l'origine de la transformation opérée dans une industrie, sans doute très ancienne, mais qui n'avait jamais produit que des œuvres sans valeur esthétique. Nous avons vu ailleurs que parmi les objets sacrés rapportés de l'Inde par les pèlerins chinois, qui, du IIIe au VIIIe siècle, allaient s'y instruire dans la doctrine du Bouddha, figuraient, en grand nombre, des statues de bois représentant le divin Çakya et tout son cortège de dieux, de déesses, d'ascètes et de personnages mystiques.

On reproduisit, par la suite, ces modèles religieux, et bientôt la sculpture sur bois, profitant, pour ainsi dire, des progrès que réalisaient les autres arts plastiques, parvint à un degré très élevé dans la série des arts industriels.

L'extrême rareté des bois sculptés qui sont parvenus jusqu'à nous impose une grande réserve dans la cri-

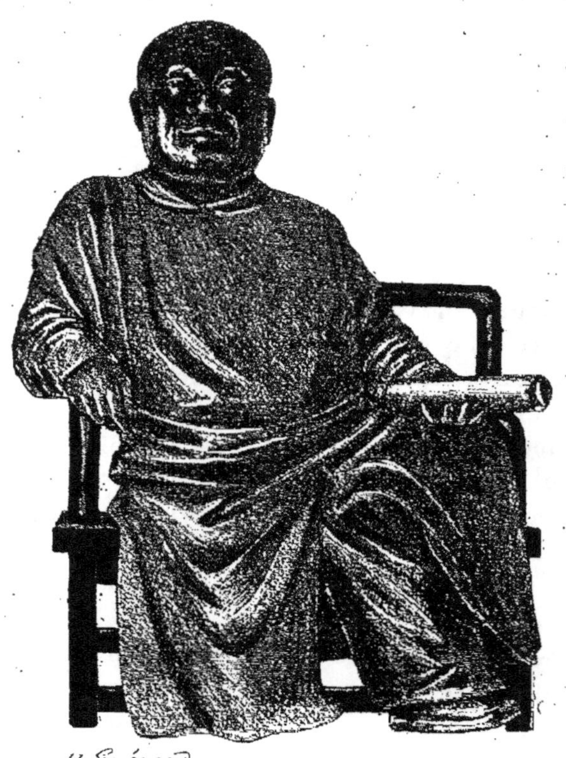

STATUETTE DE BOIS SCULPTÉ
(Collection de M. S. Bing.)

tique de cette branche de l'art chinois. Cependant quelques pièces attestent une telle perfection de travail, un style si caractérisé, qu'on est obligé de croire à la continuité d'une tradition, à une suite d'œuvres dont quelques spécimens seuls ont survécu.

Telle est, par exemple, la statuette qui est figurée ci-contre (p. 147). C'est un personnage glabre, tête nue, vêtu d'une robe large et sans ornements : il est assis dans une pose négligée et tient un rouleau de papier dans sa main. L'attitude et la physionomie sont d'un naturel parfait, d'une étonnante réalité; la statuette a la sincérité d'un portrait. On songe, en la regardant, au scribe égyptien du Musée du Louvre, au Cheik-el-béled du Musée de Boulaq. On y trouve le même caractère de vérité, on est saisi par le même accent de vie ; l'exécution est d'une largeur, d'une sûreté, d'une décision magistrales.

A quelle époque faut-il attribuer cette statuette ? Un détail — la tête rasée du personnage — donnerait lieu de croire qu'elle date de la dynastie actuelle, par qui cet usage fut imposé (1644). Mais le style est d'une fermeté et d'une sobriété qu'on ne retrouve plus guère après les Ming.

Les bois employés par les Chinois pour la sculpture sont le bambou, les bois de tek, de cèdre et de camphrier, le bois de santal et de rose, le bois de fer et le bois dur.

Le *bambou* est commun dans tout l'extrême Orient. On en travaille soit la tige, qui est lisse et droite, soit les racines, qui sont noueuses, contournées et à fibre compacte. La nature même de ce bois, dont l'intérieur est creux, ne permet pas d'attribuer aux objets qu'on en fabrique une grande variété de formes. On en fait principalement des *pi-tong*, « étuis à pinceaux », et des

appuis-main pour écrire. Ces *pi-tong* sont des sortes
de cylindres formés par la section
normale de la tige du bambou, à
douze centimètres au-dessus et à
un ou deux centimètres au-dessous
d'un nœud ; le nœud sert ainsi de
fond. Dans la partie ferme du bois,
qui atteint parfois cinq ou six centimètres d'épaisseur, on sculpte le
décor. Tantôt de simples fleurs se
déroulent sur la paroi du cylindre,
tantôt des dragons ou des phénix ;
le plus souvent, ce sont des personnages illustres dans l'histoire
littéraire et philosophique de la
Chine.

Les bois de *cèdre*, de *tek* et de
camphrier servent à de plus importants travaux. Le sculpteur y représente généralement des dragons
ou quelque autre animal fantastique qu'il traite avec une énergie un
peu rude et non sans grandeur, où
l'on aimerait peut-être un faire
plus gras et plus souple. Mais le
plus souvent il compose des sujets
entiers, des scènes tirées de l'histoire religieuse ou politique, des
romans célèbres, etc. Dans ce cas, ce ne sont plus des
bas-reliefs proprement dits qu'il cisèle, c'est-à-dire des
sculptures à peine détachées du fond et ayant chacune

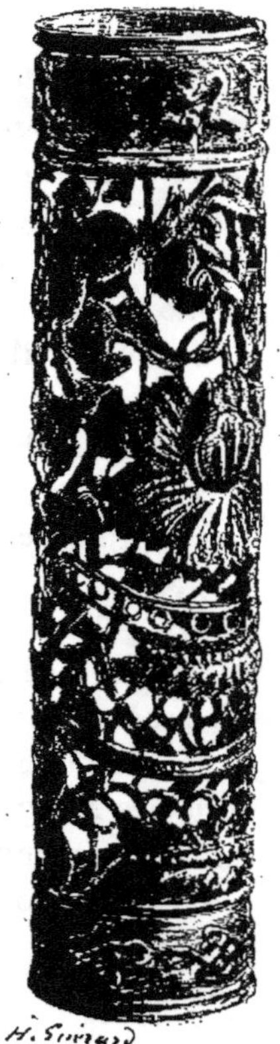

PI-TONG DE BOIS
SCULPTÉ.
(Collection de M. le vicomte
de Semallé.

une saillie à peu près égale : ce sont de véritables
tableaux de bois, avec des plans différents, des objets
diminués dans leurs proportions en raison de leur éloignement dans la perspective, la représentation pittoresque de tout un paysage, le développement de toute
une action. Tel est, par exemple, un bois sculpté de la
collection Thiers, au Louvre, où trois cavaliers che-
vauchent à travers une nature accidentée, dans un
ravin planté d'arbres. Suivant une pratique habituelle
aux artistes de l'extrême Orient, le sculpteur a placé
son point de vue très haut; il a rendu les effets de la
perspective par une superposition des plans.

Le *bois de rose* est apprécié particulièrement à cause
de la belle patine rousse, rouge châtaigne, qu'il est susceptible de prendre avec le temps. On le réserve pour
faire des coffrets, des cabinets, des boîtes à pinceaux et
on le décore de nacre et d'ivoire.

Le *bois de fer* sert généralement de fond aux incrustations d'ivoire, de jade, de lapis, de corail, etc. —
Cependant, malgré sa compacité, on le trouve parfois
sculpté en statuettes, en animaux marins, crustacés et
poissons, avec tout le fini d'un bronze ciselé. Il en est
de même du *bois dur* (*securinega* des Indes): on le décore
également de nacre, de jade, de corail, de malachite,
d'or et d'argent.

II

L'IVOIRE SCULPTÉ

Les Chinois ont toujours été amateurs trop pas-
sionnés des différents aspects de la matière, indépen-

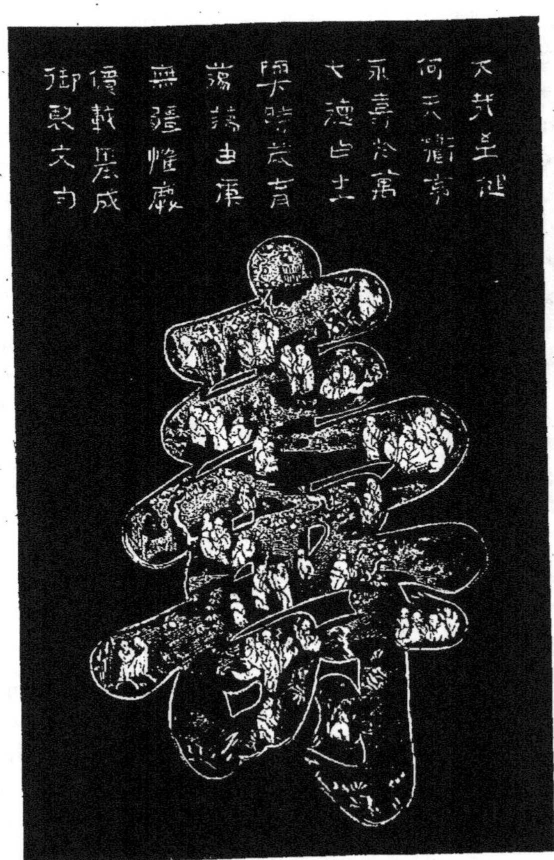

CARACTÈRE CHEOU « LONGÉVITÉ »,
ORNÉ DE FIGURINES D'IVOIRE.

Fragment d'un panneau décoratif provenant du Palais d'été. — XVIIIe siècle.
(Musée de Fontainebleau.)

d'amment du travail d'art que l'industrie humaine lui

fait subir; ils ont eu, à cet égard, le sens trop délicat et
trop raffiné pour n'avoir pas de tout temps apprécié
l'ivoire, cette substance séduisante, tantôt ferme et
claire, tantôt tendre et d'une chaude pâleur, aux transparences laiteuses ou doucement jaunâtres, aux reflets
chatoyants et ambrés. Personne mieux qu'eux n'a compris comment il le fallait travailler pour en faire valoir
le grain, le poli et les veines, pour donner à ce qui en
constitue l'épiderme un éclat harmonieux, une douceur
charmante. Seuls, les ivoiriers des xve et xvie siècles en
Europe, et ceux du xviiie au Japon, sont arrivés à une
pareille maîtrise. D'une façon générale, les ivoires chinois dénotent un travail franc, énergique, très ferme,
une ciselure sans hésitation, incisive; le tissu serré de
la matière est attaqué vigoureusement, fouillé avec des
contours brefs, des faces nombreuses où la lumière se
glisse, s'éparpille et se reflète. Cette méthode n'exclut
pas les accents souples et larges : certaines pièces doivent précisément leur séduction à ce qu'il y a de moel-
leux, de tendre et presque de caressant dans leur modelé. Ce qui a manqué plutôt aux sculpteurs chinois,
et ce qui fait l'incontestable supériorité des Japonais,
ç'a été l'originalité et la sobriété du style, la verve et
la fantaisie dans l'imagination, la finesse et l'esprit dans
l'observation du modèle.

Les beaux ivoires chinois sont d'une excessive rareté. Nous ne traiterons pas, en effet, comme œuvres
d'art, cette infinité de figurines, hâtivement confection-
nées à Canton pour les besoins de l'exportation européenne, ni ces travaux bizarres et compliqués, tels
que boîtes encastrées, sphères concentriques, etc., qui

sont peut-être des prodiges de ciselure, des mer-
veilles de patience et d'ingéniosité technique, mais où
l'inspiration et le goût font absolument défaut.

Les statuettes bouddhiques nous offrent les plus intéressants spécimens
d'ivoire sculpté. La
déesse Kouan-yin, en
longs vêtements aux plis
enveloppants, la tête
demi-voilée, s'avance,
tenant à la main une
tige de lotus : la phy-
sionomie est d'une
grâce mélancolique,
pleine d'onction, et la
statuette exhale un
charme tout mystique;
Ta-mo, drapé dans son
linceul, et prêt d'atteindre à « l'intelligence
parfaite » des boud-
dhas, traverse le Gange
sur un rameau de bam-
bou pour rentrer dans
sa patrie : l'étisie des
traits, l'émaciation du
corps, le tannage de la peau sont rendus avec un réalisme
saisissant; mais le visage respire un calme supérieur,
une absolue sérénité ; la princesse Ouen-tcheng, déi-
fiée après sa mort, est assise sur un lit de nymphæas, la
jambe droite pendante, une fleur épanouie à la main :

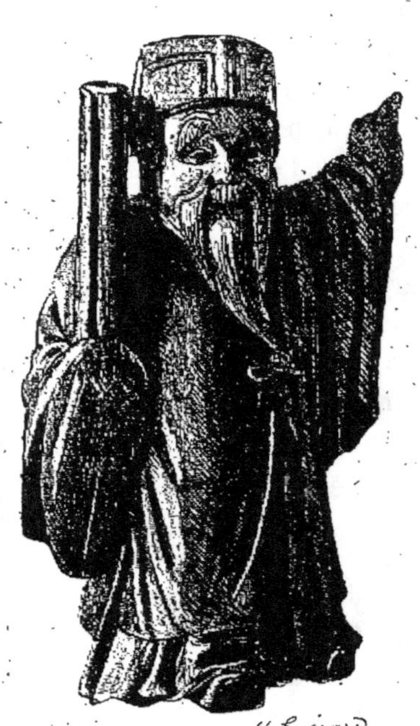

STATUETTE D'IVOIRE SCULPTÉ.
(Collection de M. S. Bing.)

le corps est délicatement modelé sous les voiles qui le recouvrent ; le cou, légèrement incliné, est long ; les doigts qui tiennent la fleur sont effilés, — l'expression de la figure est douce, recueillie, d'une poésie délicieuse.

On fait également en ivoire des étuis à pinceaux ou *pi-tong*, et surtout des sortes d'appuis-main pour soutenir l'avant-bras pendant qu'on manie le pinceau en écrivant.

Il est à remarquer que les bois et les ivoires sculptés ne portent jamais la signature de l'artiste qui les a ciselés. Aux Miva, Ikkô et Bokousaï du Japon, la Chine n'a pas un nom à opposer. Une des conséquences de ce défaut de signature est de rendre fort difficile, sinon impossible, l'attribution d'une date à un objet de bois ou d'ivoire : on n'a d'autre criterium, à cet effet, que l'aspect général du décor et l'apparence de la patine.

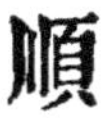

LES PIERRES DURES

I

LE JADE

Le jade, *yu*, est une pierre dure, pesante, translucide, d'un grain très fin, onctueuse à la vue et au toucher[1], et dont les tons varient du blanc graisseux au vert olive foncé, suivant les proportions d'oxyde de fer et d'oxyde de chrome qu'il renferme[2]. Sa dureté est telle qu'il raye le verre et le quartz.

Les principaux gisements de jade sont dans l'ancien Turkestan chinois, près de la ville de Khotan et de celle de Yarkande, dans le pays appelé par les Chinois *Yu-thian* « pays du Jade ». Dès la plus haute antiquité, les empereurs de Chine en tiraient de grandes quantités, et l'on voit fréquemment que les rois du Yu-thian en

---

1. Le *jade* et le *jaspe* sont deux minéraux absolument différents: le jade est un silicate d'alumine et de chaux, — le jaspe est un quartz.

2. Quelques auteurs citent aussi des types de jade jaune et de jade orange ; mais il n'y a là qu'un malentendu et l'on a appelé à tort du nom de jade des variétés de sardoine.

expédiaient à leurs suzerains d'importants chargements à titre de présents ou de tributs[1].

L'excessive dureté du jade impose à l'artisan qui le façonne des conditions particulières de travail. C'est d'abord une patience à toute épreuve; pour lui donner, en effet, outre la forme, tout le poli et tout l'éclat dont il est susceptible, il faut souvent cinq ou six cents journées de main-d'œuvre.

L'ouvrier, ayant arrêté son parti après examen attentif de la pierre brute, de sa forme, des irrégularités visibles ou probables, la dégrossit en pratiquant, avec une fraise à pointe de diamant, une série de trous juxtaposés, de profondeur variable, et en faisant sauter à la bouterolle les parties restées pleines entre ces trous. Il renouvelle cette opération jusqu'à ce que l'objet qu'il se propose de fabriquer apparaisse dans ses lignes principales. Le décor est travaillé soit par la ciselure à la pointe de diamant, soit par l'usure à la pierre de jade. Le polissage est obtenu, pour le premier état, par une série de frottements sur des pierres communes à polir; il est achevé à la poudre d'émeri et parfois à l'égrisée.

Le jade est, sans contredit, la matière à laquelle les Chinois attachent le plus de prix; ils le considèrent comme la plus belle substance où puisse s'incorporer la pensée humaine.

Les raisons de cette prédilection qui remonte aux plus hauts temps de l'histoire chinoise, sont assez délicates à indiquer. Pour des yeux européens, elle semble quel-

1. Cf. Abel Rémusat, *Histoire de Khotan* (traduite des livres chinois), et Stanislas Julien, *Voyage des pèlerins bouddhistes*, p. 223.

que peu exagérée : si pur que soit le jade, il n'a en effet
ni l'éclat du cristal de roche, ni les teintes diaprées de
la cornaline, ni les riches colorations de la sardoine, ni

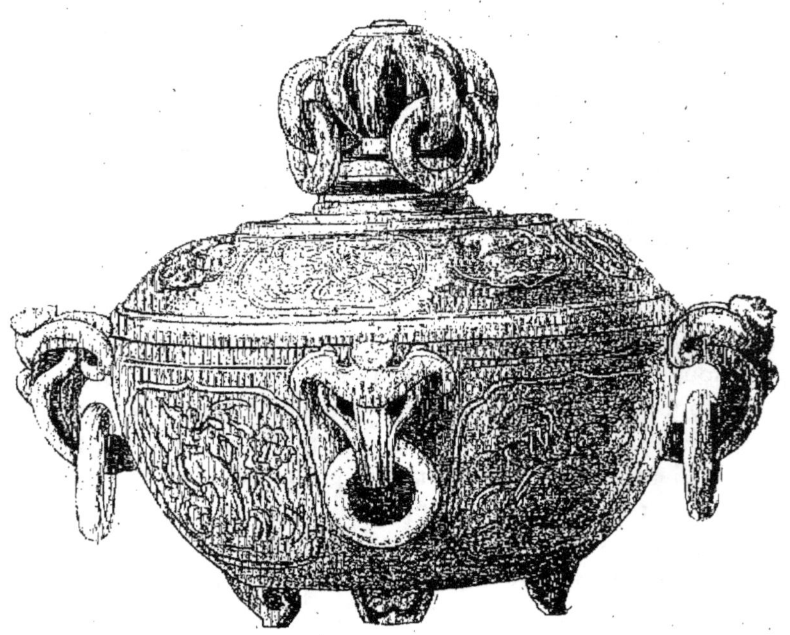

COUPE DE JADE BLANC.
H., 0^m,135.
(Collection de M. M. Gentien.)

les transparences irisées de l'onyx et de l'agate orientale; l'aspect graisseux qui lui est particulier ne permet
au contraire de lui donner, par le travail le plus délicat, qu'une vague translucidité et le laisse terne à côté
des tons riches et chatoyants des pierres quartzeuses.

Ce n'est pas non plus la rareté qui en fait seule le prix; car, bien qu'il y ait quelque difficulté à rencontrer des fragments d'une pureté parfaite, sans veines ni taches, les gisements du pays de Khotan sont très abondants, et la production à laquelle ils suffisent depuis plus de vingt-cinq siècles ne paraît pas sur le point d'être tarie.

C'est d'abord la dureté du jade qui, dans l'antiquité, en a fait la matière impérissable par excellence, la substance destinée à fabriquer les plus précieux objets consacrés par les rites.

Par cette raison, il fut établi, lorsqu'on arrêta vers le XIIᵉ siècle avant notre ère les types de ces objets, que les plus importants d'entre eux seraient faits de la pierre de *yu*, et que le bronze servirait à la fabrication des autres. Le jade tint donc lieu, dans ces temps reculés, de l'or et de l'argent que l'on ne pouvait se procurer que par trop petites quantités pour en fondre des pièces entières, et que l'on ne savait pas encore utiliser en incrustations pour le rehaut des bronzes.

Par la suite, le respect des rites — dont les prescriptions déterminaient non seulement les cérémonies officielles et religieuses, mais la formé, les proportions et la matière même des objets qui y figuraient — a contribué à conserver au jade le caractère de substance très précieuse qu'il avait ainsi reçu aux premiers temps de l'art chinois.

Le jade a, en outre, aux yeux des Chinois, une valeur symbolique, correspondant à des conceptions que nous avons peine à comprendre, mais qui forment la base de presque tous leurs systèmes philosophiques.

Le Li-Ki, qui fut composé, dit-on, d'après des ma-
nuscrits laissés par Confucius ou d'après ses leçons

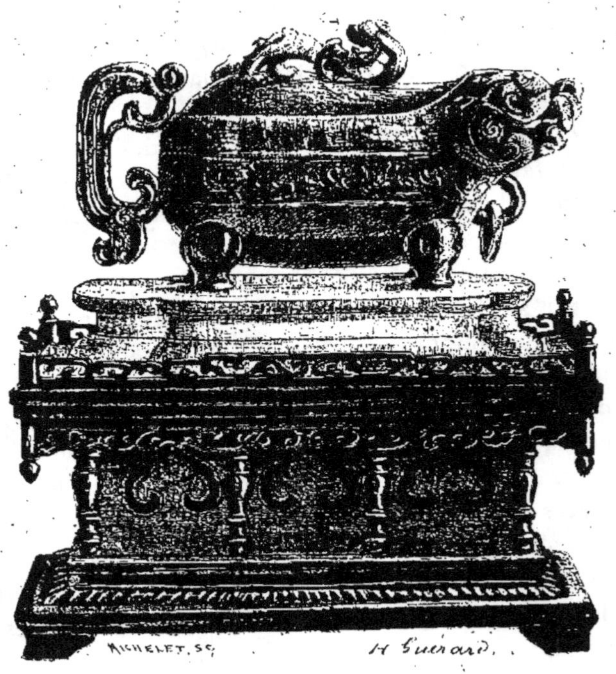

COUPE DE JADE.
(Collection de M. le vicomte de Semallé.)

orales, rapporte en effet qu'un jour Tse-Kong, son dis-
ciple, le questionna en ces termes :

« Oserais-je vous demander pourquoi le sage estime
le jade et ne fait aucun cas de la pierre *huen*[1] ? Serait-

1. Cette pierre, qui a l'aspect du jade, n'en a ni la dureté ni

ce parce que le jade est rare et que la pierre *huen* est très commune? » Confucius répondit : « Ce n'est pas parce qu'il y a de la pierre *huen* en abondance qu'elle n'a aucun prix, ni parce qu'il y a peu de jade qu'il est très estimé; mais c'est parce que, dès les temps anciens, le sage a comparé la vertu au jade. A ses yeux, le poli et le brillant du jade figurent la vertu d'humanité; sa parfaite compacité et sa dureté extrême représentent la sûreté d'intelligence; ses angles, qui ne coupent pas, bien qu'ils paraissent tranchants, symbolisent la justice; les perles de jade, qui pendent au chapeau et à la ceinture, figurent le cérémonial; le son pur et soutenu qu'il rend quand on le frappe et qui à la fin s'arrête brusquement est l'emblème de la musique [1]; son éclat irisé rappelle le ciel; son admirable substance, tirée des montagnes et des fleuves, représente la terre... Voilà pourquoi le sage estime le jade. »

Les objets rituels et officiels, fabriqués en pierre de jade, peuvent être classés en deux catégories : les uns étaient employés dans les cérémonies du culte civil, les autres servaient d'insignes hiérarchiques aux fonctionnaires qui en étaient porteurs.

Parmi les premiers étaient principalement les coupes *ts'io* et les vases *neï-yen-you* (voy. pour la forme de ces objets le chapitre des Bronzes), et enfin les instruments de musique dont se composaient les orchestres religieux.

---

l'éclat. On l'appelle aussi « pierre de lard » (voy. plus loin); c'est la « pagodite » de Brongniart.

1. Il est à remarquer, en effet, que les vibrations sonores du jade ne s'éteignent pas progressivement comme celles des métaux, mais qu'elles cessent tout net.

On suspendait, par des cor-
delettes de soie, de minces
plaques de jade à des cadres
de bois dur, et on les frap-
pait avec un marteau d'é-
bène. Ces instruments portaient le nom de *king;* quelques-uns comptaient jus-
qu'à seize plaques de jade
donnant chacune un son
différent.

En dehors des objets ré-
servés au culte, le jade avait
une autre destination officielle; il servait à fabriquer
les ornements rituels, les
insignes hiérarchiques du
souverain, de sa cour et des
milliers de fonctionnaires
qui gouvernaient l'empire.
Chaque rang avait sa mar-
que distinctive.

Dès le vi^e siècle avant
notre ère, l'empereur portait
une sorte de mitre ornée de
douze médaillons de *yu;* des
plaques de jade blanc pen-
daient à sa ceinture. Ces ornements variaient suivant les
cérémonies pour lesquelles
le Fils du Ciel s'en revêtait. Il y avait déjà, sous la dy-

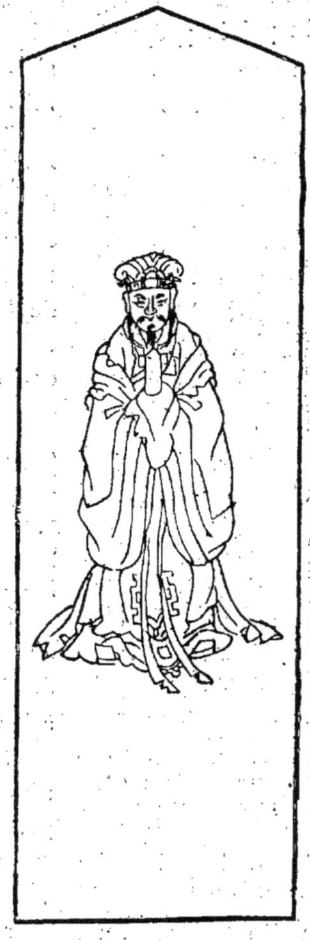

FONCTIONNAIRE EN COSTUME
DE COUR
PORTANT UN CHU DE JADE.

nastie des Tcheou (1134 avant J.-C.), un fonctionnaire du palais préposé spécialement à la garde des « magasins de jade » où étaient renfermés les insignes impériaux.

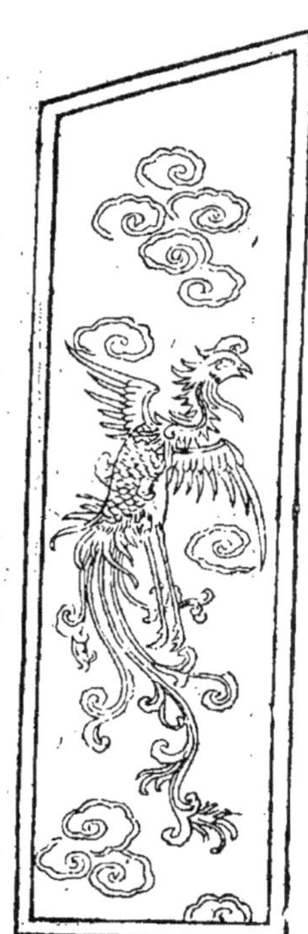

CHU DE JADE.

Les fonctionnaires, en costume officiel, se ceignaient aussi d'une ceinture formée de morceaux de jade fixés sur un ceinturon de soie ou de cuir. Des plaques de la même matière, enfilées et entremêlées de pendeloques d'or et d'argent, s'en détachaient comme un chapelet et tombaient jusqu'à terre. Cet ornement s'appelait *Peï*. Au moindre mouvement, les pendeloques métalliques entre-choquaient les plaques de pierre et les faisaient résonner.

Les Rites (*Li-Ki,* ch. xii) recommandaient aux fonctionnaires de s'habituer dans leur démarche à les faire ainsi tinter.

Dans les plus importantes cérémonies, l'empereur et les hauts personnages de sa cour tenaient devant leur bouche « pour arrêter leur haleine » une mince tablette de jade.

La tablette du souverain, *tin*, avait la forme d'un long parallélogramme « taillé carrément en haut et en bas, symbole de la droiture avec laquelle il gouverne son empire » ; celle des fonctionnaires, *chu*, était ogivale ou pointue à sa partie supérieure, « en symbole de leur soumission à l'empereur [1] ». La figure de la page 161 représente un fonctionnaire tenant un *chu* devant sa bouche ; elle provient, comme celles des pages 162 et 163, du *Kou-yu-thou*, chapitre détaché du catalogue rituel appelé *Po-kou-thou* et qui fut .composé au commencement du XIIIe siècle de notre ère. Signalons encore, parmi les insignes fabriqués en jade, les *jou-y*, sorte de sceptres qui, à l'origine du moins, furent usités surtout dans les cérémonies officielles. (Voy. p. 298.)

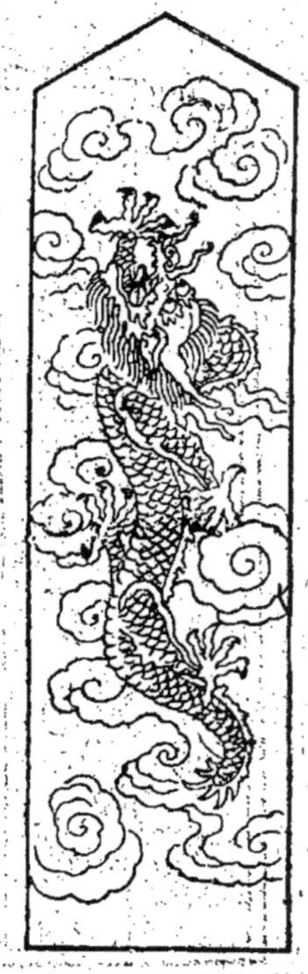

CHU DE JADE.

Les femmes portaient à la cour des agrafes de robe et des épingles de tête, faites de jade aussi, et destinées à indiquer le rang qu'elles tenaient au palais.

Les formes et le décor de ces différents attributs ont varié suivant les dynasties. Nous reproduisons plus loin un bouton de parure officielle du temps des Ming (1368-1643).

Cette sorte de consécration, donnée au jade par les rites et par la philosophie chinoise, n'est pas la seule considération qui le fasse estimer à un si haut prix

1. *Li-Ki* ou *Mémoral des rites*, chap. XII. Voy. aussi le *Tcheou-Li* ou *Rites des Tcheou*, passim.

dans l'Empire du Milieu. D'autres raisons, postérieures
à celles-là et reflétant une certaine physionomie du
caractère chinois, ont répandu ce goût pour la pierre
de *yu*.

Un épicurisme très raffiné s'était, en effet, développé en Chine vers le vi⁰ siècle de notre ère : la civili-

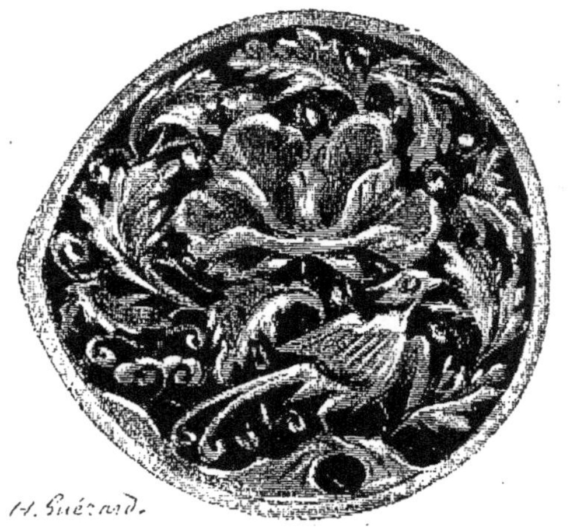

BOUTON DE PARURE OFFICIELLE.
Dynastie des Ming (1368-1643).
(Collection de M. le vicomte de Semallé.)

sation chinoise avait déjà plus de 1,600 ans d'existence
historique, et d'une existence traversée de tant d'épreuves, de tant de luttes, d'oppressions et de malheurs
publics, qu'un sentiment de lassitude d'abord, puis de
mélancolie résignée, avait peu à peu envahi tous les
esprits. L'influence des croyances bouddhiques y con-
tribuant, on ne conçut plus ni grandes espérances

ni robustes ambitions. L'insignifiance de la vie, l'in-
stabilité des choses, la rapidité du moment qui passe,
et, partant, la nécessité de se hâter de jouir, de goûter
l'heure présente sans souci du lendemain, furent le
thème habituel de toutes les discussions, le sujet de
toutes les œuvres littéraires.

L'idéal de vie des classes élevées fut dès lors une

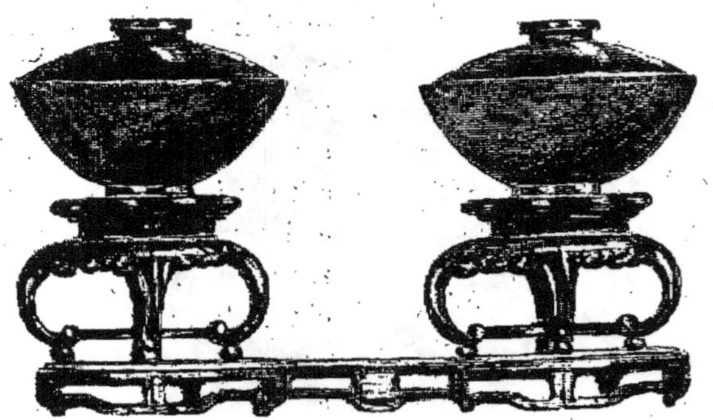

TASSES DE JADE, PROVENANT DU PALAIS D'ÉTÉ.
(Musée de Fontainebleau.)

existence où l'action personnelle et la passion forte
n'avaient plus de place, où chacun avait conscience de
l'inutilité définitive de sa tâche, où l'on cherchait dans
le charme du rêve, dans l'agrément de la conversation
et de la culture littéraires, dans une sorte de volup-
tueuse insouciance, dans la douce ivresse de l'eau-de-
vie de riz, l'oubli des misères humaines.

Les poètes de la grande dynastie des Thang, Li-
taï-pe, Thou-fou et tant d'autres, nous ont dépeint cet
état des âmes, et leurs œuvres sont un appel constant à

l'insouciance, à la volupté, à l'ivresse qui fait songer[1]. On se réunissait ainsi pour boire et pour converser, dans des pavillons ornés d'objets précieux qui étaient

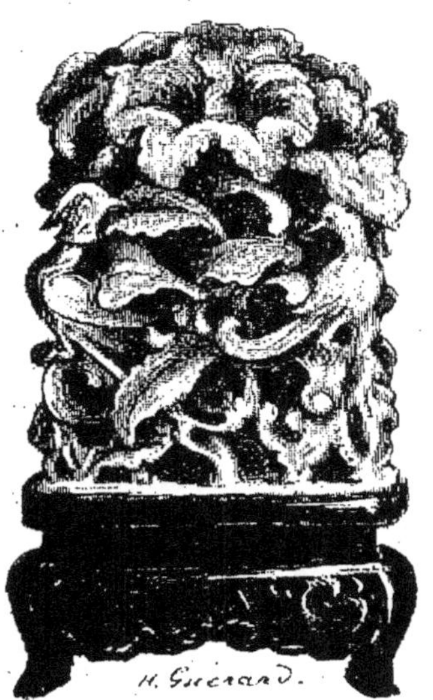

M. Guérard.

BLOC DE JADE CISELÉ A JOUR.
(Collection de M. le vicomte de Semallé.)

peu nombreux, mais de qualité rare. La tasse à la main, on y composait de courtes poésies, on y parlait une langue choisie et ornée; le pinceau et le cahier de papier, posés près de la main des causeurs, leur permettaient, à tout instant, de donner à leur pensée, par l'écriture, une forme plus délicate, plus nuancée. C'était une fête douce des sens autant que de l'intelligence, une discussion conciliante, un peu cérémonieuse, où l'on cherchait moins à se convaincre qu'à être aimable ou à briller.

La porcelaine n'étant pas encore connue à cette époque, c'était dans des coupes et des vases de jade que se faisaient les libations. On y mêlait des fleurs au vin de riz, comme dans la gracieuse « Improvisation » du poète Tsin-tsan: « ... Le parfum de ces pauvres fleurs pénètre jusque dans les coupes de jade et le vin d'automne en est embaumé. »

1. Cf. marquis d'Hervey Saint-Denis, *Poésies de l'époque des Thang*

Les porte-pinceaux, les godets à encre, les brûle-parfums, les presse-papiers, les sceaux, les porte-bouquets, tous les menus objets dont les causeurs aimaient à s'entourer étaient de jade aussi. La vague translucidité de la matière et le travail délicat dont elle est susceptible la faisaient moins priser que l'agréable sensation qu'elle procure au toucher, une sensation à la fois ferme et onctueuse, comparable pour le tact à celle que donne au regard la patine d'un beau bronze, une sorte de caresse au bout des doigts.

De cette époque, c'est-à-dire de la dynastie des Thang (viie siècle après J.-C.), date ainsi ce caractère de sensualisme qui ira toujours en se développant dans l'art chinois à côté du hiératisme des rites, et qui finira par dominer dans la céramique, dans l'émaillerie, et, le plus souvent même, dans la peinture.

Le jade devint de la sorte la substance vraiment précieuse, celle qui donnait les plus fines sensations, qui suggérait les plus gracieuses pensées et les plus délicates impressions. On en fit mille objets divers, d'usage familier, que l'on s'offrait en présent, qu'on se laissait en souvenir, où chacun, en s'en servant, mettait quelque chose de sa personnalité comme ces bijoux que nous portons et qui nous deviennent intimes. C'est dans ce sens que Li-taï-pe fait dire à une femme : « Ces hirondelles de jade, ornement de ma coiffure, elles étaient sur ma tête le jour où je me donnai à toi; je te les offre aujourd'hui comme souvenir; ne manque pas de les essuyer souvent avec ta manche de soie. »

C'était précisément l'instant où le bouddhisme apportait de l'Inde les conceptions d'une esthétique plus

élevée, apprenait aux Chinois à mieux voir et comprendre la nature et faisait prédominer désormais dans les
œuvres d'art le sentiment individuel sur les conventions
classiques.

On vit alors créer dans le jade, de même que dans
le bronze, une infinie variété de formes, élégantes, as-
souplies, inspirées directement de la nature, empruntant
au monde organique, au monde végétal surtout, ses
plus séduisantes créations.

Avec la matière dure entre toutes, l'artiste chinois
excella à rendre l'élasticité serpentine d'un dragon fantastique, la molle flexuosité des lotus, les fines décou-
pures d'un feuillage de fougère ou de mimosa, la pulpe
tendre d'un magnolia épanoui.

Les difficultés ne sont pas évitées, loin de là ; elles
sont abordées de front, compliquées et multipliées à
plaisir. Voici, par exemple (p. 166), un bloc de jade
appartenant à M. le vicomte de Semallé : c'est un fouillis de fleurs, de tiges et de feuilles, sculptées à jour, en
couches superposées. Le travail est si légèrement traité,
si profondément fouillé, qu'on demeure confondu à la
pensée des prodiges d'habileté réalisés pour ciseler cette
dentelle de pierre dure, pour atteindre avec la bouterolle
le centre du bloc, pour manœuvrer la pointe de l'ou-
til à travers l'enchevêtrement des couches superficielles.

Là, cependant, l'ouvrier chinois n'a fait preuve que
de patience et d'ingéniosité. Mais nous nous rappelons
avoir vu à Pékin, chez les marchands de jade établis
près du temple de Long-fou-sse, tel brûle-parfums
supporté par des phénix aux ailes éployées, tel vase
dont les anses étaient deux dragons contournés, telle

statuette bouddhique enveloppée de lotus, d'autres
œuvres encore où nous croyions constater cette lutte

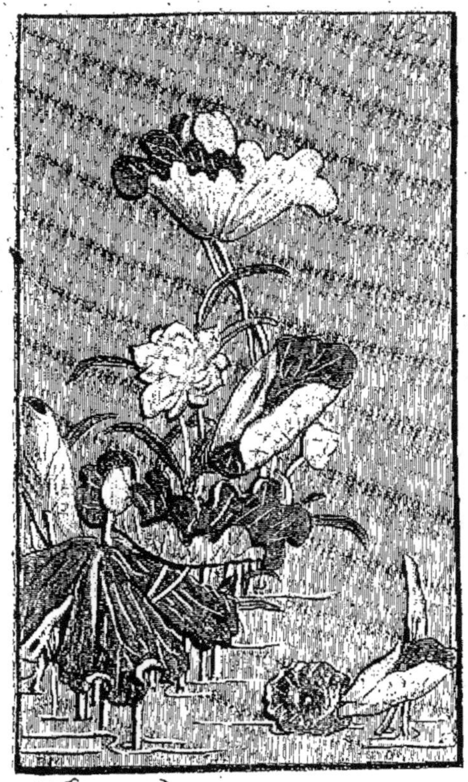

PANNEAU DE BOIS DUR INCRUSTÉ DE LOTUS DE JADE.
(Collection de M. S. Bing.)

puissante et généreuse que recherchaient parfois les artistes de la Renaissance lorsqu'ils accumulaient les
obstacles de l'exécution pour étreindre la nature avec

tous ses caprices, toutes ses bizarreries, pour vaincre la
matière et la mieux saisir.

Afin de varier l'aspect du jade, les Chinois ont eu
parfois l'idée de le rehausser d'or et de pierres précieuses. Comme spécimens de ce genre, nous indiquerons deux pièces de la collection Semallé : l'une
est une plaque de jade vert, de style persan, sur laquelle
sont ciselés des rinceaux terminés par des fleurs de grenat, de saphir et de nacre; l'autre est un livre dont les
feuilles sont de minces plaquettes de *yu* sur lesquelles
sont finement gravées des pièces bouddhiques en caractères d'or.

II

LES PIERRES DE QUARTZ

Les Chinois ont toujours eu un goût très vif pour
les pierres de quartz, et l'art de travailler ces gemmes,
d'en faire valoir l'éclat, la transparence, les colorations
riches et harmonieuses, les veines imprévues et chan-
geantes, est arrivé de bonne heure à un haut point de
perfection. Il en devait être ainsi, en effet, si l'on considère que l'art dont nous nous occupons est, avant tout,
sensualiste, et que l'artiste chinois s'est généralement
assigné pour but de procurer par ses œuvres des sensations vives ou raffinées, un ravissement des yeux, un
plaisir du toucher, et non d'évoquer ce monde de pen-

sées, d'émotions et de rêveries qu'une esthétique supérieure se plaît à révéler.

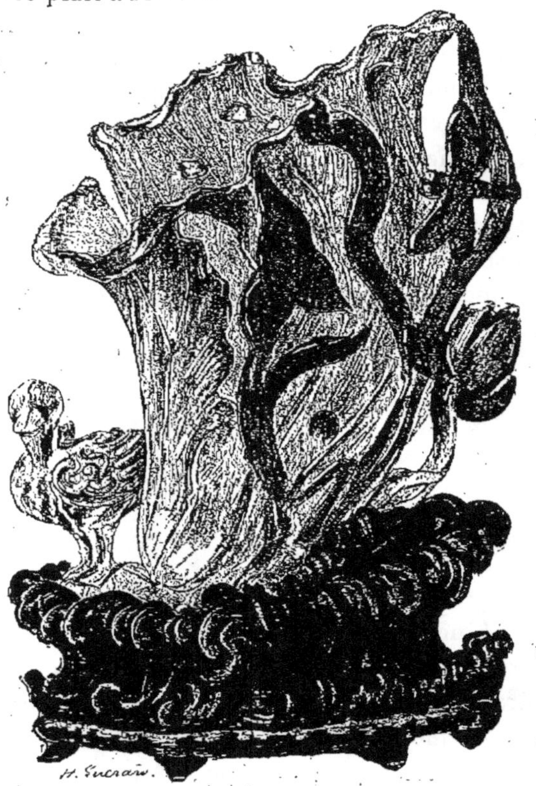

FEUILLE DE LOTUS, DE CRISTAL DE ROCHE.
H., 0^{m},235.
(Collection de M. M. Gentien.)

Les pierres les plus recherchées sont le quartz hyalin ou cristal de roche, *pe-che-yng*; — l'améthyste, *tse-che-yng*; — la cornaline, *hong-ma-nao* ou *che-nao*, rouge cerise vaguement tachetée de jaune orangé; — la calcédoine, *ts'ang-yu* (*jade azur*), ou *yu-souï* (*moelle de jade*), ou bien encore *che-souï* (*moelle de pierre*), d'un blanc laiteux, nébuleux, avec des teintes blondes ou azurées; — l'héliotrope, *hong-pan lu-ma-nao*, vert foncé, semé de points rouges; — la chrysoprase, *feï-tsouï-yu* (*jade de martin-pêcheur*) ou *lu-ma-nao* (*agate verte*), d'un vert très pâle; — la sardoine, *ma-nao*, aux tons rougeâtres, fauves et chauds; l'onyx, *pi-yu*, combinant harmonieusement dans ses couches parallèles les colorations précédentes; enfin toutes les variétés de l'agate orientale.

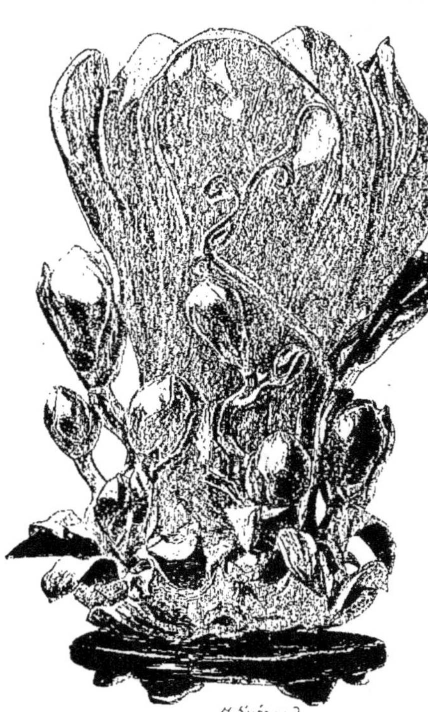

FLEUR DE MAGNOLIA D'AMÉTHYSTE.
H., 0ᵐ,21.
(Collection de M. M. Gentien.)

Plus que le jade encore, ces pierres imposent à l'ouvrier qui les travaille une patience inépuisable.

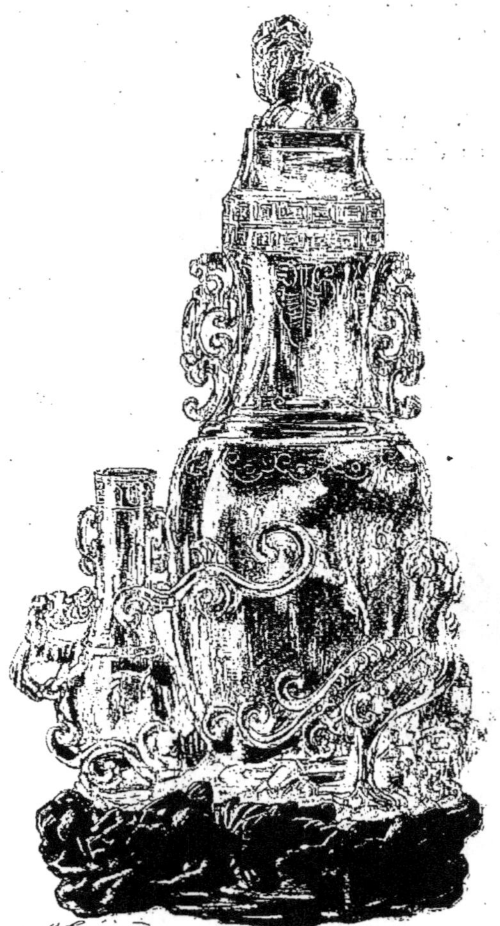

DOUBLE VASE DE CRISTAL DE ROCHE.
H., 0^m,27.
(Collection de M. M. Gentien.)

Elles exigent, en outre, de lui une souplesse d'imagina-

tion, une ingéniosité prodigieuses. A toute heure de
son travail, en effet, il est soumis aux caprices de la
matière dont les aspects se modifient à chaque coup de
bouterolle. Le noyau principal est-il régulier ? La
gangue se détachera-t-elle complètement ou pousse-

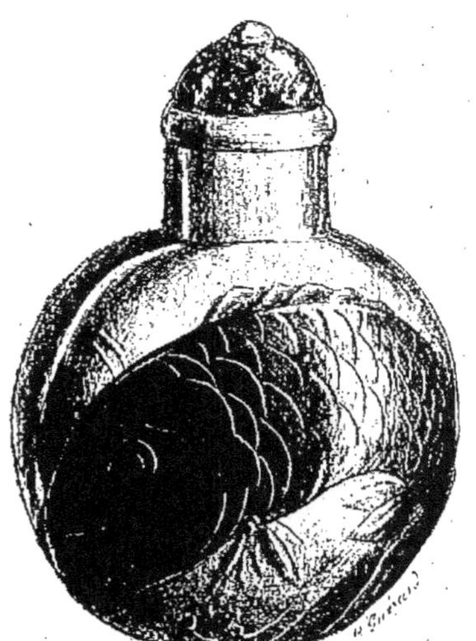

TABATIÈRE DE CALCÉDOINE.

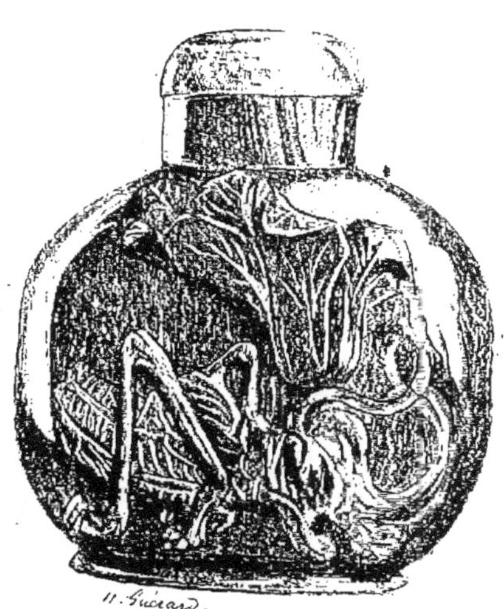

TABATIÈRE DE SARDOINE.

(Collection de M. le vicomte de Semallé.)

t-elle quelque filon, quelque filament dans la partie précieuse de la géode? Les veines sont-elles continues ou
brisées? Les taches sont-elles profondes ou superficielles ?
Ainsi, à chaque instant, les conditions d'exécution se
modifient : d'une sardoine, l'artisan pensait faire d'a-
bord une pêche retenue à sa tige ; après deux mois de
travail, une adhérence profonde de la gangue en un
point le force à changer son idée première, et il fait une

grenade ouverte ; six mois plus tard, quand son œuvre
est déjà fort avancée, des macules roussâtres l'arrêtent
encore; il en tire parti, les cisèle, par exemple, en
forme de feuilles et
trouve moyen de les
relier par des veines
laiteuses, perdues çà
et là, dont il fait des
rameaux en relief.
Ainsi encore, d'une
veine blanche d'onyx,
il improvise un dragon;
d'une tache d'oxyde
de chrome dans un
quartz hyalin, il fait
une libellule.

Dans de pareilles
conditions de travail,
l'artisan est parvenu
cependant à faire des
œuvres remarquables
par la largeur du
style, par l'apparente
liberté de la composi-
tion, par le charme
délicat et imprévu du décor, par la souplesse et l'élégance infinies de l'ensemble.

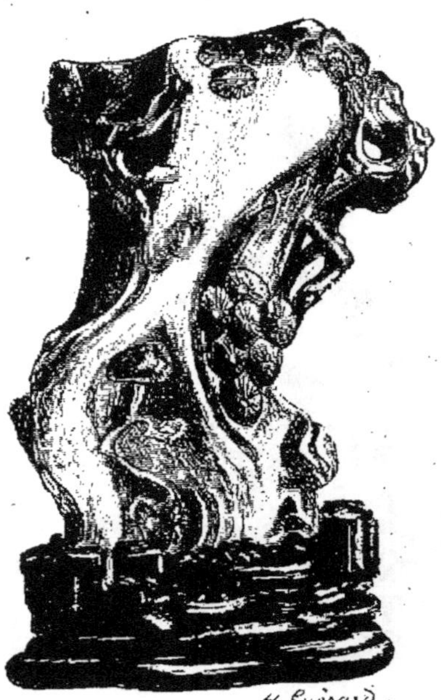

BRANCHE DE PIN
FORMÉE D'UNE AGATE
VEINÉE DE CALCÉDOINE.
(Collection de M. le vicomte de Semallé.)

Mais c'est particulièrement dans l'art de faire valoir
les couches inégales d'un camée que les Chinois ont
toujours excellé. La collection de tabatières de M. de
Semallé nous offre, à cet égard, les spécimens les plus

accomplis : la variété des motifs reproduits y révèle
une finesse incroyable d'exécution, un sentiment déco-
ratif exquis, et cette aisance de facture que la dureté de la matière semble interdire.

Le travail de certaines pierres plus tendres que le jade et les pierres de quartz a eu, de tout temps, en Chine, une grande importance. Parmi ces pierres, la plus estimée est la *stéatite* ou *pierre de lard*, appelée par les Chinois *huen* ou *hoache (graisse de pierre)*. La stéatite est une variété de talc, douce et savonneuse au toucher, à structure compacte, qui se laisse couper et tourner avec la plus grande facilité, mais qui ne reçoit jamais un

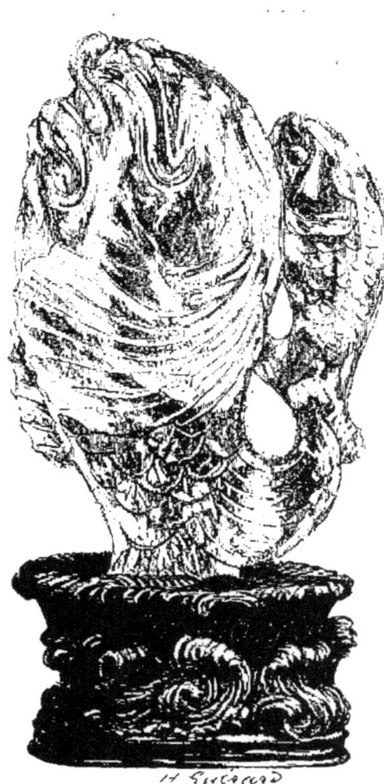

CARPES DE CRISTAL DE ROCHE.
Collection de M. le vicomte de Semallé.)

poli parfait. Il y en a de plusieurs nuances : des
blanches, *pe-che-tche*, des violettes teintées de rosé,
kan-che-tche, des rougeâtres, *tche-che-tche*, des isabelle,
thao-hoa-tche (fleur de pêcher). On en fabrique, en
quantité considérable, des coupes, des vases, des porte-

pinceaux, des bouts de pipe, des figurines religieuses, etc.
Mais ces objets ont rarement une réelle valeur d'art.

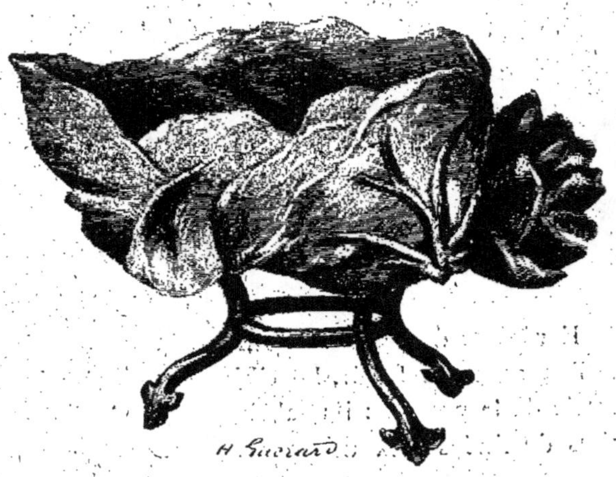

COUPE D'ONYX, PROVENANT DU PALAIS D'ÉTÉ.
(Musée de Fontainebleau.)

Notons encore quelques schistes à plusieurs couches
qui sont parfois l'objet d'un travail ingénieux et délicat[1].

1. Dès la dynastie des Tcheou (1134-255 av. J.-C.), les Chinois
savaient falsifier les pierres dures, le jade et certains quartz. Ils
employaient à cet effet une sorte de verre ou plutôt de pâte
d'émail fort dur, mais très fusible. Actuellement, l'industrie des
pierres fausses est très perfectionnée.

LA CÉRAMIQUE

/

I

LA TECHNIQUE

Il résulte de documents historiques certains que, dès l'an 1700 av. J.-C., les Chinois connaissaient l'industrie de la poterie : ils fabriquaient ainsi des terres cuites destinées aux usages domestiques, sans valeur d'art.

Sous la dynastie des Han, vers l'an 180 av. J.-C., la céramique réalise un premier progrès. On commence de faire alors des « vases brillants... », « de couleur bleue... », « réservés à l'Empereur[1] ». Ce n'était encore que des pièces cérames sans transparence, enduites d'un émail bleu. On donnait le nom de *thao* à ces produits.

---

1. Cf. *King-te-tchin-thao-lou*, « Histoire des porcelaines de King-te-tchin ». Cet ouvrage, publié en 1815 par Tching-thing-Koueï et traduit en 1856 par Stanislas Julien, est le premier qui ait apporté sur la porcelaine chinoise des renseignements sérieux et des vues d'ensemble. Nous y renverrons souvent dans le cours de ce chapitre. Nous nous référerons également à l'ouvrage de M. du Sartel, *la Porcelaine de Chine* (Paris, 1881). Signalons encore, parmi les écrits qui nous ont fourni sur ce sujet des documents précis et bien coordonnés, le livre de M. Franks : *Oriental porcelain and pottery* (London, 1878).

Puis, jusqu'à la fin du vii° siècle, l'industrie céramique reste stationnaire. Sous les Thang (618-907) on voit apparaître, dans l'arrondissement de Youëi-tcheou, des vases dont la matière « ressemblait tantôt au jade, tantôt à la glace ». Cette comparaison indique évidemment que ces produits avaient une certaine translucidité. On les recouvrait d'un émail qui était bleu, jaune ou noir.

Vers le milieu du ix° siècle, les céramistes de Ta-i, dans la province du Sse-tch'oüen, cherchant à perfectionner leurs procédés, parvinrent à produire des pièces « minces, solides et gracieuses, qui étaient de couleur blanche et rendaient un son clair[1]. ». La porcelaine était inventée.

La *porcelaine* est un composé de deux parties distinctes : l'une, fusible, donne à la poterie la transparence qui est son principal caractère : elle est fournie par une roche pétro-siliceuse; on l'appelle *pe-tun-tse*. L'autre partie composante est infusible ; c'est l'élément plastique de la porcelaine ; elle sert de corps à la poterie et lui donne la propriété de supporter la température nécessaire pour vitrifier l'élément fusible. Cette matière est le *kao-lin;* c'est de l'argile presque pure.

Les limites de cet ouvrage ne nous permettant pas d'entrer dans le détail des opérations que subissent les pâtes avant d'être mises au four et pendant la cuisson, nous nous bornerons à les indiquer sommairement, en renvoyant le lecteur, curieux de renseignements plus complets, au livre que M. Deck a publié dans cette

---

1. *King-te-tchin-thao-lou,* I, § 10.

même collection sur *la Porcelaine*. Ces indications données, nous ne nous occuperons plus, au cours de cette
étude, que des procédés qui touchent à la décoration.

Au point de vue de la composition des pâtes céramiques, les porcelaines se divisent en deux classes, les porcelaines *à pâte tendre*, les porcelaines *à pâte dure*. Les
premières sont fusibles à une température d'environ
800 degrés ; les autres, au contraire, restent inattaquables à 1,500 degrés et au-dessus.

Le façonnage des pièces s'effectue par l'ébauchage,
le moulage, ou le tournassage ; les Chinois ne paraissent pas avoir connu le procédé du coulage.

Le vase ainsi arrêté dans sa forme est mis ensuite *en
couverte*, c'est-à-dire qu'on le recouvre d'un enduit fusible, transparent après vitrification et destiné à lui
donner un aspect poli et brillant. Il est prêt dès lors à
subir la cuisson. Après cette opération, le vase est cuit
en blanc. Quand on veut obtenir des pièces d'un blanc
mat et non vernissées, on les place au four immédiate-
ment après le façonnage et sans les mettre en couverte :
ces pièces sont dites cuites *en biscuit*.

L'application de décorations colorées sur la porcelaine se fait de deux manières : 1° avant la cuisson : les
matières colorantes employées doivent être inattaquables
à la chaleur même que subit la pièce pendant cette opération ; aussi les appelle-t-on *couleurs de grand feu ;*
elles sont soit mélangées à la couverte, soit appliquées,
suivant les contours d'un dessin, *sur cru* et *sous couverte ;* 2° après la cuisson : les couleurs ne sont appliquées que sur des vases cuits en blanc ou en biscuit ; elles
doivent être capables de se fixer sur les pièces à la tem-

pérature peu élevée que celles-ci pourront, de nouveau, supporter ; ces couleurs sont désignées sous le nom d'*émaux de demi-grand feu*[1].

II

L'HISTOIRE

L'histoire de la porcelaine én Chine se divise en sept grandes époques :

1re époque. — Période primitive (850-1426) ;
2e époque. — Période Siouan-te (1426-1465) ;
3e époque. — Période Tching-hoa (1465-1573) ;
4e époque. — Période Ouan-li (1573-1662) ;
5e époque. — Période Khang-hi (1662-1723) ;
6e époque. — Période Young-tching et Kien-long (1723-1796) ;
7e époque. — Période contemporaine (1796-188.).

Ire ÉPOQUE

PÉRIODE PRIMITIVE (850-1426)

Ainsi que nous l'avons vu, c'est vers le milieu du IXe siècle environ que furent fabriqués à Ta-i, dans le

1. Il existe cependant des spécimens de porcelaine, à fond bleu principalement, où le décor est peint avec de l'émail blanc de grand feu posé *sur* couverte à cru.

Sse-tch'ouen, les premiers produits céramiques ayant tous les caractères de la porcelaine, à savoir la transparence, la dureté et la sonorité.

Ces premières porcelaines étaient blanches, d'un blanc d'ivoire. C'est en y faisant allusion que Thou-fou, le poète de la dynastie des Thang, disait : « Quand on frappe les tasses de Ta-i, elles rendent un son plaintif comme les coupes de jade. Les tasses blanches de Votre Seigneurie effacent l'éclat de la neige. Envoyez-moi promptement une de ces tasses dans mon humble pavillon d'études. » La décoration de ces pièces primitives était dessinée au trait ou peut-être même moulée en relief avant la cuisson : les sujets représentés étaient simples, des poissons, des fleurs, des veines imitant les rides de l'eau.

Vers le même temps aussi, on fabriqua à Youeï-tcheou, pour l'usage de l'Empereur, des porcelaines dites *Pi-se-yao*, « porcelaines de couleur cachée. » Quel sens exact faut-il attribuer à ces mots « de couleur cachée »? Doit-on penser, avec l'auteur du *King-te-tchin-thao-lou*, qu'on signifiait par là que ces pièces céramiques étaient réservées au Fils du Ciel et que les particuliers n'avaient pas le droit d'en posséder? Faut-il croire, comme l'affirme M. du Sartel, qu'il s'agit déjà de couleurs transparentes posées sous couverte? Les éléments que l'on possède sur cette question délicate sont insuffisants à la résoudre.

Au x⁰ siècle, la céramique réalise d'importants progrès : les procédés se sont perfectionnés, le talent des décorateurs se forme. D'ailleurs, c'est l'époque où l'art chinois est sous l'influence toute-puissante du bouddhisme et où, sous l'action des idées indiennes, le goût des artistes s'élève et s'épure. La céramique profite de

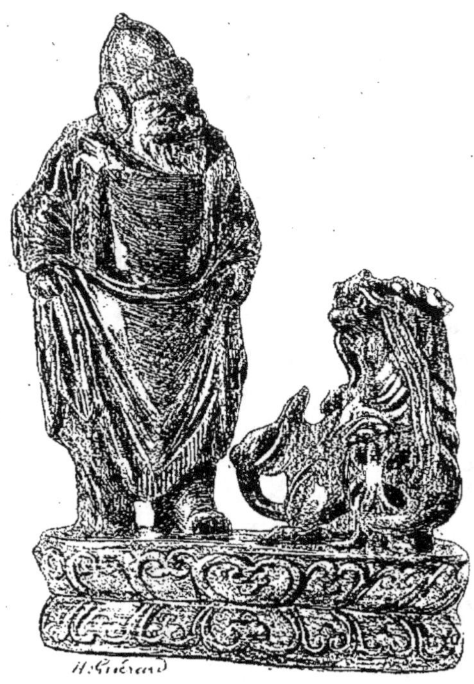

STATUETTE BOUDDHIQUE ET LION DE FO (BOUDDHA)
Décorée d'émaux jaune et bleu turquoise,
XIIIe SIÈCLE.
(Collection de M. S. Bing.)

cette rénovation des conceptions esthétiques que nous avons constatée dans les bronzes, dans les jades et dans les peintures.

Les auteurs chinois nous apprennent que « lorsque

les Soung furent montés sur le trône (960 ap. J.-C.) on fabriqua des porcelaines qui étaient bleues comme le ciel, brillantes comme un miroir, minces comme du papier et sonores comme une plaque de jade. Elles étaient lustrées et d'une finesse charmante. Il y en avait qui se distinguaient par la finesse de la craquelure et la pureté de la couleur. Elles effaçaient par leur beauté toutes les porcelaines précédentes[1]. » On dit qu'un jour, l'empereur Che-tsong (vers 954), ayant été prié d'indiquer la couleur des vases que l'on devait fabriquer à son usage, écrivit de son pinceau sur le placet qui lui était présenté : « Qu'à l'avenir on donne à mes porcelaines la teinte azurée du ciel, après la pluie, telle qu'elle apparaît dans les intervalles des nuages. » De là est venu le nom de *yu-kouo-thien-tsing*, « bleu de ciel après la pluie », qui a désigné dans la suite les imitations de cette porcelaine.

Ces pièces délicates furent comme une révélation pour le goût artistique des Chinois. Elles furent estimées à si haut prix et devinrent si rares que, « lorsqu'on avait le bonheur de se procurer un vase brisé ou seulement de menus fragments, on en faisait des ornements de coiffure, des chapelets, des objets de curiosité[2] ».

Cependant, d'importantes manufactures de porcelaines étaient ouvertes dans tout l'empire, sous la protection ou même sous la direction immédiate du gouvernement. La plus importante de ces fabriques est celle de *King-te-tchin*, dans la province du Kiang-

---

1. *King-te-tchin-thao-lou*, I, § 13.
2. *King-te-tchin-thao-lou*, I, § 13.

Si : fondée, en l'an 1005, par l'empereur King-te (d'où
lui est venu son nom), elle fournit encore aujourd'hui
les porcelaines destinées au Fils du Ciel.

Dans l'activité de la production, les progrès se suc-
cèdent rapidement. C'est de cette époque, en effet (fin du
xe siècle), que datent les premières applications d'émaux
coloriés sur des pièces cuites en biscuit. Il s'agissait
sans doute d'émaux plombeux. Les nuances étaient
déjà très variées : violet pâle, violet aubergine, jaune
d'ocre, bleu de ciel, bleu turquoise, bleu prune. Le
décor de ces vases est peu compliqué et d'aspect archaïque : il se compose des personnages symboliques
du bouddhisme ou du taoïsme, de fleurs ou simplement
de caractères anciens, ciselés à la pointe et coloriés
ensuite. Souvent aussi, le décor consiste en filets en
relief, avec réserves en biscuit. A côté de ces porcelaines
figurent, dès le xiiie siècle, les *craquelés, tsoui-khi-yao.*
« Au sortir du four, nous dit l'historien de King-te-
tchin [1], les vases offraient des veines qui couraient en
tous sens comme s'ils eussent été brisés en mille pièces.
Avec de l'encre commune ou de la terre rouge (de l'ocre),
on frottait les fêlures de l'émail ; puis, le vase étant
achevé, on enlevait, en essuyant, le superflu de la couleur. On voyait alors un réseau de charmantes veines
rouges ou noires, imitant les fêlures de la glace. Il y
avait aussi de ces vases où l'on ajoutait des fleurs bleues
sur le fond uni, couvert de veines craquelées. » Ces
fendillures provenaient d'une différence de dilatabilité
entre le corps de la pâte et la glaçure vitreuse qui l'en-

1. III, § 98

veloppe : l'harmonie de retrait étant rompue entre ces deux éléments, il se produisait, au refroidissement, un craquelage que le céramiste pouvait graduer par une modification savante de la composition formant la couverte. Lorsque les mailles sont très resserrées, le craquelé prend le nom de *truité* : l'aspect de la surface rappelle, en effet, les écailles de la truite.

2ᵉ ÉPOQUE

PÉRIODE SIOUAN-TE[1] (1426-1465)

Si importants que soient les progrès réalisés pendant la fin de la première époque, la céramique chinoise n'est encore qu'à l'état d'industrie imparfaite, d'art en formation. Elle n'arrive à un complet développement que sous la dynastie des Ming, à l'avènement de l'empereur Siouan-te, en 1426.

Le type caractéristique de cette période est la porcelaine décorée de fleurs bleues sous couverte. Le bleu dont on se servait était le *Sou-ni-po* : c'était un arséniure de cobalt, qui prenait après la cuisson une teinte bleu pâle, légèrement agatisée. Les pièces de cette époque sont infiniment estimées des Chinois : elles ont, en effet, un charme doux de coloris et de composition, une pureté de ton, une délicatesse d'aspect qui n'ont jamais été surpassés.

On commença aussi à employer le rouge de cuivre en

---

1. Cette période comprend les règnes de Siouan-te, Tching-toung, King-t'aï et Thien-choun.

l'incorporant à l'émail avant que le vase ait été mis sous couverte. Pour obtenir un rouge très profond, on se servait parfois de poudre de cornaline. On fit ainsi un grand nombre de vases dont l'anse était ornée d'un poisson rouge. Voici, comme spécimen de ce genre, un vase de la collection du Sartel : c'est une potiche décorée de bordures en mosaïque ; la panse est divisée en trois compartiments qui sont remplis par un lion de Fo. Les couleurs employées sont le rouge de cuivre et le bleu, en teintes pâles ou très foncées. La décoration sur biscuit se perfectionne aussi de jour en jour : on associe le bleu de cobalt au rouge de cuivre, *tsi-hong-yeoü*.

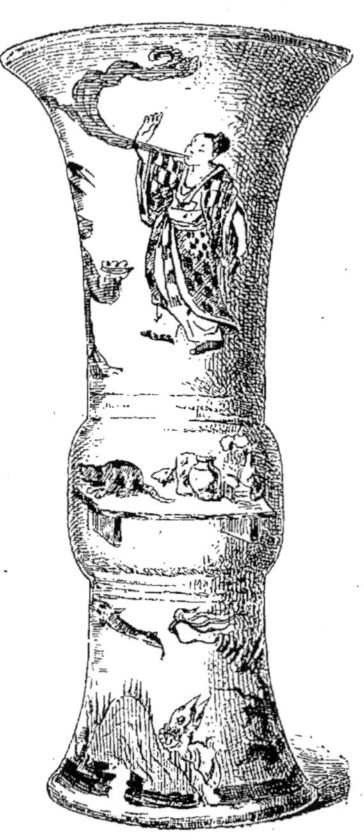

VASE CORNET
*Décoré sur cru de peintures
en bleu et rouge de cuivre avec parties
céladonnées et gravées en relief.*
(NIEN-HAO : SIOUAN-TE, 1426-1436.)
(Ancienne collection du Sartel.)

A côté de la porcelaine, d'autres produits céramiques, très recherchés aussi, venaient prendre place.

C'était une poterie de grès, à pâte très fine, très serrée, de
couleur rouge, grise ou brunâtre, que l'on enduisait d'une
couverte épaisse et qu'on décora plus tard de brillants
émaux bleus, blancs, jaunes et rouges. Les Portugais
la désignèrent sous le nom de *boccaro* qui lui est resté.

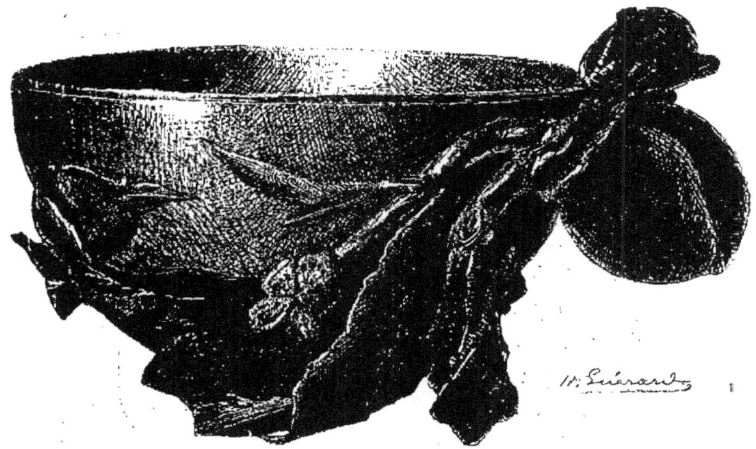

COUPE EN FORME DE PÊCHE DE LONGÉVITÉ. — BOCCARO.
(PÉRIODE SIOUAN-TE, 1426-1465.)
(Collection de M. S. Bing.)

On fabriquait ainsi des pièces délicates, et particulièrement des théières aux formes les plus imprévues et
les plus variées.

Le *boccaro* de qualité plus ordinaire fournissait
la pâte des plaques de recouvrement qui ornaient les
parois de certains monuments. Tels étaient, par
exemple, les grands panneaux à décor en relief qui
revêtaient la Tour de porcelaine de Nankin, commencée en 1415 et terminée en 1430.

3e ÉPOQUE

PÉRIODE TCHING-HOA [1] (1465-1573)

La troisième époque s'ouvre avec l'empereur Tching-
hoa, des Ming, en 1465.

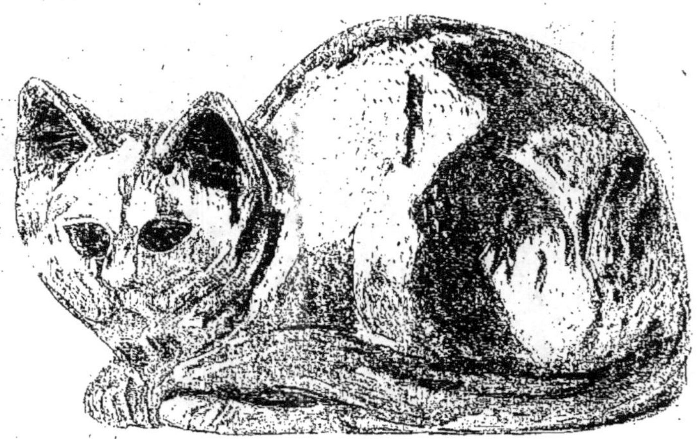

BRULE-PARFUMS EN FORME DE CHAT.
Décoré d'émaux au grand feu.
(PÉRIODE TCHING-HOA, 1465-1573.)
(Collection de M. L. Gonse.)

A cette époque, on faisait encore des porcelaines à
décor bleu; mais on en avait tant fabriqué, dans la période précédente, que le beau bleu de *Sou-ni-po* vint à
manquer et qu'on dut employer du cobalt de qualité
moins pure. Cette infériorité fut compensée, en partie,

1. Cette période comprend les règnes de Tching-hoa, Hóung-
tche, Tching-te, Kia-tsing et Loung-king.

par un progrès notable dans l'habileté du dessin et dans la disposition des couleurs. Si les nuances ne sont plus aussi délicates qu'autrefois, il y a plus de grâce et de légèreté dans les contours des sujets représentés, un art plus heureux dans la composition.

Mais, un demi-siècle plus tard, en 1521, sous l'empereur Tching-te, on se procura fort à propos un bleu nouveau, d'une couleur franche et foncée, avec lequel on obtint tout de suite des produits fort remarquables et que les Chinois ont toujours estimés à très haut prix. C'était probablement un silicate de cobalt. Le nom qu'on lui donna, *Hoeï-tsing*, « bleu des musulmans », permet de croire que ce furent les marchands arabes des comptoirs de Canton qui l'importèrent en Chine.

A côté des porcelaines bleues, commencèrent à apparaître les premières peintures sur porcelaine cuite en blanc. L'application des émaux de demi-grand feu sur couverte ouvrit à la céramique chinoise un champ nouveau, et l'on peut dire que de ce jour elle fut en possession de tous les

VASE
à fond noir émaillé,
décoré en vert et lilas
sur biscuit
(PÉRIODE TCHING-HOA,
1465-1573.)
(Collection de M. M. Gentien.)

procédés qu'elle perfectionna plus tard à un si haut degré.

Au lieu de peindre sous couverte, comme on l'avait fait jusqu'alors, on appliqua le décor et les couleurs sur des pièces déjà cuites et terminées. On appelait ces sortes de porcelaines *Ou-tsaï-yao*, litt. des « porcelaines aux cinq couleurs », non pour indiquer que les émaux dont on faisait usage étaient de *cinq* nuances seulement, mais pour exprimer au contraire la variété de ces nuances : si rapproché qu'il soit de l'unité, ce nombre, en effet, sert fréquemment, dans la langue chinoise, à signifier une pluralité indéterminée d'objets. Les nuances que l'on trouve principalement

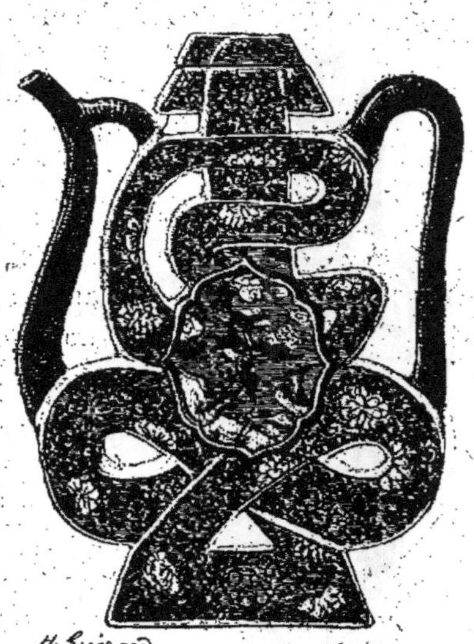

THÉIÈRE
décorée en vert sur biscuit
(PÉRIODE TCHING-HOA, 1465-1573.)
(Collection de M. Grandidier.)

sur les *Ou-tsaï* sont le vert oxyde de cuivre, le jaune brun, le bleu clair, le bleu sombre presque noir, le violet, le rouge de fer, et le noir qui servait soit à esquisser simplement le décor, soit à émailler tout le fond.

Avec ces ressources de palette, l'artiste chinois se sentit plus libre, plus dégagé dans ses allures, et il aborda dans le décor des sujets plus hardis. Il ne se contenta plus de ne peindre que des ornements symboliques, des fleurs, des animaux; il traita la figure humaine, il reproduisit des scènes légendaires ou religieuses, des événements historiques, des paysages entiers.

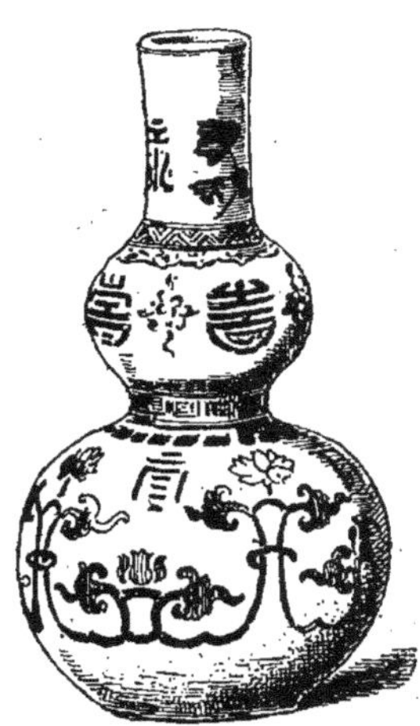

GOURDE,
*décorée en émaux
de la famille verte*
(NIEN-HAO TCHING-HOA,
1465-1488.)
(Ancienne collection du Sartel.)

Les porcelaines où le vert dominait furent particulièrement prisées. Dans la période précédente, on avait déjà fabriqué, sous le nom de *Tien-pe-khi*, des pièces dans la décoration desquelles cette couleur tenait une grande place. Mais on ne peut les classer avec celles de la 3e époque dont nous nous occupons. Elles n'ont, en effet, d'autre analogie entre elles que la coloration verte; les procédés de fabrication diffèrent absolument. Les *Tien-pe-khi* sont ornés d'émaux appliqués sur biscuit[1], tandis que les porcelaines vertes de la 3e époque sont décorées d'émaux sur couverte. On peut citer comme spécimen de la première famille verte une théière appartenant à M. Grandidier, dont la forme compliquée représente le caractère *cheou*, « longévité ».

Dès le début de la 3e époque, vers 1480, on tenta un nouvel essai de décoration verte qui n'a laissé que

1. *King-te-tchin-thao-lou*, II, § 80.

de très rares types, celui de l'émail « vert d'huile »,
teou-yeou-che yeou. Cet émail, qui avait de beaux tons
d'olive, recouvrait entièrement la pièce qui était laissée
nue ou que l'on décorait préalablement de dessins
exécutés soit à la pointe, soit au trait noir.

Si intéressants que soient ces premiers types de la
famille verte, il faut, pour en admirer les plus beaux
spécimens, attendre que la céramique chinoise qui, dans
cette 3e époque, vient d'inventer les émaux sur couverte, en ait perfectionné le procédé.

Signalons encore, parmi les produits de la période
Tching-hoa, de nombreuses pièces décorées en bleu
turquoise sur biscuit.

4e ÉPOQUE

PÉRIODE OUAN-LI [1] (1573-1662)

La 4e époque, qui s'ouvre avec l'empereur Ouan-li,
des Ming, en 1573, et qui s'étend jusqu'à l'avènement de
l'empereur Khang-hi, des Thsing, en 1662, est caracté-
risée par la prépondérance que prennent, dans la fabrication des porcelaines, la famille verte et les peintures
sur couverte des *Ou-tsaï*.

Deux faits importants venaient, en effet, de res-
treindre tout d'un coup les ressources de la céramique :
le bleu des Musulmans était devenu introuvable et
disparaissait du marché, comme avait disparu aussi,

---

1. Cette période comprend les règnes de Ouan-li, Taï-tchang,

cent ans plus tôt, le bleu *Sou-ni-po;* en outre, l'argile

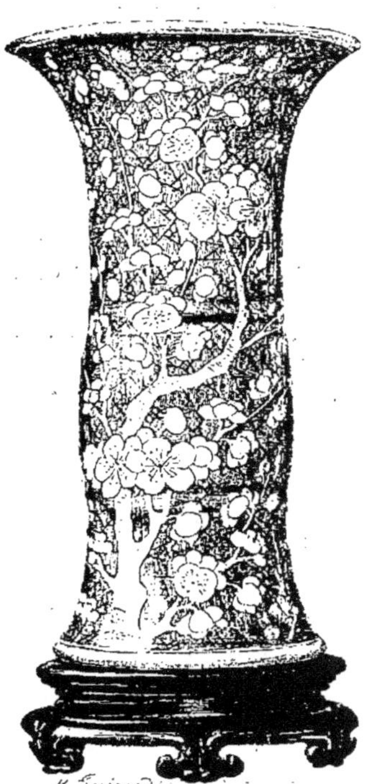

VASE CORNET
décoré en bleu sous couverte.
(PÉRIODE OUAN-LI,
1573-1662.)
(Collection de M. L. Gonse.)

Ma-thsun, dont on faisait la porcelaine fine,. était épuisée [1], et les terres que l'on pouvait encore se procurer ne donnaient que des produits grisâtres.

Les procédés décorat fs de la famille verte et des *Ou-tsaï* étaient bien ceux qui pouvaient le mieux atténuer ce dernier inconvénient : la richesse éclatante de leurs émaux, d'une part, et, d'autre part, l'importance superficielle qu'ls prenaient sur le vase, dissimulaient la qualité de la pâte laissée en blanc et en dissimulaient la surface.

Quant au bleu, on dut y renoncer. Cependant, avec ce que l'on en possédait encore, on put dans les premiers temps décorer quelques pièces à cru et sous couverte. On n'appliquait la couleur que très sobrement,

Thien-ki et Tsoung-tching de la dynastie des Ming, — et ceux de Thien-ming, Thien-tsoung, Tsoung-te, et Chun-tche de la dynastie des Thsing.

1. *King-te-tchin-thao-lou,* VII, § 3.

en la réservant aux mo-
tifs principaux du décor,
aux personnages, aux
animaux ; on achevait
ensuite l'ornementation
avec des émaux rouges
ou verts de demi-grand
feu. Les spécimens les
plus remarquables de ce
genre sont des vasques
destinées à recevoir de
l'eau, où l'on entretenait
des cyprins dorés et des
plantes aquatiques. Sur
le pourtour extérieur de
la vasque, des dragons et
des poissons peints en
bleu foncé nageaient
dans des flots d'émail
vert ou rouge.

Parmi les produits
céramiques fabriqués en
extrême Orient vers le
milieu du xviie siècle,
figure un certain nombre
de pièces dont l'origine
précise a longtemps in-
trigué les connaisseurs.
Ce sont des vases à dé-
cor archaïque, d'une pâte
blanche et mate, à cou-

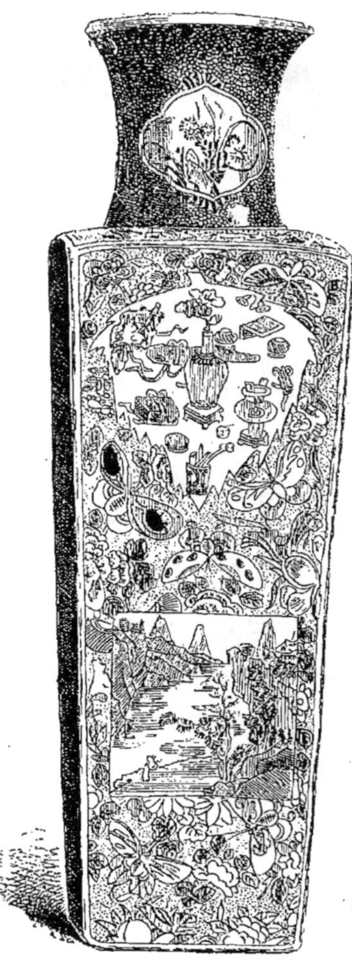

VASE
décoré en émaux de la famille verte.
(PÉRIODE OUAN-LI, 1573-1662.
(Ancienne collection du Sartel.)

verte unie, mais non vitreuse. Les émaux qui les ornent sont d'une tonalité très douce, du bleu céleste, du vert pâle, du rouge mat; et la sobriété avec laquelle ils sont distribués sur la surface laisse au blanc d'ivoire du fond toute sa valeur. M. Jacquemart[1], croyant reconnaître, dans le décor, des caractères à la fois japonais et chinois, voulut voir dans ces pièces des spécimens de la *Porcelaine de Corée.*

Rien ne justifie l'attribution de produits aussi délicats aux manufactures coréennes. Aucun document, en effet, ne nous autorise à croire que l'art céramique soit jamais parvenu en Corée à un si haut point de développement. Pendant le séjour que nous avons fait en ce pays, les seuls cérames indigènes que nous ayons vus étaient des coupes ou écuelles coniques, d'une pâte brune ou blanchâtre, et enduites d'une épaisse couverte sous laquelle un décor était parfois

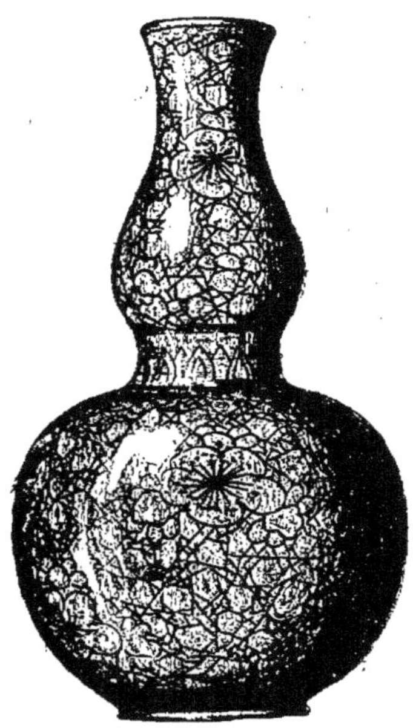

GOURDE
de forme persane, décorée sous couverte.
(PÉRIODE OUAN-LI, 1573-1662.)
(Collection de M. L. Gonse.)

1. Cf. *Histoire de la céramique,* p. 117.

gravé au trait. L'aspect de ces pièces rappelait tout à fait celui des porcelaines des Soung.

Les porcelaines dites de Corée ne sont que d'anciennes porcelaines coloriées du Japon, qui furent fabriquées à Hizen vers 1650.

5ᵉ ÉPOQUE

PÉRIODE KHANG-HI (1662-1723)

Cette période, qui correspond au siècle où l'art chinois, dans toutes ses branches, est arrivé à l'apogée, comprend le long et brillant règne de l'empereur Khang-hi. C'est la belle époque de la porcelaine. Les procédés se sont perfectionnés, les ressources des céramistes et des peintres sont plus riches; d'autre part, les formes sont plus heureuses et mieux pondérées, la composition plus savante et plus variée; les colorations ont une harmonie douce ou une puissance d'éclat que les pièces anciennes avaient rarement réalisées.

Les produits principaux de cette période peuvent se grouper en quatre catégories:

1° Les porcelaines de la famille blanche;

2° Les porcelaines de la famille verte;

3° Les porcelaines de la famille rose;

4° Les porcelaines à couverte colorée.

1° LES PORCELAINES DE LA FAMILLE BLANCHE. — L'auteur du *King-te-tchin-thao-lou*[1] nous apprend que, vers le

1. I, § 37.

milieu du xviie siècle, on recommença de faire des porcelaines blanches. La manufacture où on les fabriquait
était à Te-hoa, dans le Fo-kien. « La plupart des tasses
et des coupes qui en proviennent, nous dit-il, ont les
bords légèrement déprimés. On les appelle *Pe-tse* (porcelaines blanches). Elles ont beaucoup de lustre et de
poli ; seulement elles sont fort épaisses. Les statuettes
de Bouddha qu'on y fabrique sont extrêmement belles. »
C'est surtout, en effet, à la confection d'idoles bouddhiques que l'on a fait servir la porcelaine de Te-hoa, qui
était laiteuse, vaguement transparente et, pour ainsi
dire, coulante et onctueuse d'aspect. Certaines statuettes faites de cette pâte ont un charme singulier ; une
déesse Kouan-yin, que nous vîmes à Pékin, avait, dans
son immobilité hiératique, une délicatesse de formes,
une grâce pensive, une douceur de physionomie et une
suavité d'expression que n'ont jamais dépassées les
plus beaux bronzes sacrés.

Des manufactures de Te-hoa sont sortis aussi des
vases, des buires, des coupes et des théières. La décoration se composait généralement de méandres en relief
couvrant toute la pièce, ou bien encore de fleurs jetées
très sobrement sur la panse, et parfois même de sujets
figurés.

M. S. Bing qui, par la sûreté de son goût et par le
sentiment délicat qu'a développé en lui une longue
pratique, est un maître dans la connaissance des arts
d'extrême Orient, a réuni une collection inappréciable
de porcelaines de cette famille : toute la gamme des
blancs y est représentée, le blanc opaque, le blanc
translucide, le blanc laiteux, le blanc d'amande, le

blanc d'ivoire, le blanc de cire, le blanc de céruse, le blanc pulpe-de-magnolia, etc. La théière reproduite ci-dessous provient de cette collection.

2° LES PORCELAINES DE LA FAMILLE VERTE. — Dans les

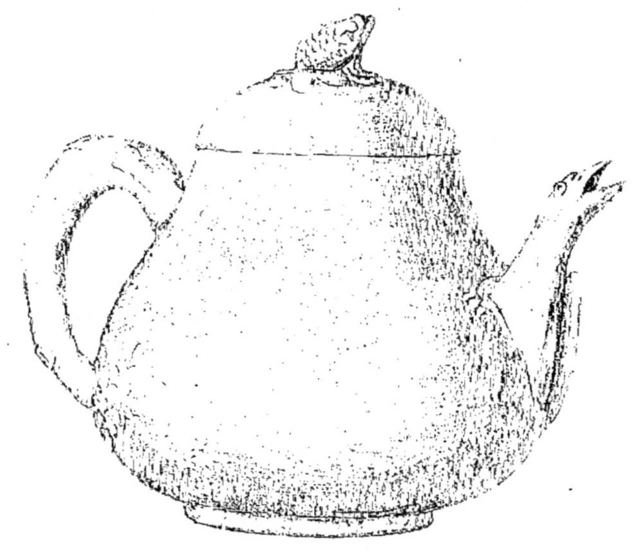

THÉIÈRE
de porcelaine blanche transparente
(PÉRIODE KHANG-HI, 1622-1723.)
(Collection de M. S. Bing.)

premières années du règne de Khang-hi, il se produisit, parmi les peintres qui traitaient particulièrement la famille verte, une scission. Deux écoles se formèrent. L'une continua à s'inspirer des modèles anciens; mais elle en perfectionna le style, y mit plus de grâce et de finesse, avec une distribution plus heureuse des motifs, avec plus de précision dans le dessin. Ce fut elle qui créa cette série nombreuse de flacons, de vases et de potiches où, dans des compartiments bordés de grecques et de mosaïques, des fleurs largement dessinées, des branchages en pleine frondaison, des graminées touffues jaillissent d'un arbre ou d'une rocaille, sous un vol d'oiseaux, de coléoptères ou de libellules. Le vert tendre domine dans le décor, à côté du rouge de fer qui le rehausse; mais il y a aussi, çà et là, sur l'aile des oiseaux, sur les élytres des papillons, sur la corolle des fleurs, des touches de jaune, de bleu et de violet.

Ces produits céramiques exprimèrent à leur heure le goût particulier que les Chinois professent pour les fleurs, la jouissance douce qu'ils éprouvent à les regarder, l'ivresse légère qu'ils ressentent à en respirer le parfum. Nulle poésie plus que la leur n'a chanté les beautés du monde végétal, les couleurs tendres des plantes à leur première floraison, l'éclat opulent de leur épanouissement, les nuances maladives qu'elles revêtent quand elles se fanent. Ce culte délicat de la nature, qui a dicté aux poètes et aux romanciers de la Chine tant d'œuvres émues, tant de comparaisons gracieuses ou mélancoliques, a bien inspiré ses peintres céramistes et a trouvé parfois, sous leur pinceau chargé d'émaux, son expression la plus pittoresque et la plus brillante.

La seconde école, attribuant moins d'importance au coloris, a produit des œuvres d'une composition savante, d'un dessin soigné, recherché même. L'esquisse du décor était faite sur cru au trait bleu ou au rouge de fer. Les sujets traités étaient des scènes historiques ou religieuses, pleines de vie et de mouvement.

Les porcelaines de la famille verte, à grandes compositions, eurent dès leur apparition un succès considérable ; mais les artistes qui s'y adonnèrent n'eurent guère le temps de s'y perfectionner, car un édit impérial, publié en 1677, les rappela au respect des traditions en interdisant la reproduction sur porcelaine des sujets historiques et religieux.

3° LES PORCELAINES DE LA FAMILLE ROSE. — Vers l'année 1680, on découvrit trois couleurs nouvelles qui donnèrent aux peintres céramistes des ressources inconnues jusqu'à ce jour : c'était le carmin tiré du chlorure d'or, — le jaune franc obtenu de l'antimoine, — et le blanc extrait de l'acide arsénieux. Pour employer

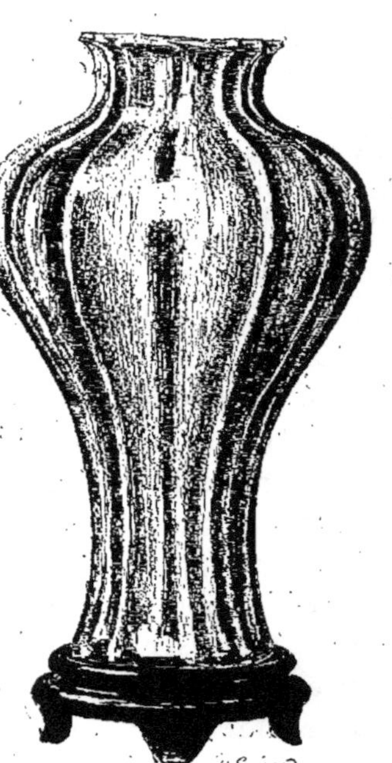

VASE BALUSTRE
décoré d'un émail bleu turquoise
(PÉRIODE KHANG-HI,
1622-1723.)
(Collection de M. L. Gonse.)

ces couleurs, on les mêle à un véhicule abondant, et elles forment relief sur la couverte. Ce rouge d'or, qui est notre pourpre de Cassius, fournissait les roses les plus pâles, avec des nuances d'une douceur exquise. Les sujets le plus habituellement traités sont des fleurs, des pivoines, des chrysanthèmes, des œillets épanouis, des lotus, etc. Quelque charme dont soient revêtues ces premières pièces de la famille rose, nous attendrons, pour en définir le style, d'en être à l'étude de l'époque suivante, où ce genre atteint à son plus haut degré de perfection.

4° LES PORCELAINES A COUVERTE COLORÉE. — Il s'agit ici de porcelaines dont le fond est décoré soit sur cru de couleurs de grand feu, soit sur biscuit de couleurs de demi-grand feu : elles ont des tons d'une rare délicatesse ou d'un éclat vif et profond. Nous distinguerons particulièrement, dans cette classe, les *céladons* et les *flambés*.

Les *céladons* sont bleu turquoise, vert de mer, violet pensée. Ces teintes sont souvent associées sur la même pièce. On en fabriquait déjà dans les périodes précédentes, mais ce ne fut guère que sous le règne de Khang-hi qu'on parvint à composer des émaux qui, par la pureté, la douceur ou la puissance du coloris, rivalisaient avec les gemmes et les productions les plus brillantes de la nature.

Les céladons dits « bleu de ciel après la pluie », en souvenir des porcelaines de Che-tsong dont ils étaient l'imitation [1], nous offrent les plus délicats spécimens de ce genre. Mais les céladons ornés de dessins gravés ou imprimés en relief dans la pâte du fond sont encore plus séduisants peut-être par les effets de modelé et de coloration que réalise la couverte accumulée sur le décor : la fluidité des teintes, la sorte d'ombre dont

____

1. Voy. p. 184.

elles s'enveloppent par places n'ont jamais pu être reproduites dans les porcelaines de fabrication européenne. Notons enfin, dans le même groupe céramique, les céladons bleu empois dont la couverte, préparée au cobalt, a un aspect lumineux, semi-translucide.

En ce qui concerne les *flambés*, nous en avons réservé l'étude à la période suivante, où ces produits furent le plus recherchés. Voici cependant, parmi les œuvres du règne de Khang-hi, un des spécimens les plus intéressants du genre *flambé*. C'est un vase à quatre pans sur les parois duquel se sont fixées des coulées d'émail bleu violacé et d'émail rouge sang de bœuf : par la puissance et l'éclat des tons,

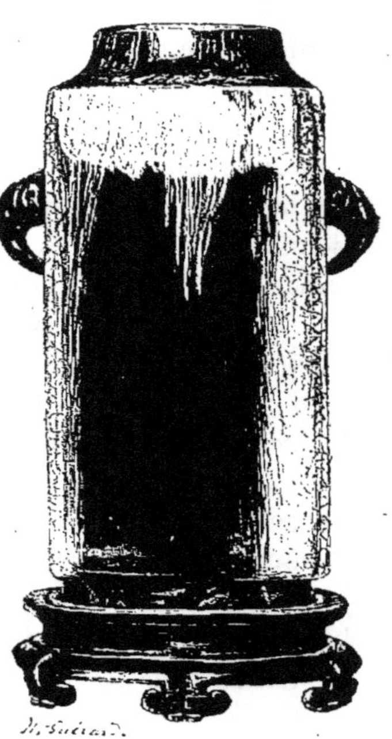

VASE FLAMBÉ
(PÉRIODE KHANG-HI,
1622-1723.)
(Collection de M. L. Gonse.)

le vase semble fait de pierres précieuses, en fusion.

Je pourrais citer encore, dans la même vitrine, à côté de cette pièce accomplie, un petit nombre d'œuvres de la même époque que M. L. Gonse a choisies avec un discernement si délicat, avec une sûreté de goût si parfaite que chacune d'elles est en soi le type de toute une série céramique. Deux, entre autres, méritent de retenir l'attention par la grâce heureuse de la forme et par la beauté de la matière : ce sont deux vases balustres couverts, l'un d'un émail bleu turquoise, l'autre d'un émail violet aubergine. (Voy. p. 201 et 204.)

Nous avons vu que, dans la première période, on fabriquait des porcelaines craquelées qui étaient fort estimées. Sous le règne de Khang-hi, le procédé du *craquelé* s'était perfectionné : les artisans étaient plus habiles encore à modifier la couverte de façon à la rendre dilatable, à leur gré, et à obtenir un degré précis de craquelure. De cette époque datent les céladons truités qui jouirent de tant de vogue en France au XVIIIᵉ siècle.

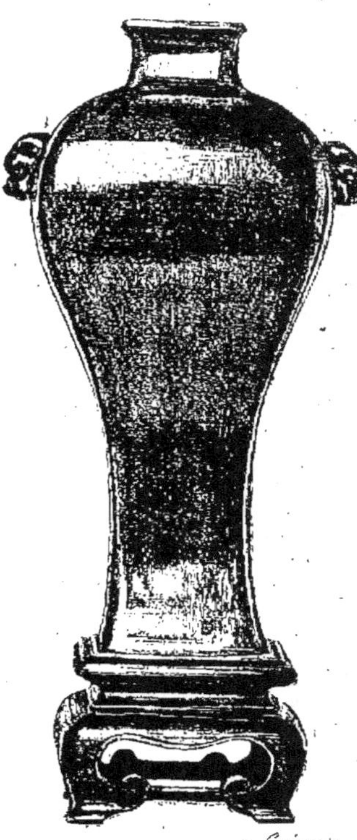

VASE BALUSTRE
décoré d'un émail violet aubergine.
(PÉRIODE KHANG-HI,
1662-1723.)
(Collection de M. L. Gonse.)

Les plus beaux spécimens de la porcelaine dite de *Long-Thsiouen* peuvent être attribués à la période Khang-hi. Ce sont de fins craquelés de couleur vert pâle ou vert foncé.

La manufacture de Long-thsiouen (province du Tche-Kiang) était en activité déjà sous la dynastie des

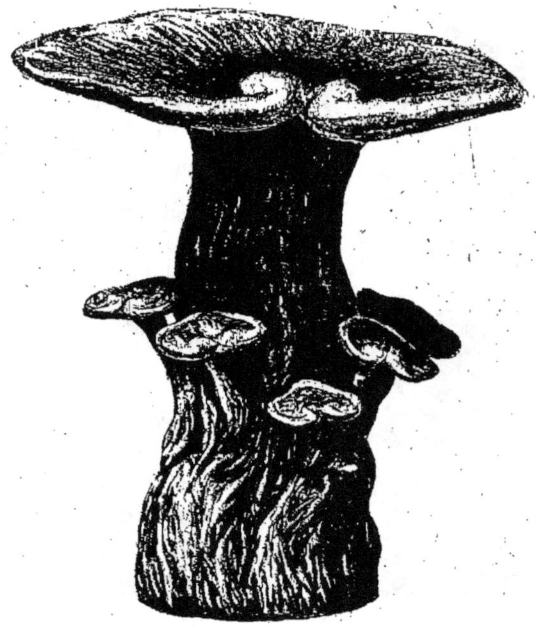

LING-TCHY,
Porcelaine décorée d'émaux flambés.
(PÉRIÓDE KHANG-HI, 1622-1723.)
(Collection de M. S. Bing.)

Soung (1100 environ ap. J.-C.); mais, pendant plusieurs siècles, elle ne fabriqua que des produits grossiers, d'un bleu très sombre et sans craquelures.

Nous classerons, à la suite des céladons, des porcelaines unies à couverte de grand feu, dites porcelaines de *Thsang*, du nom du mandarin qui dirigeait, sous le règne de Khang hi, la manufacture de King-te-tchin.

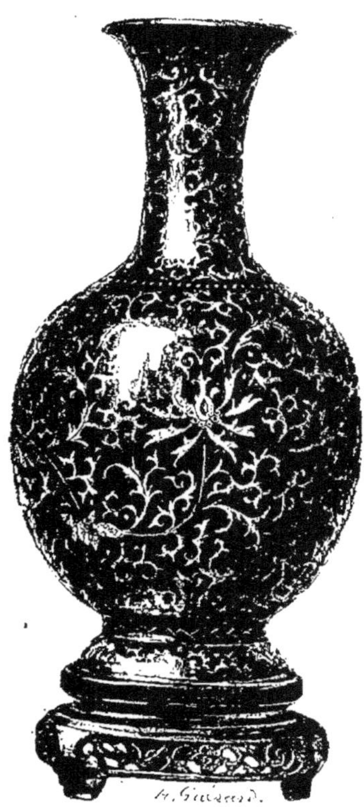

VASE
décoré en vert sur fond noir.
(PÉRIODE KHANG-HI, 1662-1723.)
(Collection de M. L. Gonse.)

L'émail qui décorait ces porcelaines était vert « peau de serpent » (*che-pi-lu*), jaune d'or (*kin-hoang-yeou*), jaune pâle, violet et vert pâle. Il y avait aussi des vases *tse-kin-che,* à fond laque, qui étaient susceptibles de recevoir toutes les colorations du bronze et qui étaient très recherchés. A l'occasion de ces porcelaines unies, nous devons noter l'idée, très différente de la nôtre, que se font les Chinois en ce qui concerne l'égalité dans l'épaisseur et le glacé de la couverte. Tandis qu'à Sèvres, par exemple, on considère comme un grave défaut le miroitage que prennent certaines de ces pièces, en Chine, au contraire, on estime cette sorte de moirure qui est, pour ainsi dire, la modulation de la couleur du fond.

Les porcelaines à fond noir sont intéressantes par

la façon dont cette coloration est obtenue : elle provient le plus souvent de l'épaisseur considérable d'une couverte colorée dans la masse; dans ce cas, l'intensité du ton fait paraître la teinte noire. D'autres fois, le même effet est produit par la superposition de deux couleurs différentes, le bleu sur le brun laqué, par exemple. Ce procédé est usité non seulement pour les vases à couverte unie, mais aussi pour les pièces à décor multicolore.

Il existe une série curieuse de vases à couverte colorée, dits « vases soufflés »; ce sont des pièces sur lesquelles la couleur a été projetée à travers un morceau de gaze fixé à l'extrémité d'un tube de bambou. En soufflant dans cet appareil, l'ouvrier couvre toute la surface du vase de gouttelettes pulvérisées qui lui donnent un aspect finement grenu, chagriné, l'apparence d'une peau d'orange. Certains vases ont reçu ainsi des couches successives de couleurs différentes.

6ᵉ ÉPOQUE

PÉRIODE YOUNG-TCHING ET KIEN-LONG[1] (1723-1796)

On peut dire que, dès l'avènement de l'empereur Young-tching, qui succéda en 1723 à l'empereur Kang-hi, la céramique chinoise entre dans une ère nouvelle, dans la première phase de l'école moderne. Au point de vue des procédés et de l'habileté technique, les peintres de la période que nous abordons ne le cèdent en rien à leurs devanciers; ils leur sont

---

1. Young-tching a régné de 1723 à 1736 et Kien-long de 1736 à 1796.

même supérieurs sur quelques points. D'abord les pièces sur lesquelles ils travaillent sont de forme plus heureuse; il y a plus de variété dans les types et peut-être plus de grâce et de souplesse dans les galbes. Ensuite, le dessin est plus savant, d'une finesse qui parfois — dans les porcelaines « coquilles d'œuf », par exemple — touche à la miniature. La composition est mieux comprise et plus élégante. La palette, qu'aucune couleur nouvelle n'est venue cependant enrichir, fournit des ressources plus variées par la combinaison, presque inconnue jusqu'alors, des émaux de la famille rose et de la famille verte, ou par leur mélange avec du blanc opaque.

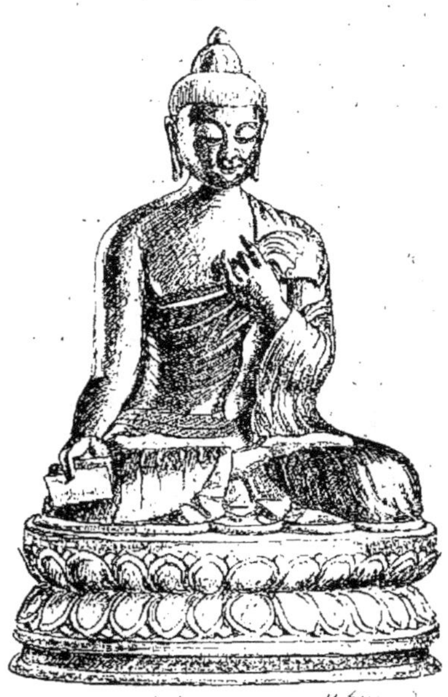

STATUETTE DE BOUDDHA
en porcelaine dorée et décorée d'émaux de la famille rose.
(PÉRIODE YOUNG-TCHING, 1723-1736.)
(Collection de M. le vicomte de Semallé.)

Mais, à côté de ces progrès, on aperçoit déjà les causes éloignées de la décadence où la porcelaine chinoise tombera dès le début du XIXᵉ siècle : il y a parfois de la recherche et de la surcharge dans la décoration,

dont les arabesques, les rinceaux compliqués, le fouillis
de fleurs et de feuillages tendent à recouvrir toute la
surface des pièces;

enfin, la préoccupa-
tion d'adoucir les
teintes commence
déjà à faire perdre
aux couleurs leur
éclat d'autrefois.

Dans la prodi-
gieuse variété des
produits de la période
Kien-long, les types
principaux peuvent
se ranger en quatre
classes :

1° Les porcelaines
de la famille rose;

2° Les porcelaines
« coquilles d'œuf »;

3° Les porcelaines
flambées;

4° Les porcelaines
d'exportation.

1° LES PORCELAI-
NES DE LA FAMILLE
ROSE. — Le règne de
Young-tching est la
belle époque de la famille rose, dont nous avons déjà
parlé au paragraphe précédent.

A côté du rouge et du rose tirés du chlorure d'or,

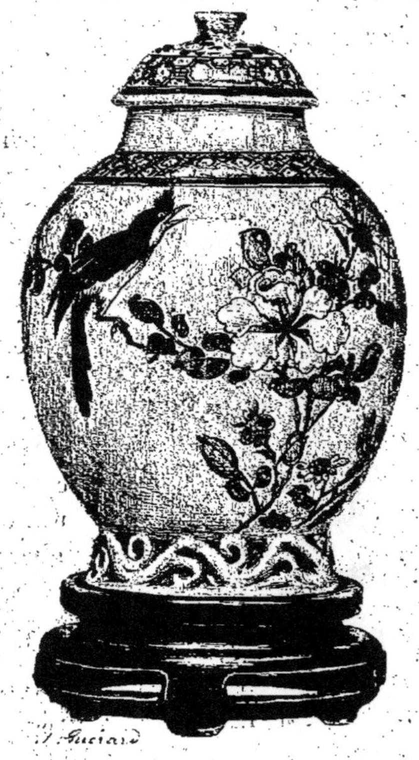

PETIT VASE A POUDRE DE THÉ,
famille rose.
(PÉRIODE YOUNG-TCHING, 1723-1736.)
(Collection de M. L. Gonse.)

les peintres se servent du bleu pâle, du vert tendre, du lilas clair. Le décor habituel consiste en fleurs, en animaux, en arabesques et en rinceaux, d'une grâce charmante de composition et d'une harmonie délicieuse de couleurs. Ces porcelaines sont peintes d'une touche légère, avec des émaux translucides, presque aqueux, qui rappellent la fraîcheur délicate des tons de l'aquarelle. Parfois, de grands sujets se développent sur la panse des vases : des personnages historiques assistent à quelque cérémonie de cour, ou combattent dans une mêlée de chevaux et de guerriers. Souvent aussi, la scène est empruntée à quelque poésie célèbre, comme la *Chanson des Lotus*, de Ouang tchang-

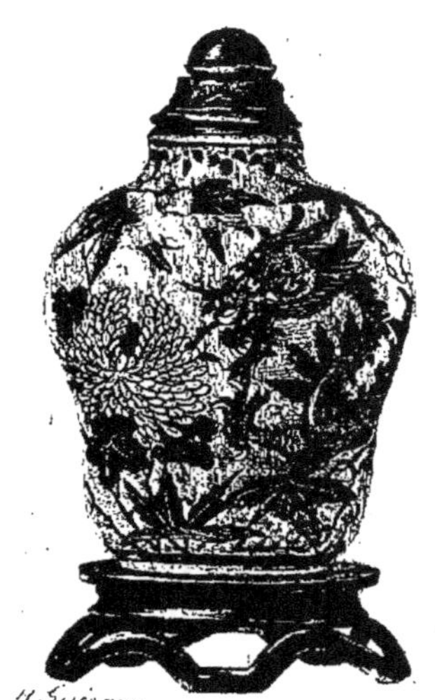

TABATIÈRE
en porcelaine coquille d'œuf.
(PÉRIODE YOUNG-TCHING,
1723-1736.)
(Collection de M. L. Gonse.)

ling, ou celle du *Chagrin*, de Li taï-pe : elle se déroule alors dans un paysage aux teintes fines et douces, dans une nature où les tons sont légers et diaphanes, où les formes sont toujours sveltes et délicates. Les drames de l'époque classique offrent également aux peintres de la famille rose d'heureux motifs de décoration, et en particulier le *Pi-pa-ki*, litt. « l'Histoire du luth », et le *Si-Siang-ki*, litt. « l'Histoire du pavillon d'Occident ». La gracieuse héroïne de ce dernier ouvrage se retrouve à tout instant, sur le flanc des potiches de cette classe, apparaissant à son amant telle que la dépeint le poète : « Elle incline avec grâce ses épaules parfumées et sourit en tenant un bouquet de fleurs. Ses sourcils, noblement arqués, s'arrondissent comme la lune noüvelle... Déployant comme une habile danseuse ses membres souples et gracieux, elle ressemble à un saule qui se balance au gré du soir. »

2° LES PORCELAINES « COQUILLES D'ŒUF », à la fabrication desquelles les artisans des époques précédentes s'étaient déjà essayés, apparaissent dans toute leur perfection à la fin du règne de Young-Tching, c'est-à-dire vers 1732. On les appelait des *tho-taï-khi*, « vases sans embryon ». « L'expression *tho-taï* (enlever l'embryon) veut dire qu'on enlève (*tho*) la matière qui constitue le vase brut (*taï*), et que ces porcelaines semblent seulement faites avec de l'émail[1]. » Le mot *taï*, littéralement « embryon », désigne la matière qui constitue le corps ordinaire d'un vase de porcelaine brute, et sur laquelle on applique la couverte. Dans les « coquilles d'œuf », cette matière est réduite à la moitié de son épaisseur, et même, dans les pièces très fines, elle paraît tout à fait supprimée, comme si la porcelaine ne se composait plus que de glaçure. Les *tho-taï-khi*, qui sont soit tournées, soit coulées, exigent une habileté et une légèreté de main incroyables de la part de l'artisan qui les confectionne. C'est la matière industrielle la plus délicate, la plus parfaite qui soit

1. *King-te-tchin-thao-lou,* II, § 79.

jamais sortie des mains de l'homme. Sur cette pâte blanche et transparente, les émaux roses, bleus, noirs et verts ont des douceurs exquises, des tendresses lumineuses que rehaussent à peine des tons d'or. M. E. de Goncourt a fort bien montré ce qu'ont de particulier à l'extrême Orient les procédés décoratifs de la famille rose et des « coquilles d'œuf ». Ces deux séries offrent, nous dit-il, « les échantillons sur lesquels s'épèle le mieux la différence de la porcelaine de l'Orient avec celle de l'Occident. Chez nous, les porcelainiers peignent avec les procédés de l'aquarelle. C'est de la peinture étendue au pinceau. En Chine et au Japon, toute autre chose. Rien que des tons posés avec une matière colorante toujours pénétrée de fluide vitreux : en un mot, de la peinture avec des émaux et non avec des couleurs. Et tout ce que cette peinture, cependant si fondue et si harmonieuse, accorde à la fonte et à l'harmonie géné-

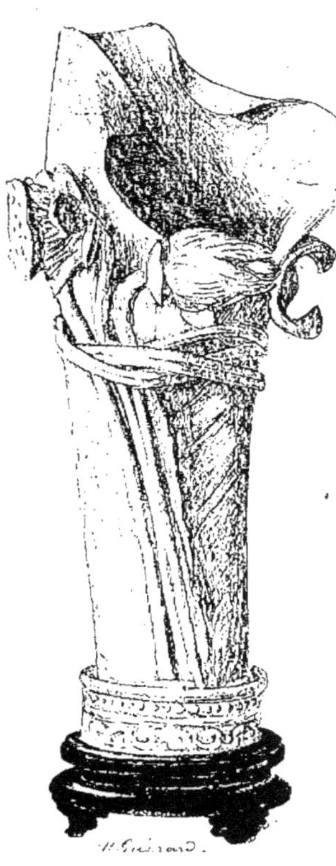

CORNET
de porcelaine blanche opaque
(PÉRIODE YOUNG-TCHING,
1723-1736.)
(Collection de M. S. Bing.)

rale, consiste seulement dans une dégradation des épaisseurs de l'émail... Au fond, cette peinture, la vraie peinture de la porcelaine, est, pour ainsi dire, de la *gouache translucide.* »

3° LES PORCELAINES FLAMBÉES. — On fabriquait déjà au XIIIe siècle des vases dont les couvertes de grand feu prenaient au four, par le hasard de la cuisson, des colorations étranges et puissantes. On les nommait *Yao-pien*, « porcelaines de transmutation », pour signifier que, soumises au feu, elles se transformaient, se transmutaient, pour ainsi dire, en une matière aux tons chatoyants, aux veines irisées et diaprées, semblable à de l'agate, à du jaspe, à du porphyre, à des pierres précieuses en fusion. Ces aspects différents de la couverte s'obtenaient par l'introduction rapide de courants d'oxygène dirigés sur la pièce pendant la cuisson. Il y fallait un tour de main hardi, une rare justesse de coup d'œil, une pratique consommée : sur dix essais, c'est à peine si un seul réussissait.

Il semble que le secret de la fabrication des *Yao-pien* se soit perdu pendant plusieurs siècles, car on n'en signale pas dans les périodes Siouan-te, Tching-hoa et Ouan-li, c'est-à-dire du XVe siècle jusqu'à la fin du XVIIe. Dans les dernières années du règne de Khang-hi, on recommença d'en confectionner[1]; mais la technique n'en fut parfaite que sous Kien-long. En vrais coloristes, les céramistes chinois ont cherché à copier tous les produits de la nature qui leur offraient des tons riches et chatoyants, et ils ont été choisir des modèles dont les ar-

---

1. Voy. à la p. 203 le vase flambé de la collection de M. L. Gonse.

tistes occidentaux n'auraient jamais songé à s'inspirer.
C'est ainsi que l'auteur du *King-te-tchin-thao-lou* nous
apprend qu'il y avait des émaux couleur « d'aubergine »,
kia-hoa-tse-yeou, — de « foie de mulet », *lo-kan-yeou*,
de « poumons de cheval », « *ma-feï-yeou* », etc.

Les beaux *flambés* ont des colorations rouge sombre,
pourpre vineux, violet foncé, bleu lapis, vert émeraude, dont les reflets sont imprévus, changeants et
capricieux ; des gouttelettes d'oxyde restent figées sur
la couverte : on dirait que des coulées d'émail débordent
sur les parois du vase, et les flammes qui l'ont léché
dans le four y semblent visibles encore.

4° LES PORCELAINES D'EXPORTATION. — Nous ratta-
cherons, pour ordre, à la période Kien-long trois catégories de porcelaines qui, fabriquées exclusivement
pour l'exportation, ont reçu une forme ou une décoration particulière, suivant le goût ou les besoins des
peuples auxquels elles étaient destinées.

Telles sont d'abord *les Porcelaines à Mandarins*.
Elles sont ainsi nommées parce qu'elles représentent
des scènes historiques ou familières où figurent, avec
les attributs et insignes de leur costume officiel, des
fonctionnaires de la dynastie de Thsing. Les plus anciennes pièces, qui datent de la fin du règne de Kang-hi,
sont composées de réserves occupées soit par le sujet
principal, soit par des oiseaux et des fleurs en camaïeu
rose ou noir, et d'un fond semé de rinceaux et de fili-
granes d'or, ou gaufré avec de fines dentelures en bleu
sous couverte. Ces porcelaines jouirent, dès qu'elles
apparurent en Europe, d'une telle vogue que, pour
satisfaire aux commandes, la confection en dut être

négligée : les décors furent dès lors sans charme, sans originalité, les colorations mal combinées, crues et criardes, l'ensemble sans intérêt, sans valeur artis-

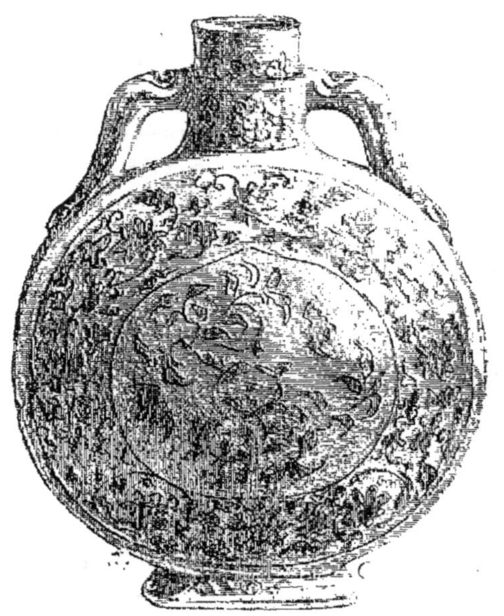

GOURDE PLATE
décorée en bleu sous couverte
(NIEN-HAO KIEN-LONG, 1736-1796.)
(Collection de l'auteur.)

tique. D'ailleurs, la plupart des potiches à mandarin ont été fabriquées au Japon.

Nous rangerons aussi parmi les produits céramiques destinés à l'exportation *les Porcelaines à décor persan*. Ces porcelaines ont longtemps intrigué les connaisseurs. Elles avaient été trouvées en Perse, et la forme comme le décor en étaient généralement persans; mais on y constatait les mêmes procédés de fabrication et les mêmes colorations d'émaux que dans les produits d'origine chinoise.

On a cru d'abord que ces pièces avaient été fabriqués dans l'Iran, que des ouvriers chinois y étaient venus sans doute enseigner leurs procédés aux potiers persans, mais que ceux-ci n'avaient pas tardé à devenir leurs rivaux et même leurs égaux. Il est reconnu aujourd'hui que les porcelaines kaoliniques à décor persan que l'on trouve dans l'Iran sont de fabrication purement chinoise : la forme et l'ornementation en ont été copiées sur des poteries ou des bronzes apportés de Perse; elles ont été exécutées sur commande et pour l'exportation.

A cette classe des produits céramiques destinés à l'étranger se rattachent enfin *les Porcelaines pour surdécorations européennes.* Ces surdécorations ont été exécutées en Europe dès les premières années du xviiie siècle.

Les faïenciers de Delft, ayant découvert, vers 1700, le secret de la préparation des couleurs de petit feu, eurent l'idée de les appliquer sur des porcelaines chinoises toutes blanches ou dont la composition primitive laissait de larges surfaces sans décor. « De là, dit M. du Sartel, sortit de toutes pièces une industrie nouvelle qui eut ses peintres et ses ateliers spéciaux et à qui la découverte de nouveaux émaux, le jaune, le blanc et les carmins violacés, permit bientôt de reproduire les décors que la Compagnie des Indes faisait exécuter en Chine et au Japon.

« Dans ces circonstances, la Compagnie s'aperçut

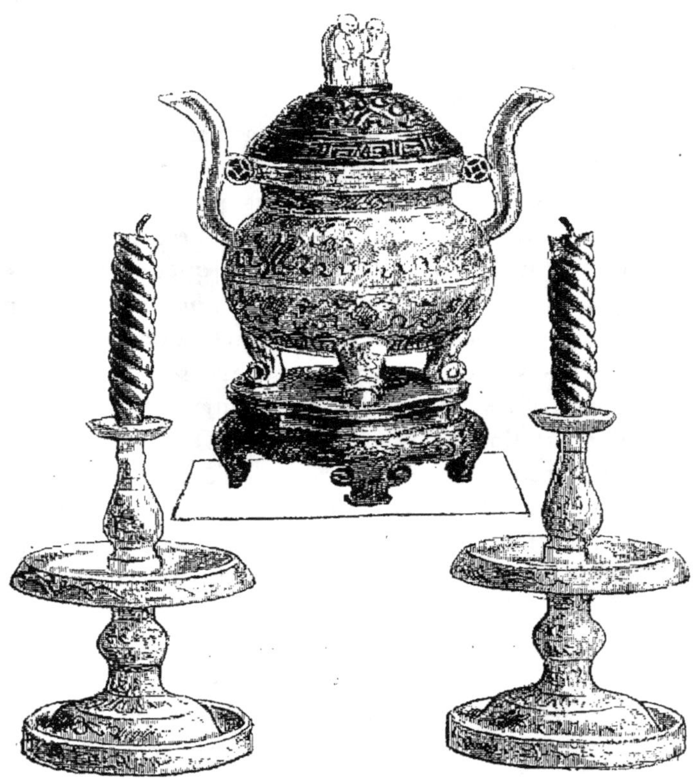

GARNITURE D'AUTEL BOUDDHIQUE.
Porcelaine décorée en bleu sous couverte.
(PÉRIODE KIEN-LONG, 1736-1796.)
(Collection de l'auteur.)

qu'elle perdait un temps énorme à transmettre ses
ordres jusque dans l'extrême Orient, à y faire parvenir

les modèles indiqués et à en rapporter enfin les commandes que lui avaient faites les grands seigneurs ou
les riches bourgeois. Elle trouva dès lors plus simple
de faire venir à l'avance des vases, des services de table
et toutes sortes de pièces en blanc ou à demi décorées
de bleu sous couverte. Elle les vendait en cet état à
Gerrit van der Kaade ou à ses émules. Ceux-ci les déco-
raient de chiffres, d'armoiries, de sujets chinois, japonais, ou même hollandais, selon le désir de l'acheteur[1]. »

Le succès qui accueillit ces produits hollandais
donna aux Saxons l'idée de les imiter, et c'est ainsi
qu'une série de pièces chinoises ou japonaises, surdéco-
rées à Dresde, envahit le marché. La manufacture de
Venise entra bientôt aussi dans la voie qu'avaient ouverte les céramistes de Delft. Il est souvent fort délicat
de distinguer ces porcelaines et de déterminer leur
caractère apocryphe : une étude attentive des émaux,
de leurs qualités au point de vue de la transparence et
de l'irisation, de la façon dont ils ont été appliqués,
l'observation minutieuse des défauts et des raccords, et
enfin l'examen du style général de la pièce y suffisent
à peine.

7ᵉ ÉPOQUE

PÉRIODE CONTEMPORAINE[2] (1796-188..)

Cette époque, qui compte déjà près d'un siècle, ne

1. *La Porcelaine de Chine*, p. 216.
2. Cette période comprend les règnes de Kia-king, Tao-
kouang, Hien-foung, Tong-tche et Kouang-siu.

se signale par aucune découverte céramique, par aucun progrès dans les procédés ; elle est marquée, au contraire, par l'oubli des traditions techniques chez les artisans, par l'absence du style chez les décorateurs.

Les seules pièces qui présentent quelque intérêt datent du règne de Kia-king (1796-1821) ou des premières années de son successeur, Tao-kouang, et encore ce ne sont que des reproductions de types exécutés aux époques précédentes, principalement dans la période Kien-long. A partir de l'année 1840 environ, l'excès de la production causé par le développement du commerce occidental, — la préoccupation de satisfaire à l'engouement irréfléchi et au goût inexpérimenté des acheteurs européens pour les provenances de l'extrême Orient, — et sans doute aussi un certain abaissement du sens artistique chez les Chinois de notre temps, ont déterminé la décadence où tombe, chaque jour plus profondément, l'art céramique qui, il y a moins d'un siècle, brillait encore d'un si vif éclat.

LE VERRE

I

L'HISTOIRE

Les annales de la dynastie des Han rapportent que, sous le règne de l'empereur Hiao-wou-ti (140-86 av. J.-C.), il y avait en Chine une manufacture de *lieou-li*. Ce mot ayant servi, plus tard, à désigner d'une façon générale les produits de la verrerie, on a cru pouvoir penser que le verre était connu des Chinois dès le IIᵉ siècle avant notre ère[1]. Il semble, au contraire, que le *lieou-li* n'était qu'une sorte d'émail, opaque ou vaguement translucide. Quand, en effet, on sut fabriquer en Chine le verre véritable, un mot nouveau fut inventé pour le distinguer : *po-li*. Par la suite, on se servit indifféremment des deux expressions pour désigner toutes les matières vitrifiées.

Deux cent cinquante ans environ avant de fabriquer le verre, les Chinois en avaient reçu, par le commerce étranger, des spécimens manufacturés, des fioles, des coupes, etc. Ces produits leur venaient des grandes ver-

---

1. Cf. *Mémoires concernant les Chinois, par les missionnaires de Pékin*, II, 463.

reries d'Égypte et de Syrie. Dès le Ier siècle de notre
ère, en effet, des relations commerciales s'étaient établies entre l'Empire du Milieu et les pays de l'Asie
antérieure placés sous la domination romaine. Nous
avons vu (p. 22) qu'avant cette époque les Chinois
ignoraient jusqu'à l'existence de ces régions : ce fut seulement sous la dynastie des Han (206 av. J.-C. — 265
ap. J.-C.), qu'ils en prirent la notion et les désignèrent sous le nom générique de *Ta-ts'in*. Leurs données
se précisèrent assez rapidement, en particulier sur le
royaume des Parthes (*An-si*, « Arsak » ?) et sur la Ba-
bylonie *(T'iao-tche)*, qui venait de passer sous la domination romaine.

A la fin du IIe siècle, le trafic était presque constant,
et les routes que suivaient les caravanes nous sont connues [1]. Par les provinces occidentales de la Chine, on

1. Cf. Hirth, *China and Roman Orient*. Cet ouvrage, très
consciencieusement étudié et d'après les sources chinoises les
plus anciennes, est le premier qui ait éclairé cette question des
rapports de la Chine avec l'empire romain. L'identification des
noms chinois aux noms latinisés des localités traversées par les
caravanes a été, en particulier, l'objet d'une étude très attentive,
dont les conclusions paraissent tout à fait justifiées.

En ce qui concerne les connaissances des Grecs et des Romains sur la Chine, cf., Yule, *Cathay and the way thither*.
Les Grecs et les Romains ont su qu'il y avait une civilisation
chinoise, bien avant que les Chinois aient soupçonné l'existence
du monde occidental. Il est fait fréquemment allusion aux *Seres*
dans les auteurs anciens. Cf. Strabon, XV, 25 ; — Virgile, *Géorg.*
II, 120 ; — Horace, *Odes*, I, 12 et 29 ; III, 29 ; IV, 15 ; — Pomponius
Mela, III, 7 ; — Pline, *Hist. nat.*, VI, 20 ; XII, 1 et 41. L'assertion
de Florus (*Epitome*, IV, 12), au sujet de l'ambassade chinoise
envoyée à la cour d'Auguste, est une erreur historique. Les annales des Han, qui relatent, dans les moindres détails, l'histoire
de cette dynastie, n'en font pas mention. En outre, elles nous

gagnait le Turkestan, dont *Mou-lou* (Antiochia Margiana, Mourou, Merv) était le centre commercial. De Mou-lou, on allait à *Ho-tou* Hecatompylos), puis à *A-man* (Ecbatana). En poursuivant la route jusqu'au Tigre, on passait le fleuve à *Sou-pin* (Ctésiphon), en face de *Sou-lo* (Séleucie), et on arrivait à *Yu-lo* (Hîra), sur les lacs de Chaldée, d'où, par le cours de l'Euphrate, on atteignait le golfe Persique. On doublait ensuite toute la péninsule arabique, on remontait la mer Rouge jusqu'au fond du golfe Ælantique et l'on abordait à Æla : il fallait deux mois de navigation de Hîra jusqu'à ce port. De Æla, par Petra (*Likan*, Rekem), on gagnait Gaza ou quelque autre ville de la côte syrienne[1].

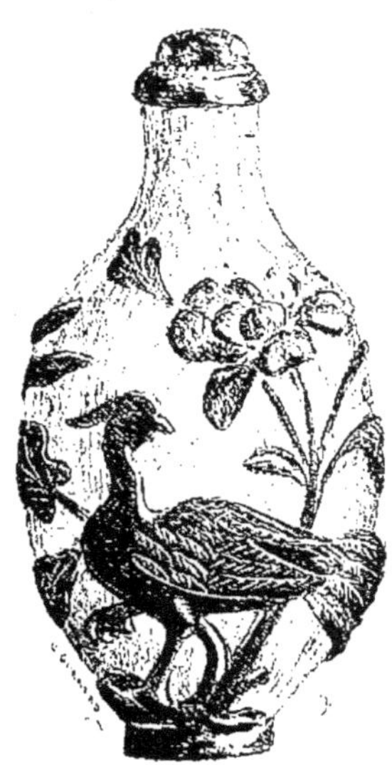

TABATIÈRE DE VERRE,

A

DEUX COUCHES TEINTÉES.

(Collection
de M. le vicomte de Semallé.)

Plus tard, à partir du IIIe siècle, le commerce suivit aussi une autre route. Depuis Hîra, on remontait l'Eu-

apprennent que le premier Chinois qui ait pénétré dans le Ta-ts'in fut Kan-Ying qui alla jusqu'en Chaldée (*T'iao-tche*) (IIe siècle ap. J.-C.).

1. Pour de plus amples renseignements sur la voie commerciale qui, dans les premiers siècles de notre ère, reliait la Mésopotamie à la Syrie par le golfe Persique, la mer Rouge et les

phrate et, par Palmyre (*Tsie-lan*) et Emèse (*Sou-fou*), on arrivait à Antioche (*An-tou*), résidence du pro-consul de Syrie et que les auteurs chinois ont toujours considérée comme la capitale de l'empire romain.

Les commerçants qui faisaient ainsi passer des mar-chandises à travers toute l'Asie n'étaient pas des Chi-nois. Jusqu'à nos jours, en effet, la race chinoise n'a jamais été voyageuse : aucun peuple, peut-être, ne s'est attaché plus solidement au sol où il était né, et l'on sait que les coolies chinois, que les grands courants de l'émigration vont porter actuellement sur tous les points du monde, ont la constante préoccupation du retour sur la terre chinoise. Suivant toute probabilité, c'étaient des Syriens qui s'enhardissaient ainsi à im-porter leurs marchandises jusque dans l'extrême Orient. Cette opinion paraît confirmée par la singu-lière aventure de ce marchand syrien, surnommé Ts'in-loun par les auteurs chinois, qui, vers l'an 230 de notre ère, parvint à la cour de l'empereur Ta-ti, après avoir erré plusieurs années à travers l'Annam et le Tonkin. Ce souverain lui confia la direction d'une mission qui devait se rendre dans l'empire romain, *Ta-ts'in*, et y nouer des rapports officiels. Les en-voyés chinois qui la composaient périrent en route, et Ts'in-loun seul put poursuivre son voyage; mais on ne sut jamais s'il parvint au terme.

Parmi les articles les plus importants de ce com-

villes de l'Arabie-Pétrée, — cf. Reinaud, *Mém. sur les royaumes de Mésène et de Kharacène,* et, du même auteur, *Mém. sur le périple de la mer Érythrée,* au tome XXIV des *Mémoires de l'Académie des Inscriptions.*

merce transasiatique, figurait le *verre*[1]. L'auteur du
Oueï-lio nous apprend qu'il y en avait de dix colorations différentes : blanc, noir, vert, jaune, bleu sombre,
bleu clair, rouge sombre, rouge clair, rose et brun.

Ainsi, dès la fin du IIe siècle, les Chinois connaissaient le verre. Ce ne fut qu'au Ve siècle qu'ils apprirent
à le fabriquer.

Les historiens chinois nous fournissent sur ce point
des données précises. D'après le *Peï-tche*, des marchands
étrangers[2], partis du pays de Ta-yue-chi (situé sur la
frontière nord-ouest de l'Inde), vinrent à la cour de
Taï-ou (424-452), de la dynastie des Oueï septentrionaux[3]. Ils prétendaient trouver sur place les matières
nécessaires à la vitrification, et ils fabriquèrent, en effet, du verre qui était, dit-on, plus brillant et plus transparent que celui qu'on recevait de l'Ouest. Le *Peï-tche*
assure qu'à partir de cette époque le prix du verre
baissa considérablement en Chine.

Quelques historiens ont revendiqué pour l'empereur
Ouen-ti (424-454), de la dynastie des Liou Soung,
contemporain et rival de Taï-ou, l'honneur d'avoir
fait adopter les procédés de la vitrification. Quoi qu'il

---

1. Les autres produits principaux, expédiés d'Occident en
Chine en échange de la soie, étaient les tissus de laine brodés
et teints, les drogues et les aromates, les pierres précieuses et les
perles. Cf. dans Hirth, les citations du *Oueï-lio*, ou *Histoire
abrégée de la dynastie des Oueï*, ouvrage de la fin du IIIe siècle.
Les pierres précieuses provenaient des tailleries d'Alexandrie.
Cf. W. Jones, *History of precious stones*. London, 1880.

2. De quelle nationalité étaient ces marchands? Indiens? Syriens? L'auteur chinois a négligé de le spécifier.

3. La cour des Oueï septentrionaux était près de la ville actuelle de Ta-t'oung-fou, dans la province du Chen-si.

en soit, la date du début de la fabrication du verre en
Chine demeure établie : elle se place entre les années
424 et 452.

II

LA TECHNIQUE

Bien qu'aucun spécimen ancien de la verrerie chinoise ne soit parvenu jusqu'à nous, il semble que la
technique du verre se soit rapidement perfectionnée
dans l'Empire du Milieu. Nous savons, en effet, par
les auteurs, que, dès le IXe siècle, on le réservait à une
fabrication de luxe. On le considérait presque comme
une matière précieuse. Le poète Li taï-pe, parlant de
la belle T'aï-tchen, l'une des beautés classiques de la
Chine, la représente pressant des grappes de raisin
dans des coupes de verre et dans des vases d'or, de
jade, d'émeraude, etc.

Les Chinois ont toujours su colorer le verre dans
la masse : les colorations les plus fréquemment usitées
sont le rouge de grenat ou de calcédoine, le rose de
corail, le violet clair et le violet pensée, le bleu de saphir, le blanc opaque, le vert d'émeraude ou de jade.
L'intensité et la pureté des tons donnent parfois à la
matière l'aspect d'une pierre dure, d'une agate orientale
sans défaut. Ils ont excellé également à fondre ensemble des verres de couleurs différentes, soit sans les
mêler, soit en introduisant dans la pâte même l'une

des matières composantes, sous forme de macules, de veines ou de rubans, etc. La pièce qui est représentée ci-dessous, et qui provient de la collection de M. L. Gonse, nous offre un des spécimens les plus caractéristiques et les plus délicats de ce genre.

On a fabriqué en Chine et on y fabrique encore des verres décorés d'émaux translucides, *Kou-yue-suen*. Quelquefois le verre est légèrement craquelé par la cuisson qui a fixé l'émail.

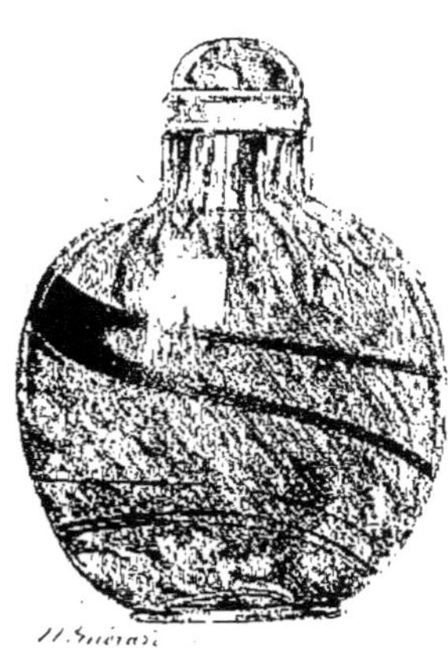

TABATIÈRE DE VERRE.

(Collection de M. L. Gonse.)

Suivant toute probabilité, c'est aux Arabes que les Chinois doivent la technique du verre émaillé. L'introduction des premiers modèles a dû s'effectuer sous la dynastie mongole (1260-1368). C'est en effet le moment où la verrerie arabe a produit ses œuvres les plus accomplies et celui où les relations entre la Chine et le monde islamique ont été le plus suivies (voy. p. 70). Cette origine nous paraît confirmée encore par la présence en Chine, principalement dans les provinces de l'ouest, d'un certain nombre de lampes de mosquée, en verre émaillé, à forme évasée, décorées de caractères et de motifs arabes.

Les Chinois n'ont pas, à notre connaissance du moins, décoré d'émaux des pièces importantes. Ce ne sont généralement que des tabatières. La collection de

M. le vicomte de Semallé en possède quelques spécimens.

Tous les procédés employés en Occident pour le
travail du verre ont été pratiqués dans l'Empire du
Milieu : le soufflage, le coulage et le moulage y ont
toujours été usités;
mais c'est par la
taille, et surtout par
la ciselure profonde
des verres à plusieurs
couches colorées, que
les verriers chinois
ont créé leurs œuvres
les plus originales.
Dans ce genre de tra-
vail, ils ont atteint à
une sûreté de main, à
une délicatesse de
goût, à une fermeté de
style, que la maîtrise
des ouvriers de Bo-
hême du xvi⁰ siècle n'a
certes pas dépassées.

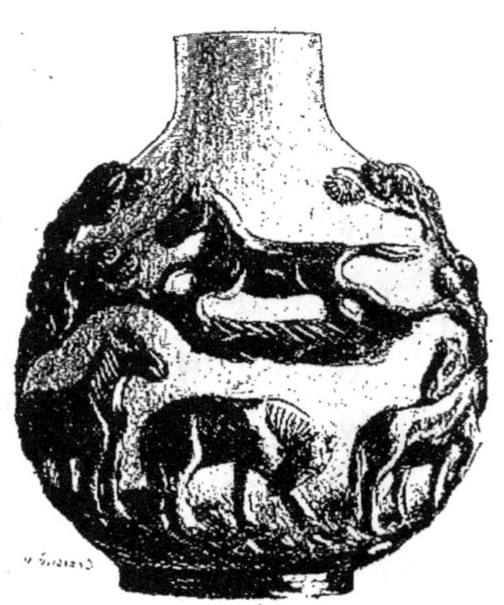

TABATIÈRE DE VERRE
A DEUX COUCHES TEINTÉES.
(Collection de M. le vicomte de Semallé.)

Les verres chinois sont le plus souvent de petite
dimension et de formes peu variées : ce sont des coupes
ou des tabatières. Les coupes sont formulées en ove,
en calice de nelumbium ou de magnolia : elles sont
décorées, sur le pourtour, d'un dragon, d'un phénix,
d'une branche de lotus, de quelque figure symbolique
du bouddhisme ou du taoïsme, etc. Les tabatières ont
des décors plus variés : la fantaisie de l'artiste y a

gravé des fleurs, des animaux, des sujets familiers, etc.
Souvent, ces tabatières sont ornées d'un décor colorié
à la main. Dans ce cas, l'application de la couleur est
faite à l'intérieur même de l'objet : ce n'est que par des
prodiges d'habileté et de patience que l'ouvrier peut
arriver à manier son pinceau à travers l'étroit goulot
et à tracer son décor sur la paroi interne du verre.

Les objets de verrerie ancienne sont en Chine d'une
rareté excessive. La mode des tabatières, très répandue
actuellement, ne date guère que du règne de Khang-hi
(1662-1723), et nous n'en avons point vu, à Pékin, qui
fussent antérieures au xviiie siècle. On trouve assez
fréquemment des coupes, dont la décoration sobre,
ferme et large, présente tous les caractères du style des
Ming.

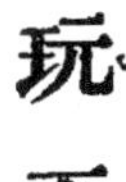

LES ÉMAUX

I

Dans leur recherche de tout ce qui pouvait contribuer à rehausser les bronzes, les Chinois ont été amenés à les décorer d'*émaux champlevés* et d'*émaux cloisonnés*.

On sait en quoi consistent ces deux procédés de décoration. Dans le premier cas, on creuse dans le bronze même, et d'après un contour donné, une concavité où l'on dépose un émail, c'est-à-dire une composition d'oxydes métalliques que l'on vitrifie en soumettant au feu la pièce ainsi préparée. Dans le second cas, on applique de champ, sur le métal destiné à servir de fond, des rubans de cuivre, d'argent ou d'or qui, suivant le tracé d'un dessin, divisent la surface en autant de compartiments ou *cloisons* qu'il y a de parties diversement teintées. Ces cloisons font de la surface à décorer un réseau métallique, un treillis de cellules dans lesquelles on introduit ensuite l'émail en poudre mêlée d'un peu d'essence. On passe enfin au four qui fixe les couleurs sur le fond sans détruire les cloisons.

, C'est l'Occident qui a importé en Chine le procédé du cloisonné, qu'elle a ensuite poussé à un si haut point de perfection.

Cette origine nous paraît indiquée d'abord par le nom chinois de l'émail cloisonné, *fa-lan*, dont le sens littéral est « émail franc ». Ce mot désignait autrefois en Chine tout ce qui était de provenance occidentale. En enveloppant ainsi sous la rubrique générale de « Francs » l'ensemble des peuples situés à l'ouest de l'Asie, les Chinois ne firent qu'adopter l'expression par laquelle les Orientaux, à la suite de la prédominance de l'influence française dans le Levant, ont désigné, jusqu'en notre siècle, la masse des pays chrétiens, sans distinction de nationalité. Le sens du mot était général et ne s'appliquait pas encore exclusivement aux Français.

A l'appui de cette interprétation, nous trouvons dans un ouvrage officiel chinois que « la 8ᵉ année Kia-tsing (en 1529, sous les Ming), on fabriqua des *p'ao* ou canons que l'on nomma canons francs *(fa-lang-ki-p'ao)*..... *Fa-lang-ki* est un nom de royaume *(Koue ming ye)*. A la fin de la période Tching-te (vers 1521) les vaisseaux de ce royaume étant arrivés à Canton, on obtint d'eux un modèle de leurs canons et on en fabriqua de pareils en cuivre[1]. » Il n'est pas vraisemblable qu'un vaisseau *français* se soit rendu à Canton en 1521 ; mais il est très probable qu'un des navires de Magel-

---

1. *Hoang-tchâo-li-ki thou-tchi*, « Modèles des objets rituels ». (Section des instruments de guerre.)

lan, qui précisément avait franchi en 1520 le détroit qu'il a baptisé de son nom, et qui dans cette année avait découvert les Philippines, ait été reconnaître la côte voisine de Chine et visiter Canton. Cet exemple suffit à démontrer qu'au commencement du xvi⁰ siècle les Chinois désignaient confusément sous le nom de « francs » tous les pays d'Europe, et que le nom de *fa-lan* donné aux cloisonnés témoigne bien d'une origine occidentale.

L'étude attentive des plus anciens cloisonnés nous fournit également des preuves de cette provenance européenne : ces œuvres présentent parfois, en effet, de singulières ressemblances avec certains émaux de l'école byzantine : mélange d'émaux différents entre les parois d'une même cloison, — emploi d'incrustations d'or pour traiter les figures et les mains, etc.

Cette origine ainsi indiquée d'une façon générale, comment et à quelle époque se fit l'importation des cloisonnés en Chine? Nous ne pouvons présenter ici, en manière de solution, que deux hypothèses.

1° Les Chinois ont reçu le cloisonné par des artisans isolés, voyageant à travers toute l'Asie, et créant des ateliers dans les grandes villes qu'ils visitaient, comme firent à peu près ces petites colonies d'ouvriers syriens qui parcouraient la France à l'époque mérovingienne et y apportaient également les procédés byzantins[1].

Nous avons eu déjà (voy. *suprà*, p. 70) l'occasion de signaler les conséquences considérables qu'entraîna

---

1. Cf. Bayet, *l'Art byzantin*, p. 291. (BIBL. DE L'ENSEIGNEMENT DES BEAUX-ARTS).

l'établissement d'une dynastie mongole en Chine dans la seconde moitié du xiiie siècle, au point de vue de l'ouverture de l'Asie orientale aux idées, aux connaissances scientifiques, aux procédés industriels et aux formules d'art des civilisations occidentales.

Les relations qui existaient alors entre la Chine et l'Europe par la voie de terre, c'est-à-dire par la Perse et le Turkestan ou par la Sibérie et la Mongolie, étaient moins rares qu'on ne le pense. La cour que les Grands Khans tenaient [à Karakorum était le lieu de rendez-vous d'une foule d'envoyés politiques, de religieux, de commerçants, d'aventuriers qui venaient de tous les points du monde civilisé. Beaucoup de religieux italiens, français, flamands s'y rendirent, chargés d'une mission de la cour de Rome : un franciscain du royaume de Naples y passa pour se rendre à Pékin, où le pape l'avait institué évêque [1]. Lorsqu'en 1251 le moine Guillaume de Rubrouck y parvint, les premières personnes qu'il y rencontra furent « maître Guillaume Boucher, orfèvre parisien, qui avait demeuré sur le Grand-Pont à Paris », et « une femme de Metz en Lorraine, nommée Paquette, qui avait été faite prisonnière en Hongrie » ; ce Guillaume était orfèvre du grand khan qui allait devenir empereur de Chine [2]. Il y avait encore à Karakorum des Arabes, des Syriens, des Moscovites. Il y avait aussi des marchands génois, pisans et vénitiens. Le voyage du père

1. Cf. Abel Rémusat, *Second Mémoire à l'Académie des Insc.*, vii, 335, et *Mélanges asiatiques.*

2. Cf. *Voyage de Guillaume de Rubrouck en Orient*, annoté par de Backer.

et de l'oncle de Marco Polo en Tartarie (1256) n'était
pas, en effet, le premier qu'eussent tenté les Vénitiens
pour chercher vers l'extrême Orient des débouchés à

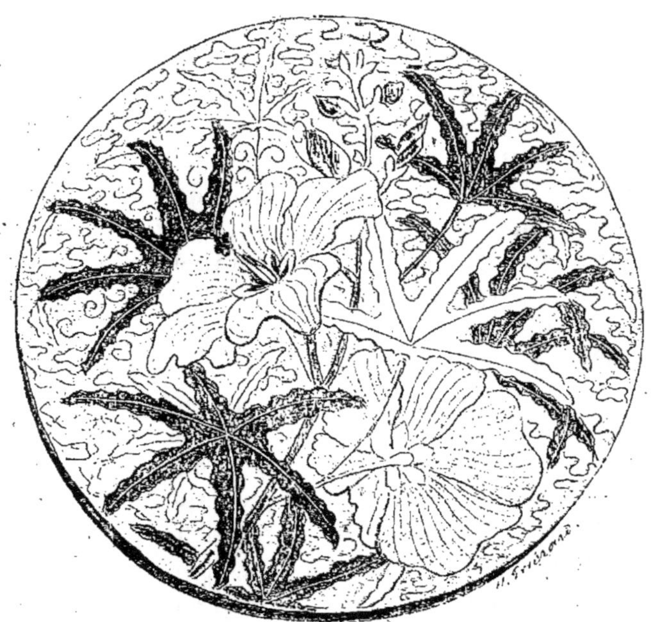

BOITE D'ÉMAIL CLOISONNÉ. — XVIᵉ SIÈCLE.
(Collection de M. le vicomte de Semallé.)

leur commerce. Des artisans de Pologne, de Bohême
et de Hongrie avaient pris également la route de la
Mongolie et de Cathay : Jean du Plan Carpin, légat du
Saint-Siège en Tartarie, fit le voyage avec des gens de
Breslau et de Prague, et, quelques années plus tard,
quand Jean de Montecorvino, religieux de l'Ordre des

Frères Mineurs, partit pour la Chine, un artisan italien l'accompagnait [1].

Lorsque Koubilaï-khan, à la suite de ses conquêtes, établit sa cour à Pékin et assura sa domination sur tout l'Empire du Milieu, la barrière que la Grande Muraille opposait aux influences occidentales cessa d'exister. Tous ces étrangers, savants, religieux, commerçants, artisans, dont il aimait à s'entourer à Karakorum, le suivirent dans sa nouvelle capitale et bientôt la Chine fut ouverte — pour un temps qui ne dura guère, il est vrai — à l'action extérieure. Nous savons par les récits de Marco Polo de quel crédit les Européens jouissaient auprès de l'empereur mongol et en quelle faveur ce souverain tenait tout ce qui était d'origine étrangère. Les marchands et artisans qui faisaient route vers la Mongolie poursuivirent désormais leur chemin jusqu'au centre même du Cathay, et le franciscain Odoric de Pordenone, composant à son retour en

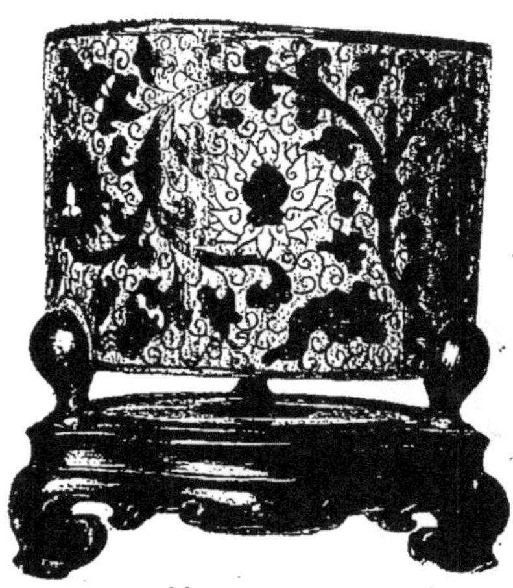

VASE D'ÉMAIL CLOISONNÉ.
H., 0^m,16.
XVI° SIÈCLE.
(Collection de M. L. Gonse.)

1. Voy. d'autres exemples encore dans Cordier, *Bibliotheca Sinica*, II, p. 884 et suiv.

Europe la relation de son voyage en Chine et de son
séjour à Hang-tcheou qu'il avait visité en 1325, put
écrire ces lignes : « La cité de Cansay est la plus

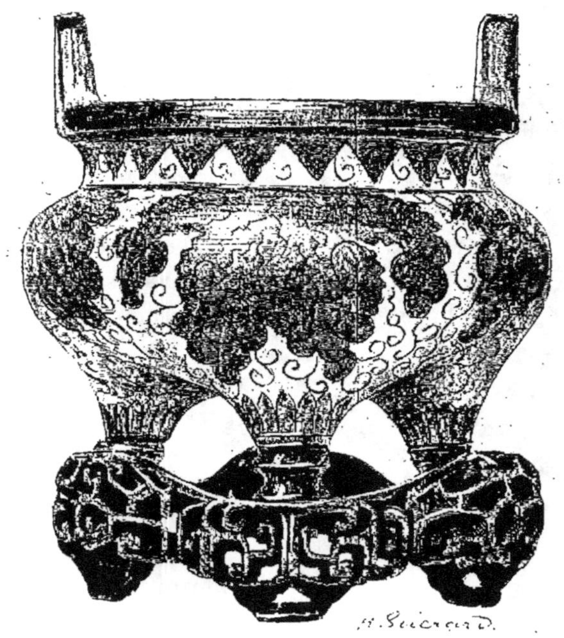

VASE D'ÉMAIL CLOISONNÉ.
H., 0^m,125.
XVIe SIÈCLE.
(Collection de M. L. Gonse.)

grande ville du monde; j'ose à peine donner cette indication; car il y a tant de gens à Venise qui y ont été[1]. »

1. Cansay, la Quinsay de Marco Polo, la Khanzaï d'Ibn-batoutah, est Hang-tcheou-fou, autrefois King-sse, l'ancienne capitale
des Soung. Cf. Yule, *Cathay and the way thither*, I, p. 113.

Si l'on accorde que les voyages dont le souvenir nous a été ainsi conservé ne sont qu'en petit nombre à côté de tous ceux qui furent entrepris par des marchands ou des artisans demeurés plus obscurs, on reconnaîtra que certains procédés de l'industrie occidentale, ceux de l'émaillerie en particulier, avaient pu passer en Chine, à travers toute l'Asie, vers la fin du xiiie siècle.

2° Les navigateurs arabes ont été les importateurs du cloisonné. Nous avons parlé déjà (voir p. 70) du commerce établi entre la Chine méridionale et le monde islamique. L'importance que ce commerce prit, vers le xive siècle, donnerait à penser que les émaux des « pays francs » ont été introduits plutôt par la voie de mer que par la longue route de terre. Nous devons cependant signaler un passage du *Ko-kou-yao-loun*, ouvrage publié au début du xve siècle, où il est fait mention de vases arabes de cuivre émaillé « semblables aux bronzes *fa-lan* » : cette distinction tend à faire croire que les *fa-lan*, aux yeux des Chinois de cette époque, n'étaient pas de provenance arabe, et que, des deux hypothèses que nous venons de présenter, la première est la plus admissible.

Les émaux dont on se servait et qu'on emploie encore en Chine sont d'une grande variété de nuances : le bleu est obtenu par l'oxyde de cobalt, le rouge par l'oxyde de cuivre et le sulfate d'argent, le vert par l'oxyde de chrome, le violet par l'oxyde de manganèse, le jaune par le chlorure d'argent, le blanc d'opale par l'oxyde d'étain, le blanc vif par les oxydes d'étain et de plomb, le noir par un mélange des oxydes donnant

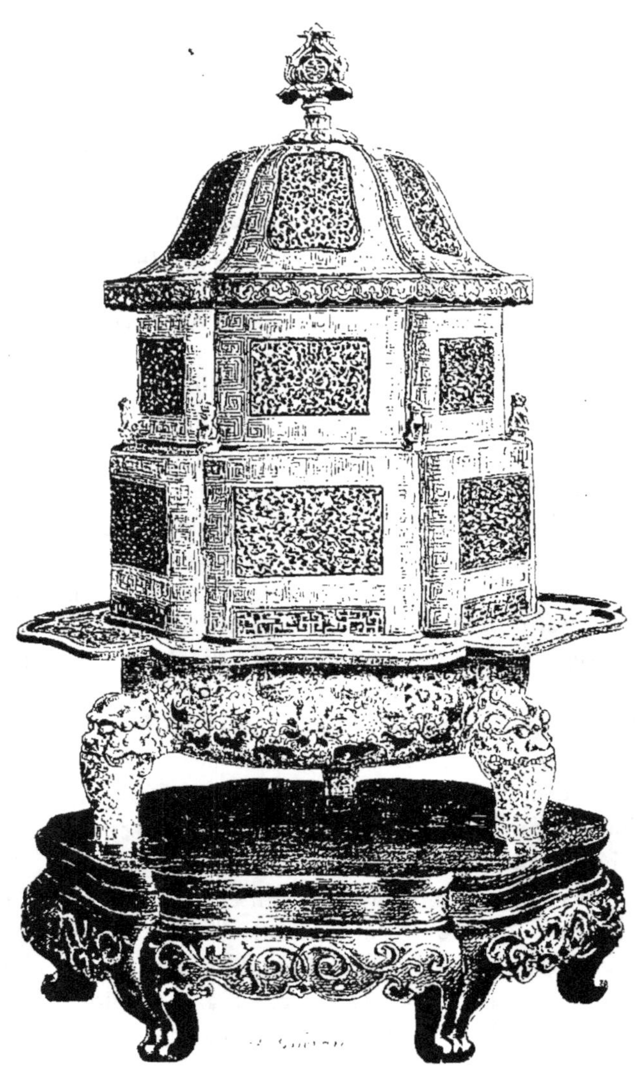

BRULE-PARFUMS D'ÉMAIL CLOISONNÉ, PROVENANT DU PALAIS
D'ÉTÉ (NIEN-HAO : KIEN-LONG, 1736-1796).
H., 1ᵐ,65.
(Musée de Fontainebleau.)

dans leurs valeurs les plus intenses le bleu, le vert et le violet. Ces émaux prennent au feu une certaine translucidité qui leur donne l'éclat chatoyant des pierres précieuses. Pour les rendre opaques, il suffit de mêler à leur fondant un peu d'émail blanc ; alors, ils absorbent la lumière, éteignent leurs tons et prennent l'aspect plus doux de la turquoise, du lapis-lazuli, de l'ivoire, etc.

Les Chinois n'ont pas disposé, dès le début, d'une si riche palette. Au commencement de la dynastie des Ming, c'est-à-dire dès les premières années du xvᵉ siècle, les cloisonnés sont de couleur très foncée : on y trouve surtout des bleus sombres, des jaunes profonds, du violet pensée, des blancs troubles et mats. Il y a aussi parfois des parties de fond laissées nues ou revêtues d'or. La qualité de la poudre d'émail, quand elle ne se compose pas de pierres fines pulvérisées (améthyste, turquoise, grenat), est souvent imparfaite ; elle se comporte mal au feu et se pique d'une infinité de petits trous. Vers le milieu du xvᵉ siècle, sous l'empereur King-t'aï, la technique du cloisonné réalise des progrès sérieux : le cloisonnage est moins grossier et permet un décor plus savant ; les émaux sont d'une qualité plus fine et de nuances plus délicates.

Sous l'empereur Khang-hi, des Thsing (1662-1723), l'art de l'émaillerie atteint à la perfection ; c'est un art robuste et délicat à la fois, créant des œuvres d'un style simple et large, d'un coloris opulent, d'une exécution forte et originale. Il reste ainsi à son apogée jusque vers la fin du règne de Kien-long (1736-1796). A cette époque, il est capable encore de produire des chefs-d'œuvre de forme élégante et hardie, de coloration riche et harmonieuse. Mais après cette longue période d'incomparable éclat, il entre en décadence, et, à partir de la fin du xviiie siècle, il n'est plus qu'une simple industrie, où l'instinct de la décoration et les dons de coloristes des artisans chinois trouvent parfois à se manifester encore, mais où l'inspiration heureuse, le sentiment délicat des lignes et des nuances, le goût parfait et le style manquent désormais : ici, comme dans tant d'autres branches de l'art, l'abus de la production, causé par la vogue des cloisonnés en Europe, a exercé la plus fâcheuse influence, et il n'est pas de cloisonné moderne qui puisse soutenir la comparaison des grandes œuvres des xviie et xviiie siècles.

II

LES ÉMAUX PEINTS

Les *émaux peints*[1] furent mis à la mode, en Chine, au xviiie siècle, par les missionnaires européens qui en enseignèrent les procédés aux peintres des ateliers impériaux. Les modèles qui furent ainsi reproduits d'abord étaient sans doute des émaux de Limoges, à en juger par ceux que l'on retrouve encore chez les marchands de curiosités de Pékin. Mais la direction de ces ateliers ne demeura pas assez longtemps entre les mains des pères jésuites pour qu'ils aient pu fonder

1. En chinois, *Yang-tse,* « porcelaine des étrangers ».

une sérieuse école. Aussi l'art des émaux peints n'a
jamais réalisé, en Chine, ce qu'il semblait devoir y pro·

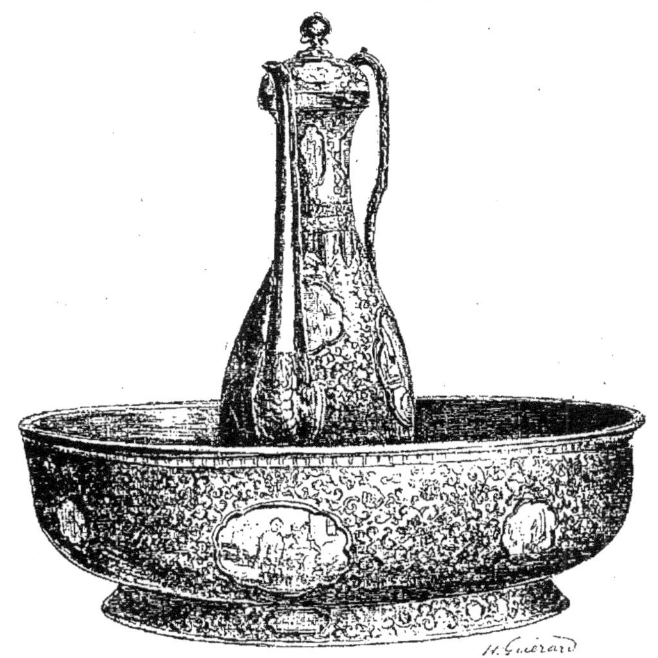

AIGUIÈRE DÉCORÉE D'ÉMAUX, PROVENANT DU PALAIS D'ÉTÉ.
H., 0ᵐ,40.
(NIEN-HAO : KIEN-LONG, 1736-1796.)
(Musée de Fontainebleau.)

duire, et la technique en demeura toujours imparfaite·
Néanmoins, quelques pièces sont d'une coloration délicate et d'une heureuse composition décorative.

LA PEINTURE

I

LES CARACTÈRES GÉNÉRAUX, LES PROCÉDÉS,
LES GENRES

Comme tous les arts que nous avons étudiés jusqu'ici, la peinture a subi, en Chine, une évolution
historique. Cependant, à travers la diversité des époques, la variété des genres et la différence des écoles,
on démêle, dès les premiers temps de cette histoire,
une certaine unité de principes, un ensemble continu
de caractères communs, et, pour ainsi dire, un accord
instinctif entre tous les peintres dans la façon d'interpréter l'apparence matérielle des choses et des êtres,
d'en dégager le sens intime, d'exprimer les sensations
et les idées qu'ils éveillaient dans leur esprit, de
traduire, en un mot, la vision intérieure qu'ils évo-
quaient en eux.

De tous les caractères généraux, le plus frappant,
celui qui a persisté avec le plus de force à travers le
long développement historique de la peinture chinoise,
c'est le caractère graphique de cette peinture : les
peintres chinois ont été, avant tout, des dessinateurs et
des calligraphes.

L'écriture chinoise, en effet, a procédé d'abord à la notation des idées par la figuration plus ou moins exacte des objets : l'élément idéo-phonétique n'a été introduit que postérieurement à une époque très avancée, semble-t-il, du développement de l'esprit chinois. « L'écriture est destinée à donner la ressemblance des objets », — tel fut son premier but : le nom de *ouen,* « peinture des objets [1] », par lequel Tsang-hie désigna les caractères primitifs dont il fut, dit-on, l'inventeur, confirme cette citation du Tse-ho-tien.

D'ailleurs, la nature même de l'écriture chinoise impose à celui qui en veut tracer les caractères une étude, une éducation de l'œil et de la main, analogues à celles qu'exige le dessin. Les traits de ces caractères ont, en effet, des ténuités, des souplesses, des brusque-ries d'arrêt, des grâces de courbure, des énergies soudaines ou des écrasements progressifs, qu'un très long apprentissage du coup de pinceau peut seul donner. C'est, en outre, une opinion reçue des lettrés en Chine, que les caractères de l'écriture transmettent à l'idée qu'ils expriment quelque chose de leur beauté graphique, et que la pensée qu'ils enveloppent prend en eux une nuance délicate, un tour particulier.

L'enseignement du dessin se fait, en Chine, suivant la même méthode que celui de l'écriture. Chaque motif de composition se divise en un certain nombre d'éléments que l'artiste s'étudie à traiter séparément,

---

1. Cette traduction du mot *ouen* nous est fournie par la pré-face du *Chou-ouen :* « la classe des caractères qui ont quelque ressemblance avec les objets est celle de *ceux qui figurent la forme* (*siang-hing*) ; c'est pourquoi on les nomme *ouen,* ou *peinture des objets* ».

de même qu'il apprend à tracer isolément chacun des
traits, des pleins et des déliés, qui forment les caractères. Voici, par exemple, la figure humaine : on n'enseignera pas à l'élève à la saisir dans son ensemble ;
on lui démontrera d'abord qu'il y a huit manières de
dessiner un nez de face, et il reproduira patiemment
chacune de ces manières comme on copie une page
d'écriture ; il passera ensuite à l'étude de la bouche,
des yeux, des sourcils, etc., qui, vus de face ou de
profil, comportent un certain nombre de types, etc. ;
on lui apprendra encore que la barbe est composée de
cinq parties, enfin qu'il y a dans le visage humain
cinq points culminants dont la saillie doit être plus
ou moins accentuée suivant l'âge du modèle.

Le groupement de tous les éléments du visage et les
proportions qu'il faut leur attribuer sont déterminés
par des sortes de canons. Chaque région de la figure
humaine a reçu un nom symbolique

Cette méthode d'enseignement du dessin s'applique
à tous les genres de composition : personnages, animaux, fleurs, paysages, fabriques, etc.

Cette façon de comprendre la représentation figurée
des choses devait amener les Chinois à attribuer au
dessin linéaire une importance extrême : les corps leur
apparurent, non pas tels qu'ils sont dans la réalité,
c'est-à-dire tournants et avec une lumière tournant autour d'eux, mais circonscrits dans un trait précis, séparés de l'air ambiant par un tracé visible. Aussi, les
peintres de l'Empire du Milieu n'ont-ils jamais eu le
sentiment de la substance réelle, du modelé des corps
et du relief des objets : même aux plus belles époques

de leur art, ils sont demeurés incapables de représenter des formes solides et vivantes, et après dix-neuf siècles de production, ils en sont encore où en était la peinture italienne au temps de Giotto et de Simone Memmi; leurs aspirations n'ont pas été plus loin.

A cette insuffisance d'imagination plastique correspond une ignorance absolue de l'anatomie humaine. Le relief des os, l'entrelacement et le soulèvement des muscles, le contour fuyant des membres où la plissure des chairs, la saillie des artères et des veines sont aujourd'hui encore inconnus aux peintres chinois. Tout au contraire, les personnages qu'ils représentent sont dessinés sans le moindre souci de la vérité anatomique : les bras et les jambes sont attachés et articulés on ne sait comment; les proportions du corps sont faussées; la tête, trop forte généralement, est rigide et paraît ne pas pouvoir se mouvoir autour du cou; les mains ne sont jamais traitées avec leur aspect et, pour ainsi dire, leur physionomie particulière : elles sont les mêmes pour tous.

Si la vision nette des formes plastiques a été refusée aux peintres chinois, ils ont eu du moins un sentiment assez juste de la perspective linéaire : ils ont observé, en effet, que l'éloignement modifie les dimensions apparentes des objets et que leur grandeur varie pour l'œil en raison inverse de la distance où ils sont placés de l'observateur. Mais ils n'ont jamais pu atteindre à la connaissance des lois exactes du raccourci des figures. Le plus souvent, lorsqu'ils veulent donner l'illusion du recul des plans, ils ont recours à un procédé particulier : ils placent très haut le point de vue de leur com-

position et échelonnent, en les superposant, les personnages ou objets qui y prennent place ; les dimensions
de ces personnages ou objets vont en diminuant au fur
et à mesure qu'ils se rapprochent de la partie supérieure de l'encadrement : en un mot, ce qu'un peintre
d'Occident met dans le lointain de son tableau, l'artiste
chinois le place dans le haut de sa décoration.

Au point de vue de la composition et de l'ordonnance des sujets, certaines peintures chinoises révèlent
un sentiment juste de l'harmonie générale qui doit
régner dans une œuvre, en combiner les lignes principales, en distribuer les figures, en répartir les masses.
La symétrie paraît avoir été le premier principe adopté
en matière de composition : la disposition symétrique
donne en effet à la composition un caractère de raideur
hiératique, de solennité mystique, un aspect grave et
immobile, qui conviennent bien aux sujets sacrés ; or
l'on verra plus loin qu'à son début la peinture chinoise a été exclusivement religieuse.

Plus tard, lorsque le mouvement et la vie ont été
introduits dans la peinture, les procédés de mise en
scène se sont perfectionnés. Dans le désordre apparent
des groupes on aperçoit le lien qui les rattache, on
saisit l'intention de remplir par des accessoires les vides
qu'ils laissent entre eux. Cette intention est souvent
même trop manifeste.

Parmi tous les procédés de composition dont les
Chinois ont fait l'essai, il faut noter celui qui consiste
à représenter simultanément toutes les phases d'une
action. C'est le procédé qu'ont suivi autrefois les
peintres primitifs des écoles italienne ou allemande,

lorsqu'ils figuraient sur la même toile les scènes successives de la Passion, de l'Adoration des mages, etc.

Le reproche le plus sérieux que l'on puisse adresser
aux peintres chinois en matière de composition est
de ne s'être que trop rarement résignés à sacrifier les
détails à l'unité du sujet. Les parties secondaires sont
traitées avec autant de soin que la partie principale.
Nulle part ce défaut n'est plus choquant que dans la
peinture de portraits, où les détails du costume, les bro-
deries de la robe, les plaques de jade qui pendent au
collier ou à la ceinture, les passementeries et le bouton
du chapeau, reçoivent autant d'importance que le visage
et les mains.

En dehors des qualités de dessin, les peintres chinois ont eu, de tout temps, le sentiment de la couleur :
s'ils n'en ont jamais formulé scientifiquement les lois,
ils les ont du moins appliquées, par intuition, avec une
sûreté, une délicatesse parfaites.

Mais c'est surtout par le parti qu'ils ont su tirer de
la vibration des couleurs que les Chinois se sont révé-
lés coloristes. L'instinct et l'observation leur ont appris
qu'en modulant les tons sur eux-mêmes on leur donne
une profondeur singulière, une puissance intense. Dans
la peinture sur porcelaine, plus encore peut-être que
dans la peinture sur soie, ils ont fait vibrer et tressail-
lir leurs couleurs en mettant bleu sur bleu, rouge sur
rouge, rose sur rose, jaune sur jaune, depuis la teinte
la plus claire jusqu'à la plus sombre.

Il est un don qu'on a toujours refusé aux peintres
chinois, celui de sentir et de rendre les effets de la lumière et de l'ombre, c'est-à-dire le clair-obscur. Cette

observation n'est juste qu'en ce qui concerne leur façon d'interpréter la figure humaine. Il est certain, en effet, qu'ils n'ont jamais su modeler une figure dans la lumière, marquer la saillie éclairée des frontaux et des pommettes, la cavité sombre de l'arcade sourcilière, la profondeur mystérieuse du regard, la traînée lumineuse qui éclaire une joue, qui anime les lèvres, l'ombre fuyante du cou, toutes ces dégradations, ces ombres et ces demi-teintes sans lesquelles l'évocation de la forme humaine ne se produit qu'incomplètement à nos yeux. Même aux époques très avancées de son histoire, la peinture chinoise s'est contentée, à cet égard, d'un minimum de conventions que nos écoles artistiques d'Occident ont toujours cherché à dépasser dès leurs premiers essais et qui, par exemple, ne suffisaient déjà plus aux artistes italiens de la fin du XIVe siècle. Nous trouvons, sur ce point, dans la Relation du voyage de lord Macartney, ambassadeur du roi Georges III en Chine, le récit d'un fait curieux. Lorsqu'il exposa à Pékin les tableaux qu'il avait apportés d'Europe pour les offrir à l'empereur, les mandarins manifestèrent un vif étonnement à la vue des lumières et des ombres qui étaient marquées sur les figures ; ils lui demandèrent sérieusement si les originaux de ces portraits avaient un côté du visage d'une couleur différente de l'autre. « Ils regardaient l'ombre du nez, nous dit-il, comme un grand défaut dans la peinture, et quelques-uns d'entre eux croyaient qu'elle y avait été placée par accident[1]. »

1. *An authentic account of an Embassy to the emperor of China*, II. London, 1797.

Mais, tout au contraire, dans l'interprétation de la réalité pittoresque, dans la peinture de paysage, les Chinois ont atteint parfois à l'expression la plus savante des plus délicats effets du clair-obscur. La grande école paysagiste des Thang a produit, dans cet ordre, des œuvres parfaites. On trouvera, d'ailleurs, de plus longs développements sur ce point, dans la partie historique de ce chapitre.

Il n'est guère de *genres* que les peintres chinois n'aient abordés : ils ont traité tour à tour les sujets religieux et historiques, les scènes que leur offrait la vie réelle et journalière et celles dont l'inspiration leur était donnée par la poésie ou le roman, la nature morte, le paysage, le portrait, etc.

C'est le bouddhisme qui a inspiré toute la peinture religieuse. Ainsi que nous le verrons plus loin, la religion bouddhique a, pour ainsi dire, créé l'art pittoresque dans l'Empire du Milieu, en y apportant les principes, les procédés et les modèles d'une esthétique nouvelle. Elle apporta en outre aux Chinois ce qui leur avait fait défaut jusqu'à ce jour, elle leur donna la matière *morale sur laquelle s'exerça par la suite leur génie* national. Les premiers peintres, qui furent pour la plupart des moines, des bonzes, des cénobites, s'adonnèrent à la peinture comme à une tâche pieuse, et les œuvres qu'ils créèrent, toutes empreintes de sentiment religieux, de piété sincère et de candeur mystique, furent presque des actes de foi et d'adoration. Dans le genre religieux, ils arrivèrent ainsi jusqu'au style poétique, ils pénétrèrent très avant dans le monde moral, par la sincérité des émotions qu'ils cherchaient à traduire, par l'élan de leur cœur, par la noblesse et le détachement de leur pensée. Mais la naïveté, l'aspiration à l'idéal et ce sens du divin qu'exige l'art religieux, leur firent bientôt défaut, et les scènes de la vie de Cakya-Mouni, qui avaient été la source d'une si pure inspiration pour les artistes de la première époque, ne furent plus que des prétextes à de savantes compositions, à de brillantes figurations. La pensée religieuse ne s'y révéla plus à aucun degré; de tous les sentiments que l'artiste cherchait à y exprimer, aucun ne dépassa la réalité.

A côté de la peinture religieuse, le genre où les Chinois ont atteint au point le plus élevé de l'art est celui du paysage. On verra plus loin quel sentiment passionné leur a inspiré la nature, avec quel charme délicat, quelle poésie sincère et émue, ils en ont interprété tous les aspects.

Ils n'ont compris la peinture d'histoire qu'au point de vue anecdotique, sans aucune curiosité de la couleur locale, sans aucun souci de la différence des temps, des races, des sentiments ni des costumes, en un mot, sans aucune prétention à ressusciter l'aspect moral ni physique d'une époque; on ne constate non plus, dans leurs compositions historiques, ni exagération épique ni tendance vers le genre héroïque.

La littérature a été pour les artistes chinois, après la religion, la source d'inspiration la plus abondante. Il en faut chercher la cause dans la conception particulière qu'on s'est faite, en Chine, du but assigné à la peinture et du rôle attribué au peintre. Avant d'être artiste, le peintre est homme de lettres, poète, romancier; le dessin et la peinture sont des moyens d'expression par lesquels tout esprit cultivé doit savoir donner à sa pensée un tour plus précis, des nuances plus délicates. C'est un point que nous nous bornons à signaler dans cet aperçu rapide des caractères généraux de la peinture chinoise et qui retiendra plus loin notre attention (voy. p. 267).

Les Chinois ont conçu d'une façon toute particulière la peinture de portraits. Ils estiment d'abord que le modèle doit poser de face, de manière que les deux côtés du visage soient également représentés, et regarder fixement le spectateur qui est censé placé droit devant lui. En ce qui concerne la manière de traiter la figure humaine, nous avons vu plus haut à quel point leurs idées diffèrent des nôtres. D'ailleurs, dans un portrait, la personne physique leur semble presque secondaire : l'artiste n'attache guère du prix qu'à la reproduction minutieuse de certaines particularités du visage, telles que les plis des paupières, les cils, les sourcils et les poils de la barbe. Le sujet qui pose devant lui ne lui apparaît pas non plus comme un être sentant et pensant, dont il lui faut exprimer la physionomie intérieure et dégager le type moral, mais comme un personnage ayant tel rang dans l'État, telle charge à la cour, tel grade aux examens, telles fonctions dans la grande hiérarchie de la société chinoise. Toute l'attention, toute l'habileté du peintre se concentrent donc sur la représentation scrupuleuse et aussi finie que possible des détails du vêtement, de la coiffure et des insignes qui indiquent cette situation officielle. Avec de pareilles conceptions, il était interdit aux portraitistes chinois de s'élever jusqu'au grand art, et, de fait, nous ne connaissons aucun portrait chinois qui nous ait laissé l'impression d'une œuvre forte et vivante.

Il nous reste à signaler, pour terminer cet exposé préliminaire, la peinture d'animaux et de fleurs où les Chinois ont de tout temps excellé, avec un sentiment plus ou moins sincère, suivant les époques, mais avec une maîtrise de facture qui est toujours demeurée égale.

I

L'HISTOIRE

Ire ÉPOQUE

DEPUIS LES ORIGINES JUSQU'A L'INTRODUCTION DU BOUDDHISME
(2600 ? AV. J.-C. — 250 AP. J.-C. [1])

S'il fallait en croire les historiens chinois, les origines de la peinture en Chine remonteraient jusqu'à la plus haute antiquité. *Che-hoang*, qui, au xxviie siècle avant notre ère, fut ministre de l'empereur Hoang-ti, en serait l'inventeur. Il était contemporain de *Tsang-hie*[2] qui, le premier, enseigna aux Chinois à tracer des caractères d'écriture avec un pinceau.

1. La date que nous donnons ici pour l'introduction du bouddhisme n'est exacte qu'en ce qui concerne l'influence que ce culte a exercée sur l'art chinois. Importée en l'an 79 de notre ère dans l'Empire du Milieu, la religion bouddhique n'a commencé à s'y répandre que vers la fin du iie siècle. (Voy. *supra*, p. 34.)

2. Quelques auteurs chinois ne veulent voir dans Che-hoang et Tsang-hie qu'un seul et même personnage.

Il est probable que Che-hoang n'était pas un dessi-
nateur, au sens précis du mot, mais plutôt un calli-
graphe, et que l'élégance des caractères graphiques qu'il
savait tracer le fit considérer comme un artiste. Nous
avons déjà insisté d'ailleurs sur l'étroite connexion qui
a toujours existé, dans l'esprit des Chinois, entre l'écriture et le dessin, au point de leur faire considérer l'une
comme une application, un dérivé de l'autre.

Sous la dynastie des Tcheou, vers le xiie siècle av.
J.-C., l'idée de se servir de couleurs pour décorer
les objets destinés aux cérémonies publiques et religieuses avait certainement reçu de nombreuses applications. Le *Tcheou-li*, ou « Rituel de la dynastie des
Tcheou », fait allusion à une industrie qui consistait à appliquer des couleurs. S'agissait-il déjà de
peinture proprement dite, comme l'admettait Biot,
le savant traducteur de cet ouvrage? Ne s'agit-il pas
plutôt de la teinture d'étoffes, de l'application unie de
couleurs sur des surfaces murales? On ne sait au juste.

Le papier n'étant pas encore inventé, et les tissus
de soie étant encore trop grossiers pour recevoir le
dessin et les couleurs, la peinture murale fut sans
doute la première que l'on pratiqua. Les annales chinoises parlent, en effet, fréquemment d'empereurs qui
faisaient couvrir de peintures les murs de leurs palais.
Les historiens nous ont aussi conservé le souvenir de
deux artistes qui, au x[o] siècle, étaient arrivés à la célébrité; mais, en nous transmettant leurs noms, *Feng-
mo*, surnommé *Mo-tien-tse*, et *Yen-che*[1], ils ont

1. Cf. Mayers, *The Chinese reader's Manual*, 914[a].

négligé de nous donner aucun renseignement sur le genre de leur peinture, ni sur les procédés qu'ils employaient.

Sous la dynastie des Thsin, vers l'an 250 av. notre ère, on savait peindre sur des tablettes de bambou et sur des tissus de soie fine, dont le prix était encore fort élevé. C'était, sans doute, sur des panneaux de soie qu'étaient peints ces dragons et ces phénix que *Lie-y* offrit à l'empereur Che-hoang en 221. C'est la première mention qui soit faite « d'images peintes ». Il ne s'agissait plus seulement de dessins traités à l'encre de Chine, mais de véritables peintures de couleurs.

Pendant le IIe siècle av. J.-C., la peinture chinoise réalisa un progrès considérable : pour la première fois, elle chercha à représenter la figure humaine. Il semble qu'elle ait réussi très vite à donner à ses figures une certaine expression de vie. En tout cas, l'impression produite par les premiers portraits fut si vive qu'on attribua à une influence magique l'imitation de la réalité vivante. On raconte, en effet, que, l'empereur Han-wou-ti (140-86 av. J.-C.) ayant commandé le portrait de sa concubine favorite, dont il déplorait la perte, des magiciens animèrent ses traits et donnèrent à son image tous les accents de la vie.

Suivant quelques auteurs chinois, ce ne serait que cinquante ans plus tard environ, sous l'empereur Yuan-ti, des Han (48-32 av. J.-C.), qu'aurait été tentée la première représentation de la figure humaine, et l'honneur en reviendrait à *Mao-yen-chou*. Il n'est fourni aucune indication sur les œuvres de cet artiste.

Au cours du 1er siècle de notre ère, une invention fut réalisée qui mit à la disposition des peintres de précieux moyens d'étude et de composition : le *papier* fut inventé. Ce n'était d'abord qu'une pâte imparfaite, d'une consistance insuffisante, appelée *ho-ti*; mais, en l'an 105, Ts'aï-louen parvint à fabriquer avec des fibres végétales un produit qui avait toutes les qualités du papier dont on se sert encore en Chine [1].

Dès lors, le goût et la pratique de la peinture se répandirent avec rapidité parmi les Chinois des hautes classes. Ceux qui s'y livraient n'étaient pas exclusivement des artistes, c'étaient des lettrés, des philosophes, des hommes d'État, qui s'y adonnaient comme à une occupation supérieure, digne des loisirs des esprits élevés, intimement liée à la culture littéraire, excellente à affiner la pensée et à lui fournir des moyens d'expression délicats et variés.

Tel fut *Tsaï-yong*, surnommé *Po-Kiaï* (150 ap. J.-C.), qui était à la fois grand fonctionnaire, homme de lettres, musicien, peintre et poète; tels furent aussi *Liou-pao*, gouverneur d'une province, sous le règne de Heng-ti (158-161), qui excellait dans la peinture des « nuages chassés par le vent du nord », et *Tchou ko-leang*, surnommé *K'ong-ming*, généralissime des empereurs Han (230 apr. J.-C.), qui cherchait à rallier à sa cause les chefs des pays conquis, en leur montrant les peintures qu'il avait faites des cérémonies et des coutumes

---

1. Cf. A. Wylie. *Notes on Chinese litterature.* — Cependant, d'après quelques auteurs chinois, le secret de fabriquer le papier aurait été découvert par Moung-tien, général de Thsin-cai-hoang-ti. (210 av. J.-C.)

chinoises. Tel fut enfin *Tsao fou-hing*[1] (240), dont les dragons et les phénix semblaient d'une réalité saisissante.

2e ÉPOQUE

DEPUIS L'INTRODUCTION DU BOUDDHISME JUSQU'A LA DYNASTIE DES THANG (250-618 AP. J.-C.)[2]

Nous avons montré plus haut, dans le chapitre consacré à l'étude des bronzes, les conséquences capitales qu'a eues pour l'art chinois l'introduction du bouddhisme indien. En apportant dans l'Empire du Milieu, qui jusqu'à ce jour était demeuré presque complètement fermé aux influences extérieures, des idées et des aspirations nouvelles, en y introduisant du même coup les monuments figurés d'une esthétique toute différente, la religion bouddhique renouvela la face de l'art en extrême Orient.

Les peintures et les statues rapportées de l'Inde furent une révélation pour les artistes chinois. Un monde inconnu jusqu'alors s'ouvrit pour eux : la réalité physique et matérielle, qu'ils interprétaient avec tant de peine et si imparfaitement, n'était donc pas le seul but de l'art; on pouvait traduire les sentiments humains, les passions du cœur, faire passer dans une œuvre

1. Cf. Mayers, *The chinese reader's Manual*, 760. Tsao fou-hing fut connu au Japon sous le nom de *So-futsu-ko*. Cf. Anderson, *Catalogue of Japanese paintings*, p. 482.

2. En ce qui concerne la date de l'introduction du bouddhisme en Chine, voy. *supra*, p. 251, note 1.

peinte ou sculptée un reflet de cette flamme intérieure, de cette vie intime qui est l'âme des êtres.

Il faut se reporter aux historiens contemporains pour se rendre compte de la grandeur du mouvement religieux qui s'empara des consciences chinoises, à partir de l'an 250 environ, et pour comprendre ce qu'il y eut de piété fervente et sincère, de mysticisme délicat et élevé, de foi enthousiaste et naïve chez les premiers adeptes du culte indien. Dix siècles plus tard, les âmes en étaient encore imprégnées [1].

On se borna d'abord à copier fidèlement les spécimens d'iconographie religieuse rapportés du Pendjab et du Nepal par les prêtres indiens et les pèlerins chinois.

Le plus souvent, c'étaient les religieux indiens eux-mêmes qui exécutaient ou corrigeaient les œuvres destinées à la décoration des temples nouveaux.

Aussi ne relève-t-on que peu de noms chinois sur les compositions bouddhiques du IVe siècle. L'artiste qui parvint à la plus grande réputation dans ce genre et à cette époque est *Ouei-sie* (315 ap. J.-C.) : c'est, dit-on, le premier peintre chinois qui ait signé une peinture bouddhique : son chef-d'œuvre représentait « les sept Bouddhas ».

Il fallut près d'un siècle encore pour que le bouddhisme produisît une influence décisive sur la peinture chinoise, renouvelât les traditions et formât des écoles nationales. La création des *monastères boud-*

---

1. Pour les renseignements bibliographiques sur l'établissement et l'influence du bouddhisme en Chine, nous renvoyons aux notes du chapitre des bronzes.

dhiques contribua puissamment à réaliser ces résultats.

C'est sous la dynastie des Soung du Nord (vers 435 ap. J.-C.) que furent fondés les premiers monastères bouddhiques. On appela ces établissements des *Sse*, comme les maisons officielles où logeaient les fonctionnaires publics, sous les Han. Les religieux furent désignés sous le nom de *Seng*. Quelques années plus tard, à la fin de la dynastie des Tsi (vers 480 ap. J.-C.), des *Ngan-youen*, ou couvents de femmes, commencèrent à se créer aussi. D'importants privilèges leur furent concédés par les empereurs, et une hiérarchie monastique, très semblable à celle des communautés chrétiennes, fut instituée et sanctionnée par l'État [1].

La foi bouddhique à cette époque était si fervente qu'en l'an 516 on comptait déjà plus de cinq cents monastères en Chine. En l'an 845, il y en avait quatre mille six cents [2].

Dans ces communautés religieuses, où la règle était sévère, plus sévère à certains égards que celle des ordres monastiques d'Occident, un mouvement intellectuel et artistique se développa bientôt avec une grande intensité. Il se produisit en Chine, dans la période troublée qui s'étend du v° au xii° siècle, ce qui s'était produit en Europe aux heures sombres du moyen âge. Les monastères furent le refuge de la pensée

---

1. Des monastères taoïstes se formèrent au vi° siècle, sur le modèle des communautés bouddhiques ; mais les ordres religieux que fondèrent les sectateurs de Lao-tse demeurèrent toujours, comme nombre, comme importance et comme influence morale, fort au-dessous des ordres bouddhiques.

2. Cf. Bazin, *Recherches sur les ordres religieux dans l'Empire chinois*, et Edkins, *Chinese Buddhism*, p. 87 et suiv.

chinoise, et quand cette pensée, arrivant chaque jour à une conscience plus nette de soi-même, chercha à s'exprimer, elle recourut à deux moyens d'expression, la littérature et la peinture.

Les couvents bouddhiques devinrent ainsi une grande école d'art : comme les moines italiens des xiv° et xv° siècles, les bonzes chinois s'adonnaient à la peinture pour traduire les sentiments de piété qui débordaient en eux, pour céder à l'élan de leur cœur. S'inspirant des modèles apportés de l'Inde par les premiers pèlerins, ils illustraient, sur de longs rouleaux de soie, la vie légendaire du divin Bouddha, telle que la leur faisaient connaître le *Lotus de la bonne loi*, le *Maha Prajna paramita* ou le *Lalistavistara* : c'était la naissance de Çakya dans le jardin de Loumbinî, à l'ombre d'un plaksha, en présence d'Indra, roi des Dieux, et de Brahma, maître des créatures, — sa longue retraite à Ourouvilva, où se révélèrent à lui les Quatre Vérités sublimes et l'Enchaînement connexe des causes, — son avènement à l'état de Bouddha accompli sous le figuier de Bodhimanda, — sa grande prédication à Bénarès où, pour la première fois, il fit tourner la roue de la Loi, — ses luttes contre les Brahmanes, — ses miracles, — enfin sa mort à Kouçinagara, et la crémation de son corps sur un bûcher de santal et d'aloès, en présence des Dêvas et de ses disciples. Ils représentaient encore, sur leurs soies peintes, les cieux bouddhiques, les enfers, le paradis de Brahma, le royaume merveilleux d'Amitabha où la nature n'est qu'or, argent, corail, pierreries et fleurs, le pays enchanteur des montagnes de Wou-t'aï où les choses et les êtres ne sont jamais souillés par le contact du monde terrestre, etc.

Dans ces premières peintures, un sentiment religieux exquis se manifestait : c'étaient des œuvres de foi presque autant que des ouvrages d'art. Une âme nouvelle apparaissait en Chine.

La liste serait longue de tous les artistes pieux qui fixèrent ainsi sur la soie les beaux songes mystiques où s'égarait leur pensée, les apparitions divines qu'aucun ancêtre de leur race n'avait jamais entrevues. Ceux à qui leurs œuvres ont mérité la plus durable renommée furent *Yang ki-te* (480 environ ap. J.-C.), — *Mâra Bodhi* d'origine indienne, qui avait pris le nom chinois de *Mo-lo-p'ou-ti* (vers 520), — *Tsao tchong-ta*, originaire du royaume de Tsao (Boukhara) (560), — *Dharma-koukcha* (en chinois *T'an-mo-tcho-tcha*) (580)[1], — *Bhikchu Bhatchina* [2]. surnommé le grand *Oueï-che* (580), — *Câkya Bouddha* (en chinois, *Che-kia-fo-to*) (600), etc.

Dans les monastères taoïstes, un seul artiste se distingua, *T'ao hong-king*, surnommé *T'ao-ming* et *Tong-ming*. Il avait été précepteur de l'empereur Kao-ti, de la dynastie des Tsi méridionaux; mais il prit bientôt en dégoût la vie de cour et les honneurs officiels, se retira comme ermite dans une grotte des monts Keou-kiu et fit l'admiration de ses contemporains par la piété de sa vie, la noblesse de ses enseigne-

1. Ce moine était aussi sculpteur : il sculpta douze saints bouddhiques pour la pagode dite du roi Açoka, Ta-che-sse, dans le Sse-tchouen.

2. *Bhikchu* signifie moine mendiant.

ments et le sentiment élevé de ses créations artistiques.

A côté des peintres religieux, d'autres écoles se formaient. Sans délaisser les autres genres, toutes ces écoles s'essayaient aussi à traiter les sujets pieux et concouraient à la décoration des temples bouddhiques. Pendant tout le cours de la période que nous étudions, c'est-à-dire depuis la fin de la dynastie des Han (265 ap. J.-C.) jusqu'à l'avènement de celle des Thang (618), nous relevons, en dehors de l'école religieuse, environ cent cinquante noms de peintres réputés célèbres par les auteurs chinois. La rareté excessive des documents qui restent de cette époque ne nous permet pas de définir directement le style des œuvres qui virent alors le jour. Mais il semble résulter du témoignage des critiques d'art chinois qui, vivant à des époques moins éloignées, en ont eu sous les yeux de nombreux spécimens, que les qualités de touche étaient les plus appréciées. ..

A côté des sujets bouddhiques, les peintres traitaient le portrait, les animaux et le paysage.

Aux ve et vi^e siècles, les écoles sont, chaque année, plus riches de peintres qui semblent chercher leur voie en dehors de l'art religieux. Tels sont les paysagistes *Siu-lin* (420) et *Yuan-kong* (ou *Yuan-tsing*); le portraitiste *Lou l'an-weï* (460), qui fit le portrait de l'empereur Hiao-wou-ti, celui de Ming-ti, et ceux des principaux guerriers ou hommes d'État de son temps; *Sie tchouan-tse* (466), surnommé *Hi-yi*, dont les chasses au tigre étaient célèbres, etc.

La peinture bouddhique est représentée, parmi les peintres demeurés dans la vie civile, par *Tchang seng-*

yeou, qui fut connu au Japon sous le nom de *Cho-so-yu*. Il était membre du conseil privé de l'empereur Wou-ti (502-550), qui le chargea de décorer les pagodes impériales. Quarante ans plus tard environ, *Yang ki-tan*, maître des cérémonies au palais, se fit remarquer aussi dans le genre religieux.

3º ÉPOQUE

DE LA DYNASTIE DES THANG A LA DYNASTIE DES SOUNG (618-960)

A l'avénement de la dynastie des Thang, on commence à distinguer dans la peinture chinoise deux grandes écoles, celle du Nord et celle du Midi. Il semble que ce ne soit pas la différence des styles qui, à l'origine, ait fait établir cette distinction, mais bien plutôt l'origine des peintres, selon qu'ils exerçaient leur art dans les provinces septentrionales ou méridionales de la Chine : ces deux parties de l'empire ayant eu chacune, et à plusieurs reprises, ses dynasties propres et ses destinées politiques indépendantes, demeurèrent longtemps séparées, sinon par le fond des idées, du moins par la tournure de l'esprit et par certains côtés du caractère. En peinture, l'école du Midi laissa à l'inspiration de l'artiste plus d'indépendance et de fantaisie; elle admit plus de liberté dans la facture, une observance moins étroite des formules classiques, peut-être même une certaine tendance vers la naturalisme; l'école du Nord, au contraire, maintint la tradition du style académique et exigea des peintres une maîtrise sévère du pinceau. Cette dernière école paraît avoir bientôt dominé sa rivale et fait régner dans la peinture chinoise l'unité des principes.

A l'école du Midi appartient *Ouang-oueï*, surnommé *Ouan-mo-kie* [1], qui fut un des artistes les plus originaux de la Chine. Né vers le milieu du viie siècle, il était à la fois peintre, poète, musicien et érudit; il avait même étudié les sciences physiques. En peinture, il était, avant tout, paysagiste : les aspects de la nature lui donnaient des impressions vives et délicates, qu'il notait en vers quand le pinceau ne suffisait pas à les traduire dans la juste nuance de leur poésie. Il était frappé surtout par les effets de la lumière et de l'atmosphère, par les tons adoucis et vaporeux des fonds, par les colorations mystérieuses des lointains qui s'enfuient. Le recueil du Kiaï-tse-yuan, qui fut composé en 1679, nous fournit différents spécimens de la façon dont peignait Ouang-oueï. Ces reproductions sont trop grossières pour nous permettre de juger les œuvres du maître; nous y reconnaissons seulement une touche sûre, franche, avec de la douceur cependant et une grande liberté.

Ouang-oueï était si passionné de son art et si confiant dans sa manière qu'il crut devoir formuler par écrit ses conseils à ses élèves. Dans le mémoire qu'il composa à cet effet et qu'il intitula *Ouang-oueï-chan-choui-louen,* il appelle l'attention des artistes sur la nécessité de renoncer aux anciennes formules pittoresques et de peindre à l'effet; il leur donne en

---

1. Connu au Japon sous le nom de O-i.

outre des indications sommaires sur les dégradations des teintes dans les lointains et sur sa façon de traiter le paysage.

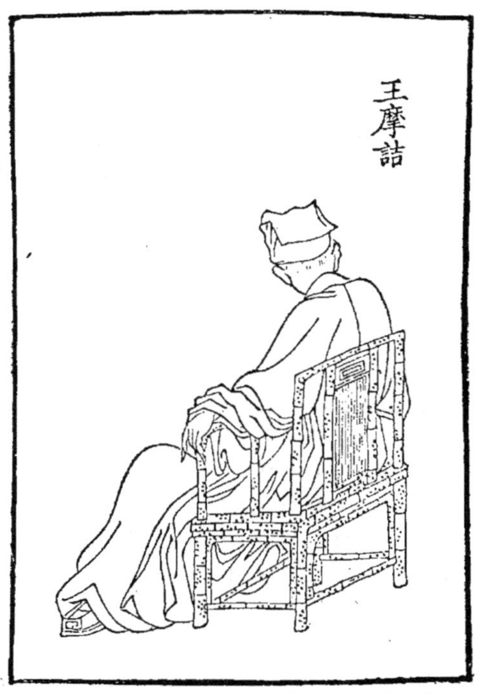

PORTRAIT DE OUANG-OUEÏ. — VII⁰ SIÈCLE.

(D'après le *Hoa-tchouan*.)

Aux VIII⁰ et IX⁰ siècles, l'influence de Ouang-oueï se fait puissamment sentir, et l'école du paysage, continuant à s'inspirer directement de la nature, perfectionne son style. *Ou tao-hiuan*, surnommé *Ou tao-tse* (720), est le peintre le plus brillant de cette époque. Il aimait à .peindre des montagnes et y plaçait des pagodes, des couvents et des scènes bouddhiques. De son vivant même, il jouit d'une grande réputation au Japon où il était connu sous le nom de *Go-dòshi* : on conserve de lui un dessin original dans le temple de Manjugi, à Kioto [1].

C'est vers cette époque que les peintres chinois abordèrent un genre qu'ils devaient traiter plus tard avec une si rare perfection, la peinture d'animaux et de fleurs. *Han-kan* (780) et *Li-tsien* (820) furent les initiateurs de ce genre : ils représentaient surtout des chevaux, et leurs contemporains s'accordaient à admirer la vérité des formes, la minutieuse précision des détails et la justesse des attitudes. Cette peinture eut pendant les ixe et xe siècles une vogue extraordinaire : tous les artistes se mirent à étudier les formes chevalines, à distinguer les caractères des races, à noter la physionomie et les mouvements des animaux dans la variété de leurs poses ou de leurs allures. Pour ne citer que les noms célèbres, nous indiquerons ceux de *Fang ts'ong-tche* (915), de *Hou-siang* et *Ton t'an-ouang* (930), et enfin celui de *Mïe hing-sse* (950). Ce dernier excellait aussi dans la représentation des combats de coqs.

Au milieu de toutes ces écoles réalistes, la peinture bouddhique continuait de produire des œuvres d'un sentiment élevé, d'une beauté parfaite d'exécution. Deux religieux étrangers, originaires l'un de Khotan, en Tartarie, et l'autre de Ceylan, *Weï-tche-i-seng* et

---

1. Cf. Anderson, *Catalogue of Japanese paintings*, p. 484.

Seng-kin-kang-san-tsang[1], furent les chefs de l'école religieuse depuis la fin du vii⁰ siècle jusqu'au milieu du viii⁰. Le ministre *Sieh-tsi*, qui vivait à la même époque (705), peut être placé presque au même rang que ces deux maîtres : les peintures qu'il exécuta pour décorer les murs de la pagode de Sin-gan fou ont été considérées par les critiques chinois comme des œuvres du plus grand style.

Sous les petites dynasties qui, au x⁰ siècle, succédèrent aux Thang, deux artistes de premier ordre se signalèrent. L'un, *King-hao*, surnommé *Hao-jan* ou *Hong-kou-tse*, était originaire du Honan et arriva à la maturité de son talent vers l'année 915. Il appartenait à l'école dite du Midi et peignait des paysages. Autant qu'il est permis d'en juger par les fac-similés du Kiaï-tse-yuan, son faire était très différent de celui de Ouangweï : sa touche était plus fine, plus serrée, un peu minutieuse, son style moins large et moins franc. Comme le grand maître du vii⁰ siècle, King-hao a voulu aussi formuler ses conseils sur la manière de peindre le paysage, et il les a exposés dans deux ouvrages importants, le *Hoa-chan-choui-fou* et le *Pi-fa-ki*, qui ne sont pas parvenus jusqu'à nous.

Le second de ces artistes, *Hoang-tsuan*, surnommé *Yao-chou*, vivait vers 950. Paysagiste à ses heures, il excellait aussi à peindre des sujets de genre, des fleurs et des oiseaux. Le British Museum possède de

---

1. Leurs noms originaires étaient *Bhikchu-i-seng* et *Vadjra Tripitaka.*

lui deux spécimens qui rappellent le style primitif de l'école japonaise des Kano [1].

4e ÉPOQUE

DYNASTIE DES SOUNG (960-1278)

A la période de troubles, de guerres civiles et de désastres publics qui avait agité la Chine depuis les derniers empereurs Thang, succéda, sous la dynastie des Soung, une ère de repos, où les arts et les lettres reprirent un nouvel essor.

Seule, l'école bouddhique ne participa point à ce grand mouvement. Le bouddhisme, en effet, tombait en défaveur sous les coups que lui portaient à la fois le parti des lettrés et les adeptes du taoïsme [2]. Le crédit tout-puissant, dont les bonzes avaient joui à la cour des Thang, leur échappait sous la dynastie nouvelle, et bientôt même des persécutions commençaient contre eux. C'est à cette cause, sans doute qu'il faut attribuer la décadence de la peinture religieuse pendant les xie, xiie et xiiie siècles. A peine peut-on citer quelques artistes qui s'y soient adonnés, parmi les mille ou onze cents peintres dont les catalogues chinois ont relevé le nom au cours de cette même période: ce furent *Kao-y* (970) et *Tchao yuan-hao* (1038) qui étaient tous deux d'origine tartare, *Li-song* et *Leang-kiaï*, dont la spécialité était de peindre des saints et des bod-

---

1. Cf. Anderson, p. 485 et 496.
2 Cf. Edkins, *Chinese Buddhism,* p. 136.

dhisatvas; enfin, *Li long-ming* (1100), qui fut un des
plus célèbres peintres de la dynastie. Ce dernier, dont le
talent se révéla surtout dans la peinture de paysage,
traita les sujets bouddhiques dans le style et avec la
sincérité de sentiment qu'avait apportés Ou-tao-tze, à
une époque de plus grande ferveur.

C'est, sans contredit, dans le genre du paysage que la
peinture chinoise s'éleva, sous les Soung, au plus
haut point de l'art. Pendant trois cents ans, les artistes
reproduisirent la nature avec une passion, avec une
vivacité de sensations, une tendresse émue, une poésie
délicate et douce, où les peintres les plus sincères du
siècle n'avaient pu atteindre. Ce goût de la nature
avait commencé à se développer sous les Thang : les
belles descriptions des livres bouddhiques et les récits
des pèlerins qui étaient allés jusque sur les bords du
Gange s'inspirer de la doctrine indienne, en avaient
apporté le germe en Chine. Si, par suite de la rareté
excessive des œuvres picturales de cette époque qui
nous sont parvenues, il est fort difficile de préciser
le style de ces peintres anciens et de connaître les impressions que provoquaient en eux les aspects variés
du paysage, les productions poétiques qui nous restent
de ce temps nous offrent à cet égard de précieux renseignements. D'ailleurs, le plus grand nombre de ces
poésies était tracé du même pinceau qui dessinait ensuite le site pittoresque en présence duquel elles
avaient été inspirées. Il n'y avait guère de poète à cette
époque qui ne fût peintre aussi. Comme nous l'avons
indiqué plus haut, la peinture n'était pas une profession
spéciale, c'était un des exercices où se plaisait tout

homme cultivé, une des formes par lesquelles tout
esprit distingué devait savoir exprimer sa pensée. Les
Chinois qui s'y adonnaient étaient des artistes véritables, au sens large du mot, un peu comme le furent les
grands artistes de la Renaissance italienne, c'est-à-dire
qu'ils avaient des goûts et des aptitudes très variés et
que leur activité morale s'exerçait d'une façon supérieure, dans des ordres très différents : ils étaient à la
fois hommes d'État, hommes de lettres, historiens,
philosophes, mathématiciens, poètes, peintres, musi-
ciens [1], etc. Aussi, leurs œuvres diverses s'éclairent les
unes par les autres et contribuent chacune à restituer le
caractère principal de leurs auteurs, la qualité de leur
tempérament poétique et de leur sensibilité artistique.

On constate ainsi que, dans leur passion pour la
nature, les artistes des XIe, XIIe et XIIIe siècles avaient une
prédilection pour les aspects adoucis, tendres et mélancoliques, dont elle se revêt à certaines heures du jour
ou à certaines saisons de l'année. Les paysages aux
tons tranchés et aux couleurs éclatantes, les ardeurs
du midi et de l'été, les exubérances de la vie végétale, n'étaient pas leur fait. Ils préféraient les fraî-
cheurs délicates et vaporeuses du printemps, les florai-
sons gracieuses d'avril, les mélancolies pénétrantes
d'automne, les brumes légères qui se lèvent sur les

---

1. On peut citer, entre autres exemples, *Sse ma-kouang* (1009-
1086) qui fut un des premiers hommes d'État de la dynastie des
Soung et, de tous les historiens chinois, celui qui réunit les connaissances les plus vastes à la plus sûre critique. A ses heures de
loisir, il peignait des paysages, dans le genre de Li sse-cheuen.
Ses peintures sont généralement signées *Kiun-che*. Cf. Abel
Rémusat, *Mélanges asiatiques*.

rizières aux soleils couchants d'été, les pâles clairs de lune d'octobre, les tristesses intimes des paysages d'hiver sous leur manteau de neige.

Li-tcheng, surnommé *Li-ying-kieou*, du nom de la ville dont il était originaire, fut le plus brillant représentant de l'école paysagiste, à la fin du xᵉ siècle. Ses contemporains le reconnurent comme chef de l'école du Nord. Son talent excellait à reproduire les effets de la perspective aérienne, l'éloignement de l'horizon, les profondeurs lumineuses de l'atmosphère : le fond de ses paysages, disait-on, semblait fuir à cent lieues du spectateur. Il y

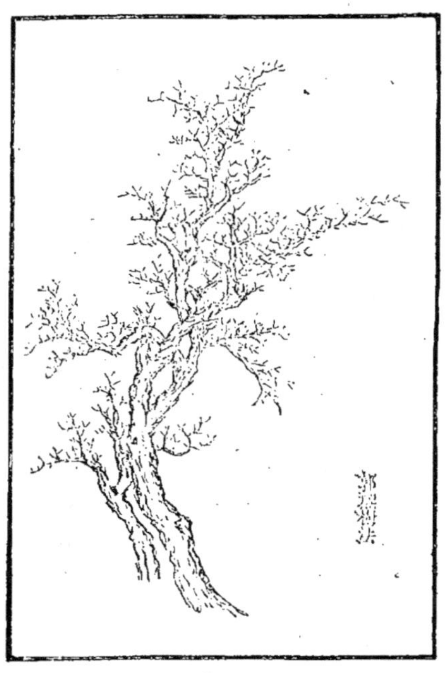

CÈDRE PAR KOUÔ-HI. — Xᵉ SIÈCLE.
(D'après le *Kiaï-tze-yuan*.)

eut, à la même époque, un autre *Li-tcheng*, surnommé *Li-hien-hi*, qui traitait aussi le paysage, avec un art moins consommé sans doute, mais avec une poésie très délicate des choses ; sa touche plus minutieuse et serrée que celle du précédent, le rattache, comme le lieu de sa naissance d'ailleurs (Sin-gan fou), à l'école du Midi. A côté de ces deux maîtres, et presque sur le même rang, se place un artiste d'un talent très personnel, *Siu-hi,* qui ne peignait guère que des bambous, des fleurs et des oiseaux. Ce fut un maître et peut-être même un des inventeurs du genre *sie-y,* c'est-à-dire des esquisses rapides, donnant en quelques coups de pinceau hardiment jetés la vision sommaire et spontanée de l'objet.

A l'école de Li-ying-kieou, et sous sa direction immédiate, deux peintres supérieurs se formèrent : *Fan-k'ouan* et *Kouô-hi*[1]; c'étaient deux tempéraments mélancoliques, sensibles surtout aux aspects tristes de la nature, se complaisant à peindre des paysages désolés, des arbres dépouillés de feuilles et chargés de givre, des forêts couvertes de neige, des plaines baignées dans des brumes glacées.

L'école de Li-ying-kieou donna naissance à toute une génération d'artistes remarquables qui illustra de ses œuvres les xi° et xii° siècles, ainsi que la première moitié du xiii°. On y constate une facture remarquable, une exécution d'une souplesse et d'une sûreté merveilleuses, une maîtrise parfaite; mais déjà l'on y sent la manière, c'est-à-dire une inspiration moins directe de la nature, une vision moins personnelle des choses, la préoccupation constante de traiter chacun des éléments de la composition dans la façon du maître et non d'interpréter sincèrement l'impression reçue. En même temps, une tendance nouvelle se manifeste :

---

1. Connu au Japon sous le nom de *Kivakki.*

chaque école, chaque atelier se spécialise dans un genre, dans la reproduction de tel ou tel détail pittoresque, et cesse de voir le paysage dans son ensemble. Ainsi firent *Ma-yuan* et son frère *Ma-k'oueï* (1180), qui ne peignaient guère que des pins, des cyprès, des cèdres et des rochers escarpés; *Hia-koueï*, qui ne se plaisait à traiter que des effets de neige; *Sou-che* et *Ouen-t'ong*, surnommé *Ouen-yu-ko*, qui excellaient à dessiner des bambous; *Tong-hiang*, qui reproduisait sans cesse des touffes de fleurs, dans les interstices des tuiles vernissées d'un toit. Ainsi firent encore *Li-ti* avec ses pivoines, ses bambous et ses rochers; *Liou song-nien* avec ses bouquets d'arbres et ses pins sous la neige, et *Tchong-jen* avec ses pruniers en fleurs.

Cette spécialisation, qui confinait les artistes dans un seul genre et devait fatalement les conduire à un style maniéré et sans largeur, fut consacrée par l'enseignement officiel dès le commencement du xiie siècle. Nous trouvons, en effet, dans un ouvrage anonyme intitulé : *Siuan-ho-hoa-pou*, « la Peinture dans les années Siuanho[1] », que l'école de dessin, ouverte au palais de l'empereur Hoeï-tsong, était divisée en six classes, affectées chacune à un genre particulier d'études. On y enseignait à traiter les sujets suivants :

1re classe. — Sujets bouddhiques et taoïstes;
2e — — Hommes et choses;
3e — — Montagnes et eaux ;
4e — — Oiseaux et quadrupèdes;

1. La période *Siuan-ho* du règne de Hoeï-tsong correspond aux années 1119-1126.

5ᵉ classe. — Bambous et oiseaux ;

6ᵒ — — Fabriques et arbres [1].

Parmi les peintres qui nous paraissent avoir conservé le sens artistique le plus large, le style le plus robuste, il faut citer tout d'abord *Li kong-lin*, surnommé *Li-long-ming* ou *Pe-che* (1100), dont nous avons déjà parlé à propos de la peinture bouddhique. C'était un lettré et un penseur, qui, après avoir rempli de grandes charges dans l'État, se retira dans les monts Long-ming pour s'adonner tout entier à la peinture, à la rêverie et à la méditation. En dehors du paysage, il excellait à dessiner les chevaux. *Mi-feï*, surnommé *Mi-yuan-tchang*, nous offre également l'exemple d'un talent demeuré indépendant de l'influence qui régnait dans les ateliers officiels de son temps. Il affectionnait l'originalité et prétendait constituer à lui seul une école. La reproduction, assez grossière — il est vrai, — que le *Kiaï-tse-yuan* donne de l'une de ses œuvres, dénote en effet un style très puissant. Mi-feï s'est attribué une quantité de surnoms qu'on retrouve dans ses signatures, tels que : *Lou-men-kiu-che*, *Tsien-feï*, *Haï-yo-waï-che*, *Yang-man*, *Pi* et *Wou-ngaï-kiu-che*. Son fils, *Mi yeou-jen*, a peint le paysage d'après les procédés qu'il tenait de lui, mais

---

1. La *Siuan-ho-hoa-pou* nous apprend qu'il y avait, au palais de l'empereur Hoeï-tsong, 6,396 *tchou* (kakémonos), ou rouleaux de soie peints. Cette collection était divisée en 10 catégories : 1ᵒ sujets bouddhiques et taoïstes ; 2ᵒ hommes et choses (sujets de genre) ; 3ᵒ palais et fabriques ; 4ᵒ hommes des pays étrangers ou habitant les frontières ; 5ᵒ dragons, serpents et poissons ; 6ᵒ paysages ; 7ᵒ oiseaux et quadrupèdes ; 8ᵒ fleurs et arbres ; 9ᵒ bambous à l'encre de Chine ; 10ᵒ fruits et graines.

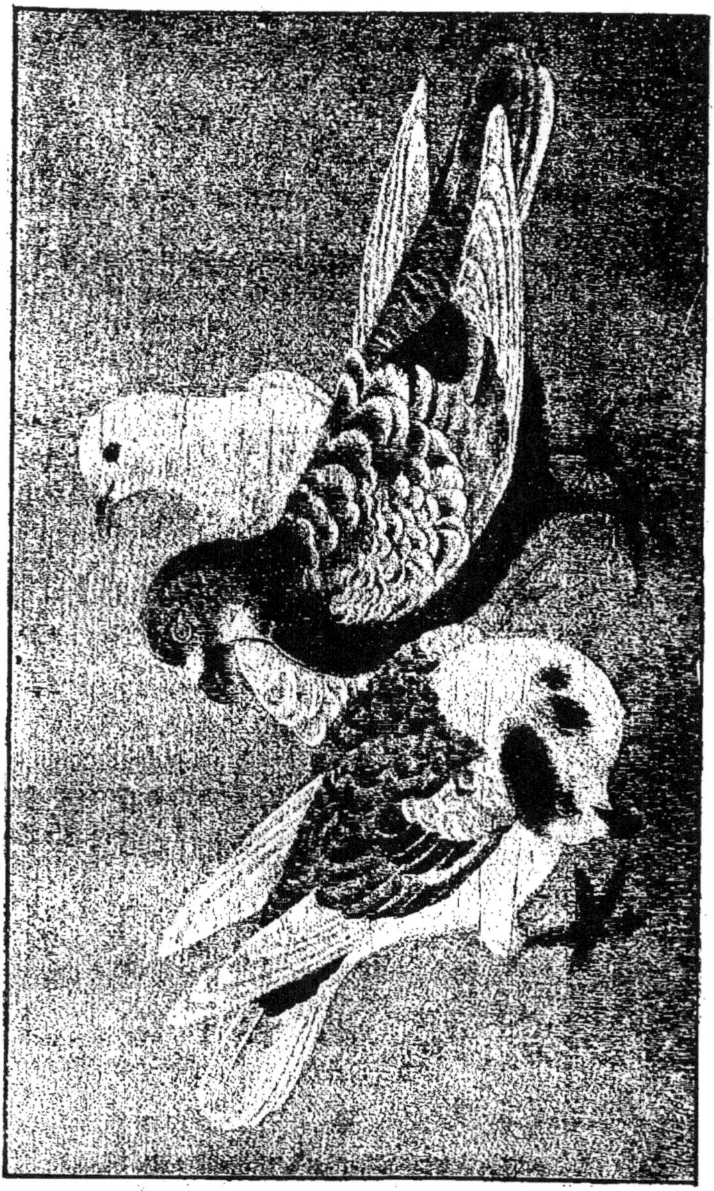

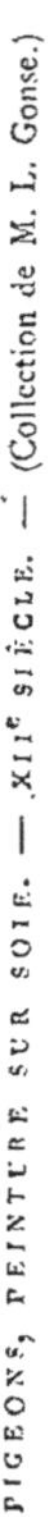

PIGEONS, PEINTURE SUR SOIE. — XIIᵉ SIÈCLE. — (Collection de M. L. Gonse.)

avec un talent moins énergique, avec une touche plus
molle, comme serait celle d'une copie.

Les peintres de la dynastie des Soung ont traité,
avec une rare distinction, un genre où ceux des dynasties précédentes s'étaient à peine essayés : la peinture des animaux, et en particulier celle des oiseaux.
Hoeï-tsong (1150?) était célèbre pour ses vols d'oies
sauvages, qui étaient dessinées librement, en quelques
coups de pinceau hardiment jetés. Dans un style très
différent, *Mao-y* (1170) peignait des canards, des pigeons, d'une manière très minutieuse, avec une précision, une délicatesse étonnantes. Nous reproduisons
ci-dessus, comme spécimen de ce genre, une peinture
qui offre tous les caractères des œuvres du xiie siècle.
Cette peinture, qui appartient à M. L. Gonse, représente des pigeons au repos. L'exécution est d'un fini
merveilleux jusque dans les moindres détails, et cependant l'impression d'ensemble reste grande.

5e ÉPOQUE

DYNASTIE MONGOLE DES YOUEN (1260[1]-1368)

Ainsi que nous l'avons indiqué au chapitre des
bronzes (p. 70), l'établissement d'une dynastie mongole à Pekin, à la fin du xiiie siècle, eut pour effet
de mettre la Chine en rapports avec le monde occi-

---

1. Cette date (1260) est donnée comme la première année du
règne de Hou-pi-lie, mais les Soung ont continué de régner jusqu'en 1278 sur les provinces méridionales de l'Empire.

dental, de lui faire connaître des styles d'art et des procédés industriels nouveaux, de la soumettre enfin à des influences multiples venues de l'Inde, de la Perse, des pays de civilisation arabe et même de l'Europe.

L'action étrangère, qui fut si importante au point de vue des formes générales du décor chinois, ne laissa pas de traces très profondes dans les œuvres de la peinture. Des miniatures persanes furent certainement apportées à Pékin par la foule de lettrés, de poètes, de savants, d'astronomes, qui vinrent de tous les points de l'Iran à la cour de Koubilaï ; mais il ne paraît pas que les peintres chinois en aient reçu une impression assez forte pour modifier leur style et renouveler leur manière. Toutefois, on reconnaît dans certaines peintures du xive siècle l'influence incontestable des œuvres persanes.

Nous avons vu également que la dynastie des Youen présida à une sorte de renaissance bouddhique, provoquée par l'importation de la réforme thibétaine connue sous le nom de « lamaïsme[1] ». Les ministres de ce culte réformé et ceux de la religion ancienne acquirent à la cour de Pékin une faveur toute-puissante, et le goût se porta de nouveau vers les idées, les formes littéraires et artistiques qui avaient déjà si profondément charmé l'esprit chinois, quelques siècles auparavant.

Yen-hoeï (1280) donna dans ses œuvres l'expression la plus haute de ce regain de ferveur religieuse : il y a

1. Cf. Edkins, *Chinese Buddhism*, ch. vi.

plus de talent, sans doute, que dans les peintures du
vi⁰ siècle, une facture plus distinguée, une composition
plus savante, des fonds de paysage plus heureusement
traités; mais le sentiment délicat et sincère, la piété
naïve, la suavité mystique qui faisaient le charme
inexprimable des œuvres primitives ne s'y retrouvent
plus.

D'ailleurs, la peinture de paysage, la peinture de
fleurs et d'animaux continuaient d'être en vogue, et
toutes les écoles s'y adonnaient avec passion. L'exécution devenait d'une minutie extrême, d'une finesse
incomparable; le style large et libre et les grands
effets décoratifs, où les peintres de la dynastie des
Soüng avaient excellé, n'étaient plus ni estimés ni
compris. Notons encore, comme un des caractères de la
peinture sous les Youen, le goût des tons vifs et brillants.

Comme pour les peintres de la dynastie précédente,
il nous faut distinguer ici, parmi les paysagistes, ceux
qui interprétèrent la nature dans la complexité de ses
aspects, de ceux qui se bornèrent à reproduire de préférence tels ou tels détails pittoresques. De la première
catégorie furent *Ouang-mong*, ou *Ouang-chou-ming*,
Hoang kong-ouang, surnommé *Tse-kieou*, *Ou-tchen*,
surnommé *Ou-tchong-koueï* et qui signait aussi *Meï-
hoa-tao-jen*, « le philosophe des fleurs de prunier »,
Ko kieou-sse, surnommé *King-tchong*, *Tsao tche-po*,
surnommé *Yeou-hiuan*, *Tchao-mong-yo*, surnommé
Tse-heou, et *Ma-leang*, fils de *Ma-yuan*. On constate
dans les œuvres de cette école, qui avait encore le
sentiment juste du décor pittoresque, un coloris très

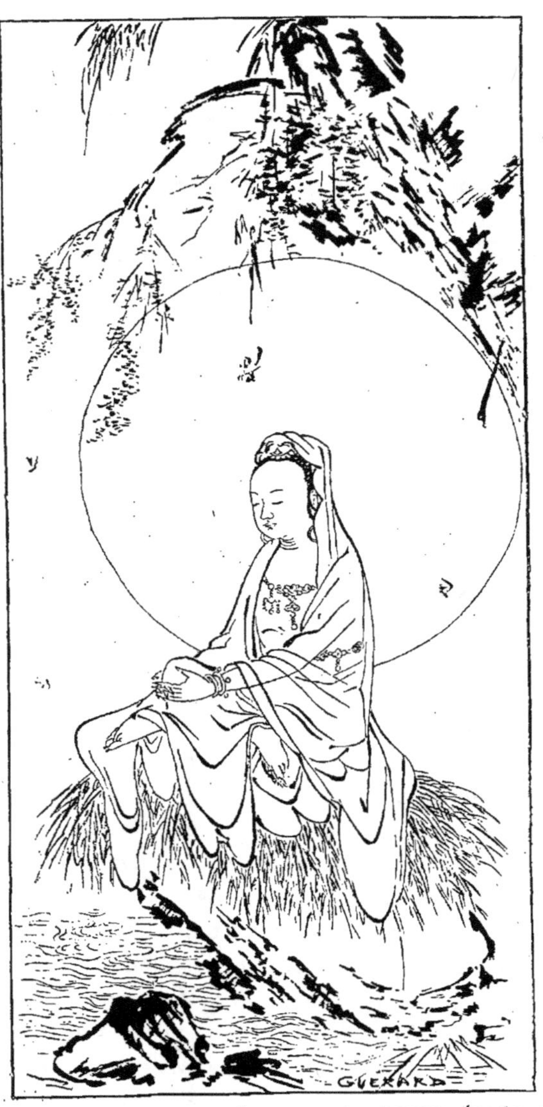

LA DÉESSE KOUAN-YIN. — ÉPOQUE DES YOUEN (1260-1368).
(Collection de M. S. Bing.)

harmonieux., une souplesse charmante du pinceau.
mais une poésie moins sincère dans l'inspiration e:
une exécution d'une fi-
nesse souvent précieuse
dans les détails.

Dans la seconde ca-
tégorie, nous classerons
tous les artistes qui.
n'ayant qu'une vision
partielle de la réalité
pittoresque, exercèrent
leur talent à reproduire
des bambous, des cè-
dres ou des pins, des
pruniers ou des pê-
chers, des fleurs, des
rochers, etc. Voici
quels furent les princi-
paux : *Ni-t'san*, sur-
nommé *Ni-yuan-tchen*
ou *Ni-yun-lin*, *Mong
yu-kien*, *Li-k'an*, sur-

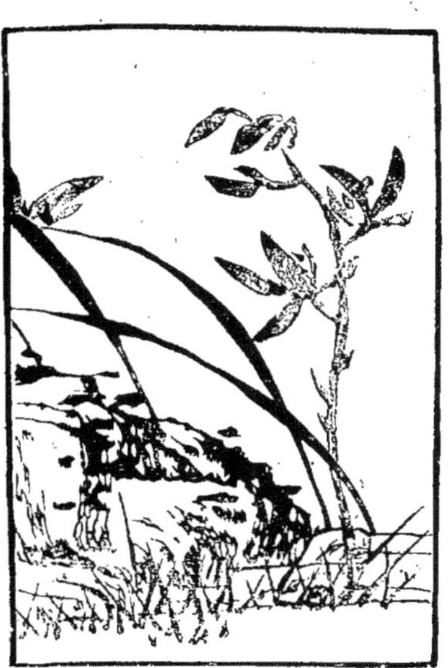

ROSEAUX ET PLANTES D'EAU,
PAR TCHAO-OU-HING. XIVe SIÈCLE.
(D'après le *Kiaï-tze-Yuan*.)

nommé *Li-si-tchaï*, *Fa tsong-y*, *Tchao-ou-hing*, *Ou-
tchen*, *Siao p'eng-touan*, *Kao k'o-kong*, surnommé *Yen-
king*, *Tche-tchan-kiun-che*, *Tchao mong-t'iao* et son fils
Tchao-yong.

Ces deux derniers artistes excellèrent aussi dans la
peinture des animaux, et particulièrement des chevaux.
A côté d'eux, on peut nommer encore *Tchao tan-lin*,
qui peignait surtout des oiseaux et des tigres. Une
œuvre de lui, que l'on peut voir au British Museum ei

qui représente un tigre avec ses petits, est traitée d'une
façon ferme et un peu rude; mais certains détails, le
pelage, par exemple, sont exécutés avec trop de com-
plaisance et de minutie.

6ᵉ ÉPOQUE

DYNASTIE DES MING (1368-1643)

Dès l'année 1352, des séditions ayant éclaté par tout
l'Empire contre les souverains mongols, un moine
bouddhique, d'extraction obscure, se mit à la tête des
révoltés, affranchit la Chine de la domination étrangère
et inaugura, sous le nom de Houng-wou (1368), la grande
dynastie des Ming.

Dans les premières années de cette dynastie, le
génie chinois prit au plus haut degré conscience de
soi-même. Dans la ciselure des bronzes et des jades,
dans le travail des émaux, dans la céramique, les
artistes de l'Empire du Milieu réalisèrent des œuvres
d'une maîtrise supérieure, d'un style robuste, d'une
exécution libre et large, d'un goût délicat et toujours
sûr. Ces dispositions heureuses et ce perfectionne-
ment technique se révèlent aussi chez les peintres de
cette époque, mais à un moindre degré, et les progrès
qui se manifestaient d'une façon si remarquable dans
les autres branches de l'art furent à peine sensibles dans
la peinture. C'est que pour elle, en effet, la période de
floraison, depuis longtemps commencée, touchait à sa
fin, et que l'heure du déclin était proche : ses premiers

chefs-d'œuvre étaient apparus sous la dynastie des Thang (618-907), — ses derniers allaient apparaître sous Tching-hoa, neuvième empereur des Ming (1465-1488), c'est-à-dire à peu près vers le milieu du règne de cette dynastie.

I. — *Depuis l'avènement de la dynastie des Ming jusqu'à la fin du règne de Tching-hoa (1368-1488).*

L'artiste le plus personnel du xvᵉ siècle est *Tch'en-tcheou*, surnommé *Tch'en-che-tien* ou *Pe-che ouong*. Il peignait, dit-on, les nuages, les eaux, les fleurs, les oiseaux, les poissons, les serpents, les quadrupèdes, avec une égale supériorité. C'était (autant du moins que nous en pouvons juger par les auteurs chinois, car aucune œuvre de ce peintre n'est encore venue en Europe) un artiste sincère, qui aimait à rendre surtout les aspects vaporeux des paysages, les apparences lumineuses des corps aux heures indécises de l'aurore et du crépuscule; il avait une touche nette et délibérée, moins maniérée que celle de ses contemporains.

A ses côtés, il faut citer *Pien ouen-tsin*, surnommé *Pien-king-tchao*. Paysagiste aussi, et d'un sentiment poétique assez fin, il préférait cependant peindre ces oiseaux; il excellait à les saisir dans la variété de leurs attitudes et même dans leur vol.

Il n'est parvenu jusqu'à nous qu'un nombre trop restreint des œuvres authentiques de ces artistes pour qu'il soit possible de définir le type de chacun d'eux; mais les peintures du xvᵉ siècle qu'il nous a été donné de voir constituent, prises ensemble, un groupe de documents assez important pour nous permettre de

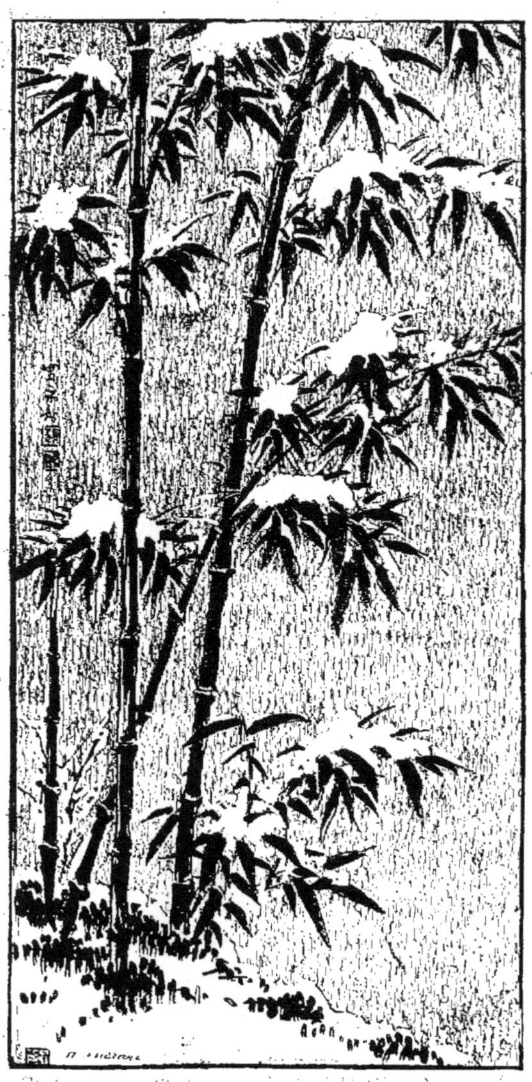

BAMBOUS. — ÉPOQUE DES MING (1368-1643).
(Collection de M. S. Bing.)

caractériser au moins le style de l'époque. Ces peintures sont signées des noms suivants, que les critiques d'art chinois s'accordent à placer au premier rang : *Sieou-ouen*, *Lin-leang*, *Tchou-ying*, surnommé *Chetcheou*, *T"ang-yin*, surnommé *T"ang-leou-jou*, *Taï-tsin*, surnommé *Tsing-ngan* ou *Yu-tsuan-chan-jen*, *Ou-oueï*, *Liou-tsouen*, *Leï-li*, surnommé *Pan-tchouang-chan-jen*, *Kin-jouen* et *Jou-tcho* [1].

A considérer ainsi dans leur ensemble les œuvres de cette époque, qui est la plus brillante du règne des Ming, quelques traits généraux ressortent bientôt. Si le style de ces peintures ne se distingue pas par une originalité très marquée dans l'inspiration, du moins d'autres qualités de premier ordre le caractérisent: la force et la netteté de la conception, la distinction des formes, une certaine sobriété dans la composition et un sentiment très juste des effets décoratifs, une science rare du dessin, la décision et la souplesse du coup de pinceau, le goût des colorations vives et claires, et la recherche harmonieuse des tons. C'est le style d'un art sain et fécond, sans grande élévation sans doute, mais sans défaillance.

1. Un grand nombre de ces peintres a été appelé au Japon, y a créé des écoles et laissé des disciples. Pour tout ce qui concerne les influences exercées sur l'art japonais par l'art chinois, nous nous bornons à renvoyer au grand ouvrage de M. L. Gonse sur *l'Art japonais*.

II. — *Depuis l'avènement de l'empereur Houng-tchi jusqu'à la fin de la dynastie des Ming (1488-1643).*

A la fin du xve siècle, c'est-à-dire vers le milieu du règne des Ming, commence le déclin de la peinture chinoise. Les premières causes de cette décadence pourraient être recherchées plus haut; elles existaient déjà sous la dynastie des Youen, elles étaient latentes même dans les dernières années des Soung (1240). Elles dataient du jour où la tradition avait remplacé l'observation sincère, où l'habileté de la facture avait été plus recherchée dans une œuvre que le sentiment artistique dont elle était l'expression. La peinture tendait insensiblement à devenir une science de formules établies et acceptées une fois pour toutes, d'où la vie et l'émotion esthétique s'en allaient, où l'on ne retrouvait plus ni la vérité de l'observation, ni la sincérité de l'émotion ressentie, ni le charme imprévu, ni l'audace heureuse des premières époques. Ainsi s'établit en Chine ce style conventionnel et artificiel d'où les artistes des xviie et xviiie siècles ne devaient plus sortir.

Lu-ki, Ouang i-pang, surnommé *Si-yuan-ye-fou,* et *Tcheou tche-ouan* furent les trois peintres les plus célèbres de la période finale des Ming. Comme ceux du siècle précédent, ils peignaient surtout des oiseaux et des fleurs. Dans ce genre, aucun d'eux n'a cherché à varier les thèmes ordinaires de la composition, ni à rajeunir les modes d'expression. Mais la facture demeure très habile, d'une légèreté surprenante, d'un fini merveilleux dans les moindres détails.

Un seul peintre, au xvie siècle, paraît avoir déposé dans ses œuvres l'expression d'un sentiment sincère et délicat, et mériterait, à ce seul point de vue, de tenir un rang que les auteurs chinois ne lui ont pas généralement attribué : *Ouen tcheng-ming*, dont les surnoms étaient : *Hing-keng*, *Tcheng-tchong* et *Heng-chan-kiu-che*. Il s'inspirait des maîtres du xiie siècle, ne peignait guère

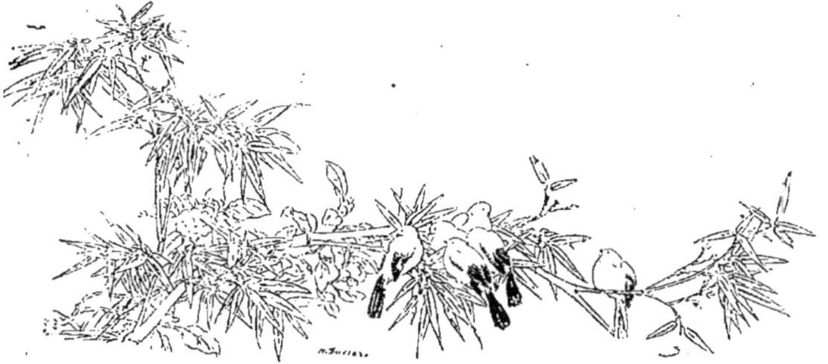

OISEAUX, PAR OUEN TCHENG. — ÉPOQUE DES MING
(1368-1643).

(Collection de M. S. Bing.)

que des paysages et aimait à rendre les effets de neige, les brumes d'hiver, les vapeurs d'automne.

Les auteurs chinois distinguent encore, dans la foule des peintres de cette période, les noms suivants : *Mao-lang*, surnommé *Leang-chan-kiu-che*, *Tchang-ki*, surnommé *Ouen-tcheng*, *Sie che-tch'en*, surnommé *Tch'ou-sien*, *Yang ouen-tsong*, surnommé *L'ong-yeou*, *Hoang-fong-tche*, *Li liou-fang*, *Ouang li-pen*, *Hia-tch'ang*, surnommé *Hia-tchong-tchao*, *Liou-tchoan*, surnommé *Yue-tchouen*, et *Siu-oueï*, surnommé *Ouen-tsing* ou *Ouen-tchang*.

Entre les œuvres produites au cours du xve siècle et celles qui apparurent pendant la seconde moitié du règne des Ming (1488-1643), on constate des différences très sensibles : le style a changé, c'est la première phase d'un style nouveau, de celui qui prévaudra dans l'art chinois aux xviiᵉ et xviiiᵉ siècles. Certes, les peintures de Lu-ki, Ouang i-pang, Tcheou tche-ouan et de leurs disciples révèlent encore quelques-unes des qualités qui caractérisaient la manière du siècle précédent, c'est-à-dire la science du dessin, la perfection du rendu et cette élégance dans l'exécution qui subsistera jusqu'aux époques de pleine décadence; on y remarquera aussi un goût heureux, une grâce ingénieuse dans la composition, un sentiment délicat des colorations; mais on ne rencontrera plus que rarement des productions qui soient fortes et bien personnelles, sinon par l'inspiration, au moins par l'exécution. La finesse du pinceau est le plus souvent exagérée, précieuse; on ne trouve plus, dans la touche, de ces accents fermes, décisifs et libres à la fois, dont les maîtres des époques précédentes semblaient s'être transmis le secret; plus d'invention pittoresque, une spécialisation chaque jour plus étroite, un souci plus grand des conventions et des formules. C'est le style d'un art déjà froid et bientôt stérile.

7ᵉ ÉPOQUE

DYNASTIE DES THSING (1643-188..)

Sous la dynastie tartare-mandchoue des Thsing qui remplaça, en 1643, la dynastie chinoise des Ming, la décadence de la peinture devient bientôt un fait accom-

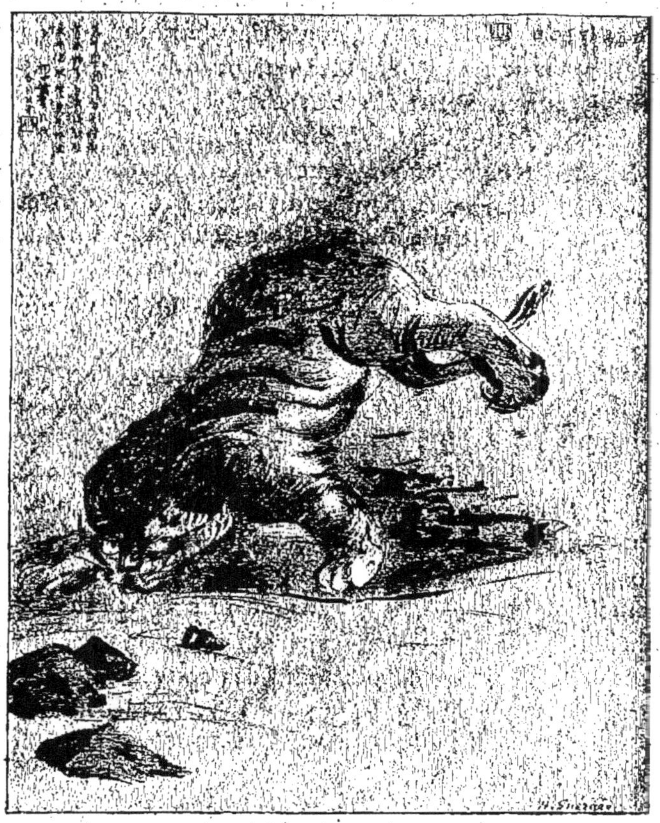

TIGRE. — XVIIᵉ SIÈCLE.
Collection de M. S. Bing.)

pli. C'est le règne définitif du procédé. L'œuvre d'art
n'est plus l'expression d'un sentiment sincère, l'inter-

prétation d'une vision
originale des choses,
la traduction d'une
impression vive res-
sentie au spectacle de
la nature ou de la
vie, — c'est la com-
binaison plus ou
moins ingénieuse
d'un certain nombre
de formules qui dis-
pensent le peintre de
toute inspiration et
n'exigent de lui qu'une
facture exercée et do-
cile.

Il y eut, dès lors,
des ouvrages illustrés
où l'on trouvait par
centaines des modèles
d'animaux, de pay-
sages, d'arbres, de
fleurs, de montagnes,
de rochers, de jar-
dins, de pagodes, de
kiosques, de ponts,
de rivières, de lacs,
de jonques, de per-
sonnages de tout âge
et de tout rang dans
toutes les situations

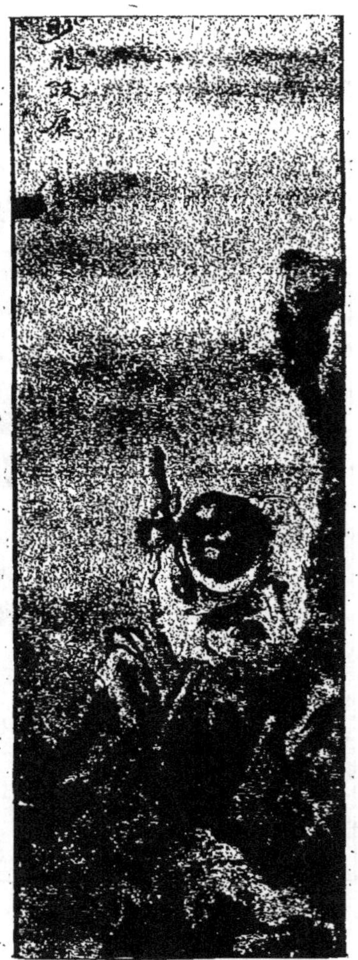

PERSONNAGE BOUDDHIQUE.
PEINTURE SUR PAPIER. — XVIIe SIÈCLE.
(Collection de M. L. Gonse.)

ordinaires de la vie. C'étaient des sortes de dictionnaires
que le peintre n'avait qu'à feuilleter pour trouver les
éléments de sa composition, figures principales, motifs accessoires, cadre et décor. Il lui suffisait de les
recopier ensuite en les groupant. La peinture ne fut
plus ainsi qu'un travail de patience et presque de mar-
queterie.

D'innombrables traités de peinture, composés dans
le même esprit, asservissent, chaque jour davantage,
les artistes au joug des formules et de la tradition. Sous
Young-tching (1723-1736), il y a bien une certaine
tendance, sinon à renouveler les thèmes ordinaires, du
moins à rajeunir les modes d'expression : les figures
revêtent une grâce délicate et maniérée, le décor devient
très savant, très élégant et, souvent même, chargé; les
fonds de paysages se teintent de colorations artificielles,
quoique très douces et très fondues. Mais dans cette
variation du goût, on ne constate aucun retour à la sincérité de l'émotion esthétique, à l'inspiration directe
de la réalité, aucun effort vers l'affranchissement des
traditions classiques.

Voici les noms des principaux peintres de la dynastie
actuelle et les genres où ils s'exercèrent : sous le règne
de Chun-tche (1644-1662), *Meï-ouen-ting*, peintre de
paysages; — sous Khang-hi (1662-1723), *Ouang-mou*,
le plus célèbre des paysagistes de la dynastie, — *Tchang-
tchao, Kao-che-ki* et *Ouang-peï*, paysagistes aussi, —
Tong-taï-tchouan, peintre de sujets bouddhiques; —
sous Young-tching et Kien-long (1723-1796), *Hiang-
mou-tche* et *Tchen-pou-chou*, paysagistes, — *King-
nong* et *Lo-ping*, peintres de sujets religieux, — *Tcheng-*

sie, *Li-fang-ing* et *Tchen-chou-piao*, peintres de fleurs et d'oiseaux ; — sous Kia-king (1796-1821), *Fang-tong* et *Kong-hien*, paysagistes, *Khang-tao*, peintre de genre ; — sous Tao-kouang (1821-1851), *Taï-ouen-tsi* et *Tcheou-teng*, peintres de fleurs et paysages.

Dans le même temps, les missionnaires jésuites établis en Chine essayèrent d'y introduire les procédés et les traditions de la peinture européenne.

On sait que les missionnaires de la Compagnie de Jésus avaient pénétré dans l'Empire du Milieu dès l'année 1581 et que, malgré les édits de proscription portés contre eux par le Tribunal des Rites, ils étaient parvenus à fonder des établissements religieux dans les provinces et à Pékin même. La haute valeur des hommes qui, tels que le P. Ricci, le P. Verbiest et le P. Gerbillon, dirigèrent ces premières fondations, la curiosité qu'ils surent inspirer aux Chinois pour les sciences, les arts et les industries de l'Europe, et, d'autre part, l'esprit de tolérance dont ils s'inspirèrent au début de leur mission, finirent par leur ouvrir les portes du Palais Impérial. L'empereur Khang-hi, qui régnait alors (1662-1723), leur confia peu à peu l'intendance de l'astronomie, la présidence du tribunal des mathématiques, la direction des ateliers du palais, et même d'importantes missions politiques.

L'empereur ayant exprimé le désir de connaître les derniers progrès des idées et de la technique européennes, le P. Bouvet rentra en France pour chercher de nouveaux missionnaires qui fussent plus spécialement versés dans les sciences et dans les arts. Il engagea le *P. Gherardini*, qui était connu dans l'Ordre des Jésuites par son talent de peintre [1], à l'accompagner en Chine. Un autre missionnaire, le *P. Belleville*, qui faisait de la miniature, se joignit à eux. Ils s'embarquèrent le 1er mars 1698 et arrivèrent, dans les premiers jours de l'année 1699, à Pékin.

A peine installés, ils furent mandés au palais, travaillèrent en présence de l'empereur et conquirent ses bonnes grâces. Ils n'eurent malheureusement pas le temps d'en profiter. La fameuse querelle qui devait ruiner la fortune de la religion chrétienne en Chine venait d'éclater entre les Jésuites et les Dominicains. Pendant les dernières années de Khang-hi et pendant presque tout le règne de son successeur Young-tching (1723-1736), les missionnaires furent discrédités ou persécutés.

Mais sous Kien-long (1736-1796), les Jésuites rentrèrent en grâce. Ils ouvrirent au palais des ateliers de mécanique, de peinture, de lutherie, de chimie [2], etc. ; on leur confia même, en partie, la décoration de la

---

1. Ce religieux avait décoré l'église des jésuites de Nevers et la bibliothèque de la maison professe de Paris.

2. L'empereur Khang-hi avait créé, en 1680, dans l'enceinte du Palais, des ateliers, *tsao-pan-tchou*, où il avait appelé des artisans et des ouvriers de tous les points de l'Empire. Ces ateliers comprenaient les départements suivants : 1° fonderie de métaux ; — 2° fabrication de *jou-y* (sceptres de congratulations) ; — 3° verrerie ; — 4° horlogerie ; — 5° confection de cartes et plans ; — 6° fabrication d'émaux cloisonnés ; — 7° fabrication de casques ; — 8° travail du jade, de l'or et du filigrane ; — 9° dorure ; — 10° ciselure de fleurs en relief ; — 11° fabrication d'écritoires ; — 12° travaux d'incrustation ; — 13° travail de l'étain et étamage ; — 14° travail de l'ivoire ; — 15° gravure et sculpture du bois ; — 16° travail de

résidence de Youen-ming-youen (palais d'Été), et la construction des travaux hydrauliques qui en ornaient le parc.

Les *PP. Castiglione et Attiret*, qui avaient fait en Europe de sérieuses études de peinture, profitèrent de ces heureuses circonstances pour reprendre auprès de l'empereur Kien-long le rôle qui avait échappé, vingt ans plus tôt, aux PP. Gherardini et Belleville auprès de l'empereur Khang-hi.

Au début, leur faveur fut très marquée. Ils exécutèrent le portrait de l'empereur lui-même, les portraits de son frère, de l'impératrice, des princes et princesses du sang et d'un grand nombre de hauts fonctionnaires. Ils furent chargés de décorer un plafond du palais impérial et composèrent, à cet effet, quatre grandes allégories des saisons. En quelques années, plus de deux cents tableaux sortirent de leurs mains.

Mais peu à peu un revirement singulier se fit dans l'esprit de l'empereur et, par suite, de la cour. La peinture des PP. Jésuites fut trouvée d'un style trop européen; le modelé des chairs, le clair-obscur, les ombres portées furent jugés déplaisants pour les yeux. L'em-

la laque; — 17° gravure de caractères chinois; — 18° fabrication de brûle-parfums; — 19° fabrication de boîtes peintes; — 20° menuiserie; — 21° confection de lanternes; — 22° préparation de fleurs artificielles; — 23° travaux de cuir; — 24° montage de perles; — 25° ciselure de métaux; — 26° armurerie; — 27° fabrication d'instruments d'optique.

En 1774, une imprimerie à types mobiles y fut ajoutée.

Ces ateliers ont été peu à peu abandonnés. Ce qu'il en restait a été incendié en 1869.

pereur se mit à donner des conseils, à vouloir ramener
les missionnaires aux procédés traditionnels de la peinture chinoise et même à leur imposer la collaboration
de peintres chinois. Découragés bientôt dans l'œuvre
qu'ils avaient tentée, les deux Jésuites se soumirent;
ils se résignèrent à peindre en teintes plates les figures
et les mains dans des compositions où tout le reste
était dû au pinceau d'artisans indigènes, et, le 1er novembre 1743, le P. Attiret écrivait à Paris : « Il m'a
fallu oublier, pour ainsi dire, tout ce que j'avais appris et me faire une nouvelle manière pour me con-
former au goût de la nation... Tout ce que nous pei-
gnons est ordonné par l'empereur. Nous faisons d'abord
les dessins ; il les voit, les fait changer, réformer comme
bon lui semble. Que la correction soit bien ou mal,
il faut en passer par là sans oser rien dire[1]. »

L'échec était complet. Cette expérience prouva, du
moins, que les procédés et les conventions de la peinture occidentale sont incompatibles avec les conceptions pittoresques de la race chinoise.

Les PP. Castiglione et Attiret ne furent pas plus
heureux dans l'essai qu'ils tentèrent d'introduire en
Chine les procédés de la gravure sur cuivre. A l'occasion de la conquête de la Dzoungarie par les armées
de Kien-long (1755-1760), ils composèrent une série de
planches où étaient représentés les faits principaux de
cette guerre. Le tirage en fut fait en France, où quelques exemplaires à peine furent laissés; on essaya d'en
faire un second tirage à Pékin, quand les planches fu-

---

1. *Lettres édfiantes.*

rent renvoyées en Chine ; mais on ne put obtenir que
des épreuves médiocres. Ce procédé de gravure, où il

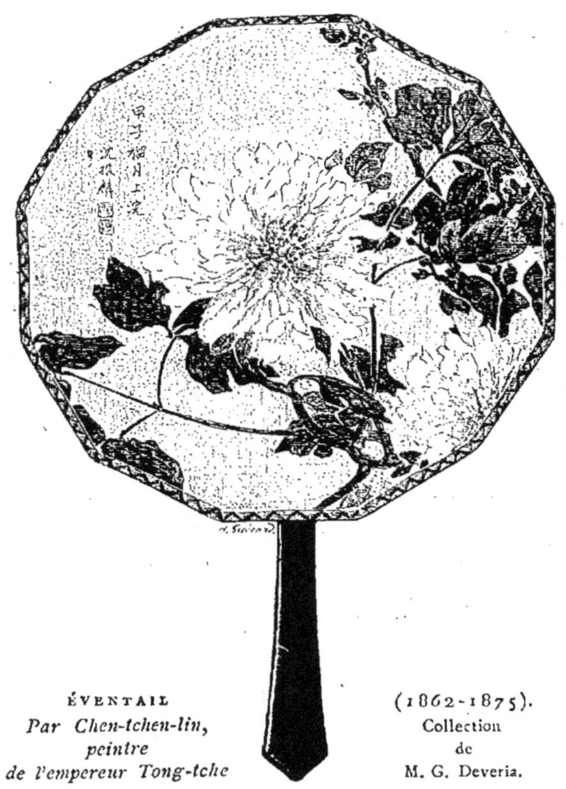

ÉVENTAIL
Par Chen-tchen-lin,
peintre
de l'empereur Tong-tche

(1862-1875).
Collection
de
M. G. Deveria.

semblait pourtant que les Chinois dussent réussir, fut
dès lors abandonné et l'expérience des PP. Jésuites ne
fut pas renouvelée.

Vers 1830, un peintre de Canton nommé *Lan-koua,*

ayant reçu quelques leçons d'un artiste anglais, M. Chinery, de Macao, ouvrit un atelier et chercha à appliquer les procédés de dessin et de peinture de l'Europe. Il s'efforça de donner à ses personnages des formes modelées et vivantes, de reproduire les effets de la lumière et des ombres, de respecter dans l'indication des plans de ses compositions les lois de la perspective linéaire et celles du clair-obscur. Ce fut, malgré toute l'application de l'artiste et en dépit d'une certaine facilité d'assimilation, une tentative bâtarde où l'art chinois n'acquit aucune qualité nouvelle et eut fini par perdre toute originalité.

Lan-koua semblait chercher plutôt à appliquer des recettes nouvelles, comme autrefois il avait observé les formules toutes faites de l'ancien art chinois. Lan-koua jouit, vers 1840, d'une certaine réputation en Europe, et ses œuvres affluèrent dans nos collections à l'époque des premiers traités qui ouvrirent la Chine au commerce de l'Angleterre et la France. Cette vogue, qui naquit bien mal à propos et en faveur d'œuvres sans valeur artistique, ne dura guère, mais laissa s'accréditer longtemps l'opinion que la peinture chinoise n'avait jamais rien produit que de médiocre et en était encore, après tant de siècles de civilisation, aux premiers rudiments de l'art.

LES LAQUES

Il faut le reconnaître dès le début : les Japonais ont atteint dans l'art du *laque* à une perfection que les Chinois n'ont jamais égalée. Les œuvres que les artistes du Nippon ont créées dans ce genre sont supérieures aux produits similaires de la Chine par la pureté de la substance, par l'harmonie des couleurs, par l'intensité ou la douceur des reflets, par la séduction imprévue de l'aspect, par la grâce exquise ou l'ampleur robuste du dessin, enfin par la sincérité et la délicatesse du sentiment esthétique dont elles sont l'expression.

Mais, pour relever d'un art moins élevé et d'une technique moins parfaite, les laques chinois comptent quelques spécimens qui sont remarquables par la qualité de la matière, par la douceur des tons, par la puissance de la composition, par la largeur et la sévérité du style.

On fabrique en Chine deux sortes de laques : les laques peints, les laques sculptés.

Laques peints. — La laque est une gomme résineuse extraite de différents arbres que les Chinois confondent sous le nom de *tsi*, « arbres à laque ». Les essences qui donnent les meilleurs produits sont le *Rhus vernix* et l'*Augia sinensis* ; les vernis-laques communs s'extraient du *Dryandra cordata* et du *Rhus semialata*. Les régions où la culture de ces arbres est la plus importante et d'où proviennent les vernis les plus fins sont les provinces du Sse-tchouen, du Hou-nan et du Kiang-si, dans le bassin du fleuve Bleu.

Le vernis brut subit, avant d'être appliqué, de nombreuses préparations. On y ajoute généralement de l'huile de *tong-yeou* (*vernicia montana*) ou de *tch'a-yeou* (*camellia oleifera*), du sulfate de fer et du vinaigre de riz. Le dosage de ces ingrédients varie suivant le degré de consistance et de transparence qu'on veut donner à la laque.

Les laques sont susceptibles de recevoir des colorations très nombreuses ; les principales s'obtiennent de la façon suivante : le *yang-tsi*, « vernis d'au delà des mers » (vernis noir des Japonais), est composé d'un mélange de noir d'ivoire, de noir animal et d'huile de thé ; — le *tchao-tsi*, « vernis enveloppant », est d'un jaune transparent : cette coloration est due à une addition d'huile végétale et de fiel de porc ; ce vernis sert principalement à recouvrir la poudre et les paillettes d'or dans les imitations d'aventurine ; le *hoa-kin-tsi*, « vernis doré pour les peintres », a une composition analogue à celle du précédent ; mais il est plus clair, plus liquide, à peine ambré : c'est le vernis dont se servent les peintres sur laque pour délayer leurs couleurs.

Leur palette est richement garnie ; elle leur donne le rouge du cinabre natif (*tchou-cha*), le rose de la fleur de carthame, le jaune de l'orpiment, le bleu indigo du *Kouang-tien-hoa*, le violet du colcotar calciné (*tse-chi*);

elle leur fournit encore le blanc d'ivoire, le vert olive, le vert cantharide, le bleu d'ardoise, le bistre, le jaune d'ocre et le jaune de terre de Sienne, le violet aubergine, le rouge lie de vin ou foie de mouton, le rose corail, etc. Enfin, à ces ressources de palette, il faut ajouter l'or qui s'emploie pur ou avec un faible alliage d'argent.

Les objets à laquer subissent au préalable les opérations suivantes : on plane le bois et on le polit avec soin; on dégage ensuite au ciselet les rainures d'assemblage et on les garnit d'une fine étoupe; on colle enfin, sur les joints, des bandes étroites de papier de *brousso-netia*, et on nerve toute la surface en y appliquant une feuille de papier fin de Corée ou un mince canevas de soie. Sur l'objet ainsi préparé on étend très également, à la brosse dure, un mélange de poudre d'émeri ou de grès rouge, de vermillon ou de gomme-gutte et de fiel de bœuf, qu'on laisse sécher à l'air. L'aspect de l'ouvrage est alors grenu et d'un brun rougeâtre. Quand l'enduit est parfaitement sec, on le polit au brunissoir de grès, à la pierre ponce et à la poudre de charbon. On renouvelle plusieurs fois de suite cette application, toujours suivie d'un polissage, et l'on obtient ainsi, après plusieurs semaines de travail, le fond sur lequel sera appliqué le décor à la laque. Ce décor peut être, soit uni, avec ou sans dessin, soit en relief.

C'est dans un atelier fermé de tous côtés et abrité du vent et de la poussière que se fait l'apposition du vernis; on en dépose une couche mince et très égale avec un pinceau plat et très fin. Après cette application, la pièce enduite est portée dans un séchoir qui est tenu frais et humide. Du séchoir, elle passe dans les mains d'un ouvrier, qui la polit avec une pierre de *lao-hang-chi*, sorte de schiste tendre. Ces opérations, qui sont lentes et très minutieuses, se reproduisent pour chaque couche de laque, et l'on n'applique jamais moins de trois couches ni plus de dix-huit.

Quand, sur le fond uni de la laqué, l'ouvrier veut peindre un décor, personnages, fleurs, arabesques, etc., il esquisse directement au blanc de céruse le sujet qu'il va traiter, ou bien encore il le décalque en suivant avec une pointe de bois les lignes de son dessin, sur lesquelles il a préalablement passé, au verso de la feuille de papier, un trait d'orpiment liquide. Il commence alors à peindre sur ce croquis avec les couleurs dont dispose sa riche palette; mais il se trouve, dès le début, en présence de difficultés d'exécution dont une très longue pratique lui apprend seule à se rendre maître. Le plus souvent, il est obligé de tenir son pinceau immobile, de la main gauche, tandis que sa

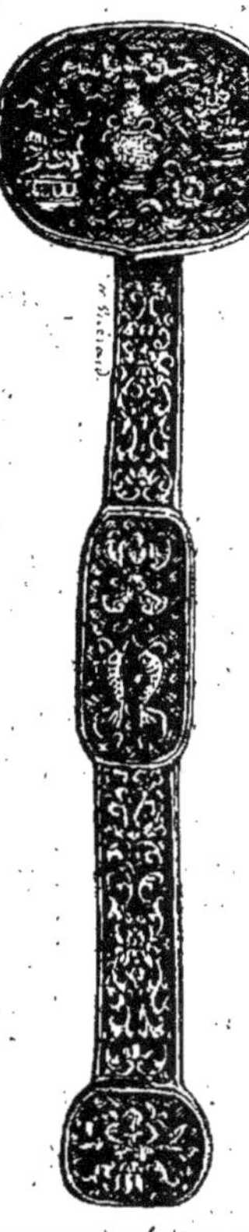

SCEPTRE (JOU-Y)[1]
DE LAQUE ROUGE
SCULPTÉE.
L., 0^m,40.
Collection de
M. G. Cogordan.

---

1. Les *jou-y* (litt^t *comme la pensée)* étaient, dans l'origine, des

main droite fait passer sous la pointe la pièce qu'il
décore. En raison de la consistance gommeuse de la
laque, il est tenu, en outre, d'acquérir une légèreté de
doigts incroyable pour conserver la finesse du dessin
et la délicatesse des contours; les reprises, d'ailleurs,
lui sont interdites, et, en cas d'erreur, il lui faut
laver tout le travail. Malgré tant de difficultés accu-
mulées, les Chinois sont parvenus à peindre des laques
qui sont à la fois d'une netteté de lignes irréprochable
et d'une liberté de facture où se sentent l'inspiration
et la fantaisie de l'artiste.

L'application de l'or sur les laques est d'un usage
très fréquent. On se sert, à cet effet, d'or en poudre
qu'on fixe au tampon sur du *hoa-kin-tsi*, additionné de
camphre et destiné à servir de mordant. Cet or est
d'un jaune vif; pour obtenir une nuance plus pâle, on
l'allie à un peu d'argent. Lorsque le décor est en relief,
on se sert, pour les dessous, d'or en feuilles, de paillettes d'or, ou même de paillettes d'argent dissimulées
dans les couches inférieures.

Les laques chinois sont généralement rehaussés d'incrustations d'ivoire, de nacre, de jade, de corail, de
malachite, de lapis-lazuli, etc., ciselés au burin. L'habileté et le goût de l'artiste consistent à harmoniser les
tons des rehauts et les nuances du fond, à tenir compte
de la qualité des matières qu'il sertit dans le vernis, en

sceptres de commandement. Les prêtres taoïstes en firent
plus tard le symbole de leur puissance surnaturelle. On ne
considère plus aujourd'hui ces objets que comme des emblèmes
de bon augure. Cf. Deveria, *Cérémonial d'un mariage impérial
en Chine.*

vue de l'emploi qu'il leur donne dans sa composition,
à les répartir de telle sorte qu'il n'y ait ni faux reflets
ni désaccord dans l'ensemble.

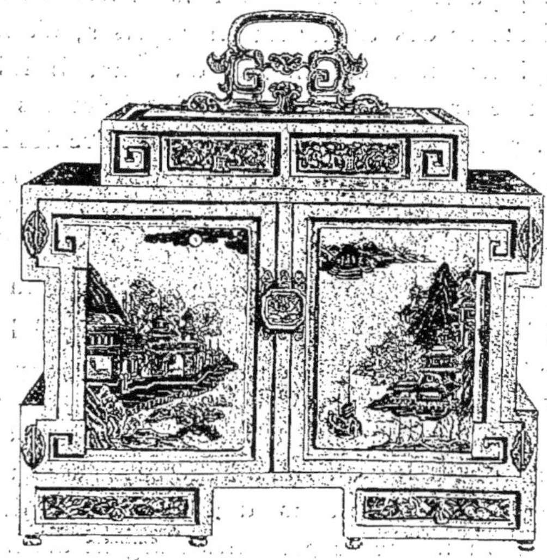

CABINET DE LAQUE DE FOU-TCHEOU.
H., 0^m,33.
(Collection de M. G. Cogordan.)

Les principaux centres de fabrication des laques
sont Canton[1] pour les laques unis, et Fou-tcheou pour
les laques en relief. Les produits de Canton, même les
produits anciens, n'ont pas une réelle valeur d'art. Ceux

[1] Le voyageur arabe Ibn-batoutah, qui visita Canton vers
l'année 1345, signale les laques de cette ville; il en admire la
légèreté, l'éclat, la solidité, et il nous apprend qu'on en exportait
de grandes quantités en Inde et en Perse. Cf. Ibn-batoutah,
Voyages, traduction Defrémery.

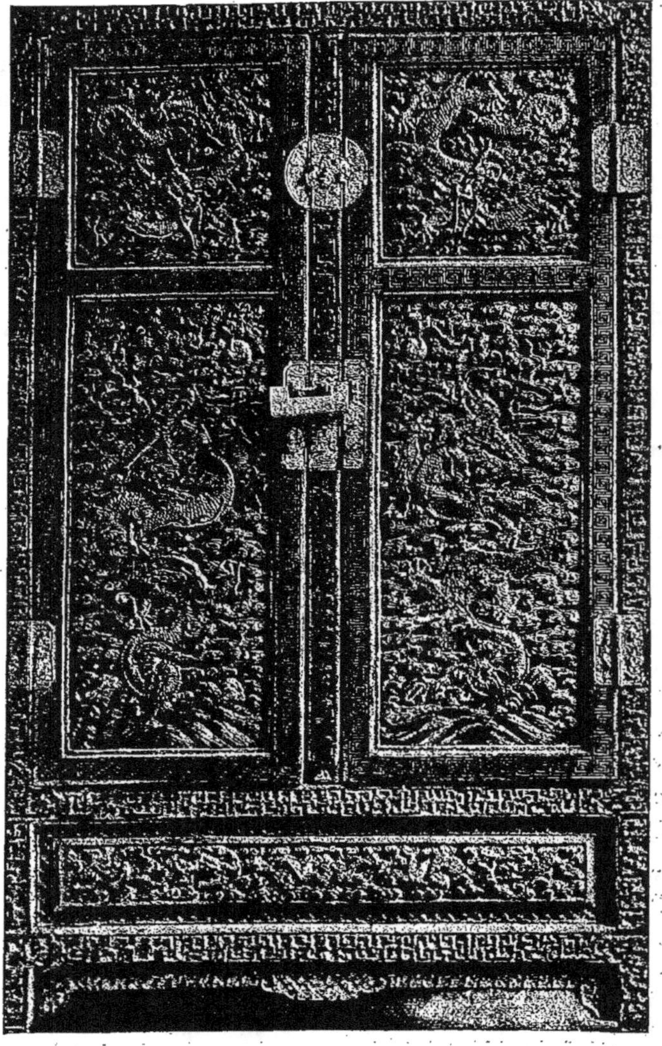

CABINET DE LAQUE ROUGE SCULPTÉE.
H., 0m,67.
(Collection de l'auteur.)

de Fou-tcheou, au contraire, séduisent les yeux par la pureté de la substance qui les recouvre, par l'égalité parfaite de la nappe vernissée, par l'intensité brillante ou sourde des nuances et la puissance des reliefs, par la largeur de la composition, par l'aspect harmonieux des ors et des rehauts. Parfois, des panneaux entiers, hauts de deux mètres et larges de plus d'un mètre, sont ainsi recouverts d'une décoration savante et délicate, où les tons sont fondus, où les personnages, aux chairs de corail ou de nacre, se détachent doucement sur le fond, où les paysages ont des fuites de plan lointaines, des profondeurs lumineuses.

Autrefois, Nankin et Pékin avaient des ateliers qui, par la pureté et le goût de leurs produits, primaient tous ceux de la Chine; mais la ruine politique et industrielle de Nankin, d'une part, et la fermeture des ateliers impériaux du palais de Pékin, d'autre part, ont tari la production des laques dans ces deux villes.

LAQUES SCULPTÉS. — La laque destinée à être sculptée, *t'iao-tsi*, est une pâte épaisse que l'ouvrier cisèle suivant les contours d'un dessin décalqué et qu'il recouvre ensuite d'un vernis rouge vermillon. Cette pâte, dont l'épaisseur varie d'un centimètre à un centimètre et demi, se compose de filasse fine d'*urtica nivea,* de papier de *broussonetia* et de coquilles d'œuf : ce mélange est battu, broyé et lié à l'huile de camellia ; il acquiert, en séchant, une dureté très grande. Le travail de ciselure s'opère quand cet enduit, préalablement déposé sur l'objet à décorer, est arrivé à l'état de siccité presque complète. La composition du vernis rouge qu'on passe ensuite, en plusieurs couches, sur la pâte de fond, est inconnue[1].

Cette sorte de ciselure est particulièrement délicate et exige une rare sûreté de main, car aucune reprise n'est possible. Les pièces les plus remarquables que nous nous souvenions d'avoir vues à Pékin étaient d'un faire large, un peu gras, mais ferme et sans hésitation : le relief du décor s'enlevait avec vigueur sur le fond et conservait cependant toute la souplesse de la cire molle.

Souvent l'artiste ménage deux couches dans l'épaisseur du vernis et traite chacune d'elles à part. Le défaut de ces laques est d'être parfois d'une composition chargée et presque confuse : des dragons s'enchevêtrent les uns dans les autres ou se tordent dans des flammes, — des phénix symboliques passent entre des nuages, — des nymphæas s'épanouissent dans un fouillis inextricable de feuilles et de tiges entre-croisées. Sous le prétexte de se jouer de toutes les difficultés d'exécution, l'artiste se laisse aller à compliquer son décor au delà de la juste mesure; d'ailleurs, à défaut du bon goût, la nature même de la matière qu'il cisèle devrait lui interdire les dessins trop fouillés et lui recommander la composition par grandes masses. Pour avoir quelque solidité à l'usage, la laque rouge doit conserver, en effet, une certaine épaisseur de champ : les angles trop

1. Il existe aussi des *t'iao-tsi* dont la laque est couleur chamois. Ces pièces, assez rares, sont d'une fabrication très soignée. Parfois même, les motifs du décor sont recouverts de vernis rouge, tandis que le fond est enduit de vernis chamois. Les Chinois estiment à très haut prix ces sortes de *tsi*.

aigus et les cloisons trop minces se détacheraient au moindre choc.

Les objets que l'on décore au *t'iao-tsi* sont de toutes sortes : ce sont le plus souvent des coffrets, des étuis à pinceaux, des cabinets, des boîtes à thé ou à parfums, des écrans, des coupes à fleurs, etc.

La fabrication des laques sculptés est peu abon-

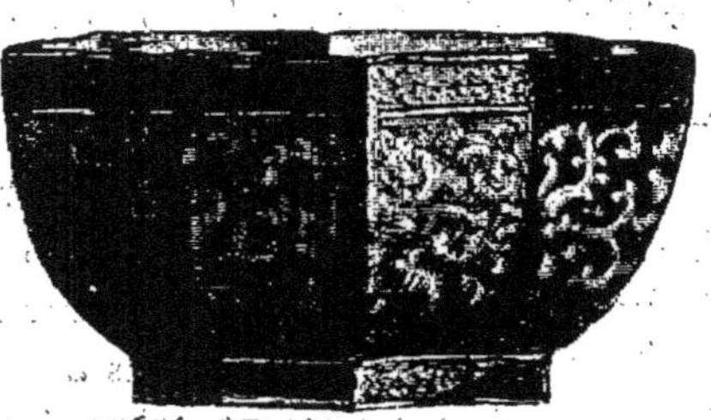

COUPE DE LAQUE. — XVIIIe SIÈCLE.
(Collection de M. le viconite de Semallé.)

dante de nos jours; elle avait lieu, jusqu'à la fin du siècle dernier, à Ti-tcheou, département de Tsi-nan-fou (Chan-tong). Les seuls ateliers qui soient ouverts encore à ce genre d'industrie sont dans le département de Houang-tcheou (Hou-pe).

L'histoire de l'art du laque en Chine est mal connue, mais on peut affirmer qu'elle n'a jamais passé par les phases brillantes qu'a traversées ce même art au Japon, pendant les xvie et xviie siècles. Aux noms des Koëtsou, des Shimidzou-Youhô, des Kôrin et des Yoseï, les Chinois n'ont pas un artiste à opposer. Il n'y a pas eu non plus chez eux, à proprement parler, d'écoles caractérisées ayant chacune leur style, leurs traditions et leurs tendances.

Il semble que les procédés du *tsi* et du *t'iao-tsi* aient été connus dès les premiers siècles de notre ère; mais les plus anciens spécimens que nous connaissons ne datent que de la fin des Ming, c'est-à-dire des dernières années du xvie siècle. Les laques sculptés de cette époque sont fort rares, et les Chinois les estiment à très haut prix : le vernis en est très épais, le travail en est ferme, d'un style sobre et sévère. Sous l'empereur Khang-hi, de la dynastie des Thsing (1662), les artistes laqueurs réalisent dans ce genre de sérieux progrès, tant au point de vue de la qualité de la matière qui est plus compacte et plus grasse d'aspect qu'au point de vue de la décoration qui est plus libre, plus large et d'une inspiration plus franche. Sous Kien-long (1736-1796), on fabrique aussi des *t'iao-tsi* de beau style; mais ce sont surtout les laques peints qui nous offrent les spécimens les plus intéressants. Les plus remarquables d'entre ceux-ci proviennent des ateliers du palais. M. de Semallé possède une dizaine de pièces ayant, sans aucun doute, cette origine : ce sont des coupes formulées en calices lobés, légères à la main et délicatement modelées : l'une est d'un bleu paon à reflets verts, chatoyant et intense comme un émail ; une autre est d'un rose très pâle que rehausse un rose de corail, et l'ensemble est d'une douceur de tons incomparable; une autre encore est d'un noir uni et profond, de ce beau noir si apprécié des Japonais; signalons enfin, dans la même collection, un laque aventuriné, à incrustations d'or et d'argent figurant des lotus, qui est une merveille de goût et de finesse.

Ces pièces comptent à nos yeux parmi les rares objets de laque chinoise peinte qui mériteraient de figurer

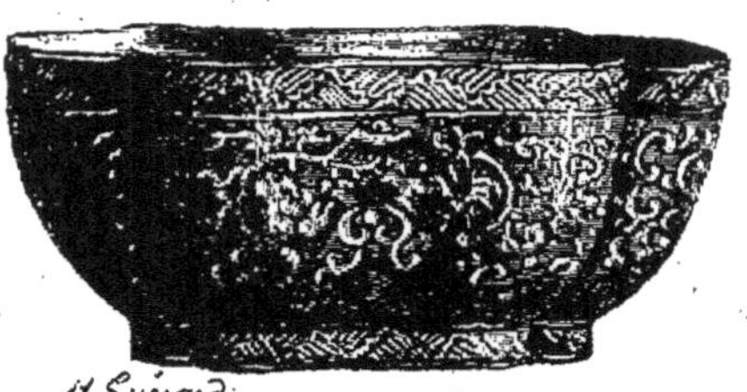

COUPE DE LAQUE. — XVIII° SIÈCLE.
(Collection de M. le vicomte de Semallé.)

dans la collection d'un amateur au Japon. En existe-t-il beaucoup de semblables en Chine? Nous ne le pensons pas, car nous n'en avons vu qu'un petit nombre pendant notre séjour à Pékin ; mais il est probable que les *tsi* qui sont sortis des ateliers impériaux au xviii° siècle sont encore au palais ou dans les résidences princières, et il est permis d'espérer que quelques spécimens en viendront encore en Europe.

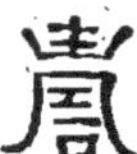

CONCLUSION

Les idées générales qui se dégagent de l'étude de l'art chinois ont été exposées au cours de cet ouvrage : le cadre étroit qui m'est imposé ne me permet pas de les reprendre dans une vue d'ensemble.

J'ai tenté (particulièrement dans les chapitres consacrés au bronze, à la pierre sculptée, aux pierres dures et à la peinture) de définir les caractères de l'imagination esthétique et du sens plastique chez les Chinois ; j'ai recherché la forme artistique dont ils ont revêtu leur pensée religieuse, l'idéal de beauté sensible que le bouddhisme leur a révélé, le sentiment que leur a inspiré la nature et la façon dont ils l'ont transcrit. Chacun de ces points a été traité à l'occasion du genre d'œuvres, sculptées, ciselées ou peintes, qui le mettait le mieux en lumière.

Il est un autre point, qui domine cette étude et que je me suis efforcé d'éclairer par un grand nombre d'exemples et de documents, je veux dire l'évolution historique de l'art en Chine au contact des civilisations étrangères. Contrairement à une opinion qui est admise même par des personnes d'une critique exercée, j'ai été amené à penser que la Chine n'est pas demeurée immuable à travers les siècles et fermée au monde extérieur, mais que des actions puissantes, parties du dehors, ont insensiblement modifié ses traditions et

transformé les conceptions de ses artistes; j'ai essayé de
montrer que de grands courants d'influences sont venus,
tour à tour, de la Chaldée et de l'Assyrie (p. 102), de l'Inde
(p. 34), de l'Empire romain (p. 220), des pays arabes (p. 69),
de la Perse (p. 72) et de l'Europe (p. 232). Je serais heureux d'avoir apporté quelques idées et ouvert quelques
aperçus dans cet ordre de faits.

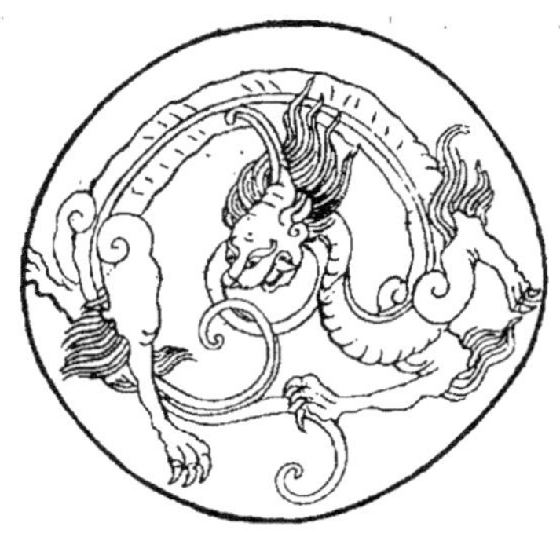

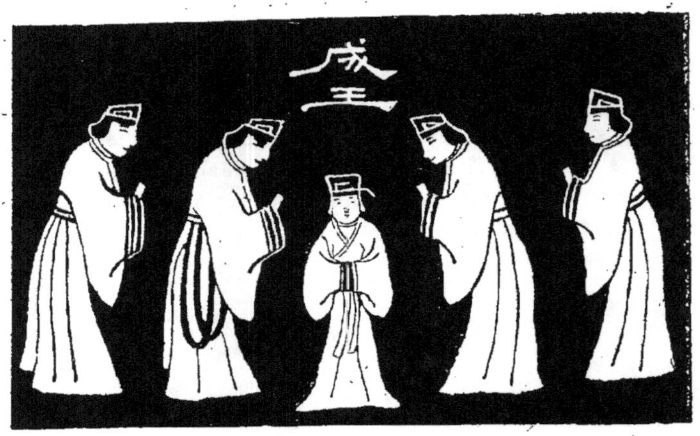

APPENDICE

TABLEAU CHRONOLOGIQUE

DES DYNASTIES CHINOISES

Commencement des temps
historiques . . . .   2637 av. J.-C.
Dynastie des Hia   2205   —
   —   des Chang   1783   —
   —   des Tcheou[1] . . .   1134   —
   —   des Thsin   255   —
   —   des Han   206   —   265 ap. J.-C.

[1]. En ce qui concerne les faits et les dates antérieurs à la dynastie des Tcheou, les annales chinoises ne doivent être consultées

Dynastie des Oueï.	220 ap. J.-C.	264 ap. J.-C.
— des Ou.	222 —	277 —
— des Tsin.	265 —	419 —
— des Liang posté- rieurs	400 —	420 —
— des Liou Soung .	420 —	479 —
— des Tsi méridio- naux	479 —	501 —
— des Liang	502 —	556 —
— des Tchin	557 —	587 —
— des Oueï septen- trionaux. . . .	386 —	532 —
— des Tsi septentrio- naux.	550 —	577 —
— des Tcheou sep- tentrionaux . .	557 —	581 —
— des Souï.	581 —	618 —
— des Thang. . . .	618 —	907 —
— des Liang posté- rieurs	907 —	921 —
— des Thang posté- rieurs	923 —	934 —
— des Tsin posté- rieurs	936 —	944 —
— des Tcheou posté- rieurs	951 —	960 —
— des Thang méri- dionaux	937 —	958 —
— des Chou anté- rieurs.	908 —	925 —

qu'avec une grande réserve. Traduites par fragments, elles n'ont jamais été l'objet d'une critique sérieuse. D'autre part, l'archéo-logie et la philologie chinoises n'existent pas comme sciences : la Chine attend encore un Burnouf et un Mommsen. La chro-nologie que nous donnons ici est celle qui a été adoptée par Mayers.

Dynastie des Chou posté-			
rieurs	934 ap. J.-C.	964 ap. J.-C.	
— des Ou-yue. . . .	926	—	932	—
— des Léao.	916	—	1168	—
— des Soung. . . .	960	—	1278	—
— des Kin	1115	—	1234	—
— des Youen	1260	—	1368	—
— des Ming	1368	—	1643	—
— des Thsing[1] . . .	1644	—	18**	—

1. Les Ming continuent de régner jusqu'en 1662 sur une partie de l'Empire, les Thsing commencent, en 1616, à régner sur les provinces du Nord.

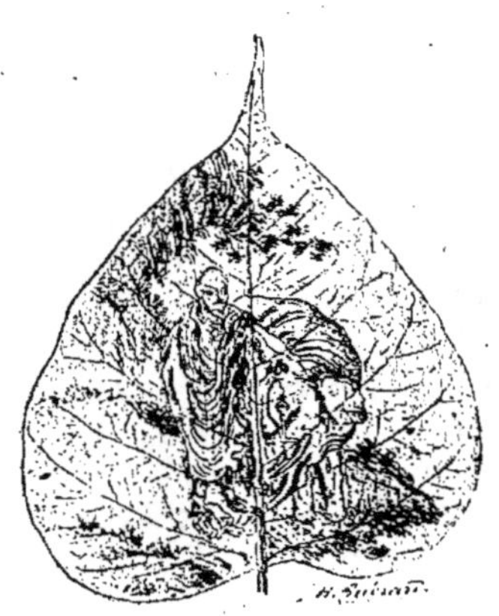

TABLEAU CHRONOLOGIQUE

DES EMPEREURS DES DEUX DERNIÈRES DYNASTIES

D'APRÈS LE NOM (NIEN-HAO) ATTRIBUÉ A LEURS ANNÉES DE RÉGNE

1º Dynastie chinoise des Ming[1].

Houng-ou.	洪武	. . . 1368 ap. J.-C.
Kien-ouen.	建文	. . . 1399 —
Young-lo	永樂	. . . 1403 —
Houng-hi..	洪熙	. . . 1425 —
Siouan-te..	宣德	. . . 1426 —
Tching-toung . . .	正統	. . . 1436 —
King-t'aï	景泰	. . . 1450 —
Thien-choun . . .	天順	. . . 1457 —

1. Succédant à la dynastie mongole des Youen.

Tching-hoa	成	化	1465 ap. J.-C.
Houng-tche	弘	治	1488 —
Tching-te	正	德	1506 —
Kia-tsing	嘉	靖	1522 —
Loung-king	隆	慶	1567 —
Ouan-li	萬	曆	1573 —
Taï-tchang [1]	泰	昌	1620 —
Thien-ki	天	啟	1621 —
Tsoung-tching	崇	禎	1628 (+ 1645).

2° Dynastie tartare-mandchoue des Thsing.

Thien-ming	天	命	1616 ap. J.-C.
Thien-tsoung	天	聰	1627 —
Tsoung-te	崇	德	1636 —
Chun-tche [2]	順	治	1644 —
Khang-hi	康	熙	1662 —
Young-tching	雍	正	1723 —

1. Les Tartares Mandchoux, maîtres d'une partie de la Chine, commencent à régner en 1616.

2. A partir de l'année 1644, la dynastie des Thsing a établi son autorité sur toute la Chine et règne seule.

Kien-long	乾隆	. . . 1736 ap. J.-C.
Kia-king	嘉慶	. . . 1796 —
Tao-kouang . . .	道光	. . . 1821 —
Hien-foung	咸豐	. . . 1851 —
Tong-tche	同治	. . . 1862 —
Kouang-siu	光緒	. . . 1875 —

Les noms d'empereurs, énumérés ci-dessus, sont souvent inscrits sur les bronzes, les jades, les porcelaines, etc., et peuvent servir à en fixer la date. Dans ce cas, chaque *nien-hao* est précédé du nom de la dynastie à laquelle appartient

le souverain et suivi des deux caractères 年製 , *nien-tchy*,

dont le sens est « fabriqué pendant la période ». Voici la marque des deux dernières dynasties chinoises :

大明   大清

DYNASTIE

DES MING (1368-1643).   DES THSING (1644).

Nous croyons utile, en outre, de reproduire, en caractères sigillographiques, les *nien-hao* des derniers empereurs :

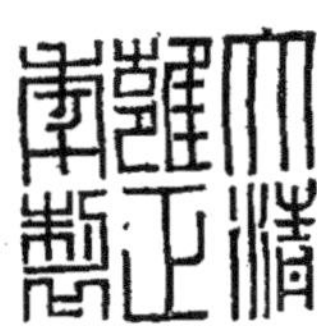

YOUNG-TCHING,
1723-1736.

KIEN-LONG,
1736-1796.

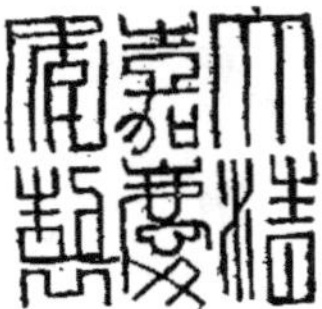

KIA-KING,
1796-1821.

TAO-KOUANG,
1821-1851.

HIEN-FOUNG,
1851-1862.

TONG-TCHE,
1862-1875.

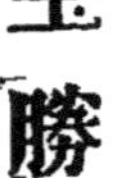

TABLE DES MATIÈRES

LE VERRE.

LES ÉMAUX.

LA PEINTURE.

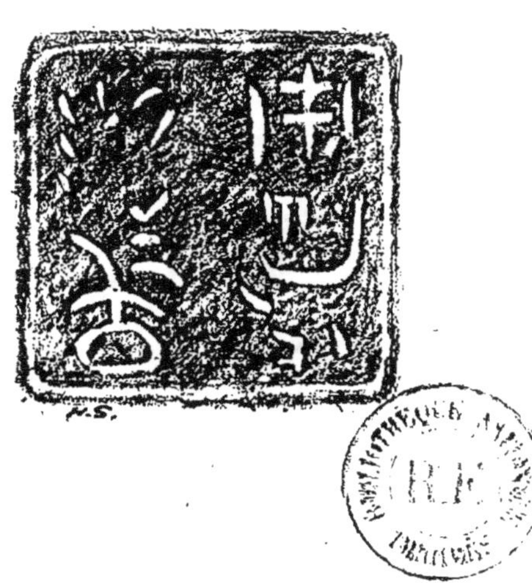

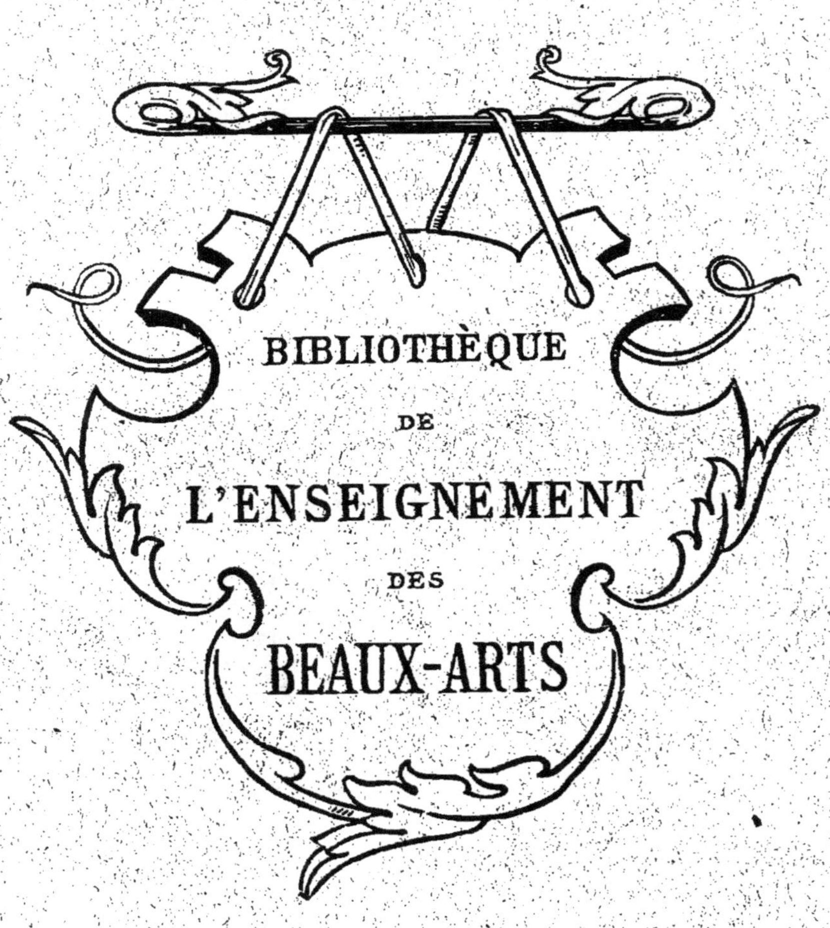

BIBLIOTHÈQUE
DE
L'ENSEIGNEMENT
DES
BEAUX-ARTS

www.ingramcontent.com/pod-product-compliance
Lightning Source LLC
Chambersburg PA
CBHW061309030726
47595CB00001B/276